ADILSON LONGEN
- Licenciado em Matemática pela Universidade Federal do Paraná (UFPR)
- Mestre em Educação com linha de pesquisa em Educação Matemática pela UFPR
- Doutor em Educação com linha de pesquisa em Educação Matemática pela UFPR
- Professor do Ensino Fundamental e do Ensino Médio

MATEMÁTICA 7

Dados Internacionais de Catalogação na Publicação (CIP)
(Câmara Brasileira do Livro, SP, Brasil)

Longen, Adilson
  Apoema: matemática 7 / Adilson Longen. – 1. ed. –
São Paulo: Editora do Brasil, 2018. – (Coleção apoema)

  ISBN 978-85-10-06928-1 (aluno)
  ISBN 978-85-10-06929-8 (professor)

  1. Matemática (Ensino fundamental) I. Título. II. Série.

18-20274   CDD-372.7

Índices para catálogo sistemático:
1. Matemática: Ensino fundamental 372.7
Maria Alice Ferreira – Bibliotecária – CRB-8/7964

© Editora do Brasil S.A., 2018
Todos os direitos reservados

Direção-geral: Vicente Tortamano Avanso

Direção editorial: Felipe Ramos Poletti
Gerência editorial: Erika Caldin
Supervisão de arte e editoração: Cida Alves
Supervisão de revisão: Dora Helena Feres
Supervisão de iconografia: Léo Burgos
Supervisão de digital: Ethel Shuña Queiroz
Supervisão de controle de processos editoriais: Marta Dias Portero
Supervisão de direitos autorais: Marilisa Bertolone Mendes

Supervisão editorial: Valéria Elvira Prete
Edição: Rodrigo Pessota
Assistência editorial: Rodolfo da Silva Campos
Apoio editorial: Cristina Perfetti
Coordenação de revisão: Otacilio Palareti
Copidesque: Gisélia Costa
Revisão: Alexandra Resende, Andréia Andrade, Elaine Silva e Rosani Andreani
Pesquisa iconográfica: Amanda Felício
Assistência de arte: Letícia Santos
Design gráfico: Patrícia Lino
Capa: Megalo Design
Imagem de capa: Museu Nacional do Cairo, Cairo/Bridgeman Images/Easypix Brasil
Ilustrações: DAE (Departamento de Arte e Editoração), Daniel Queiroz Porto, Eduardo Belmiro, Fernando Raposo, Ilustra Cartoon, Jane Kelly/Shutterstock.com(ícones seções), Pablo Mayer, Paula Haydee Radi, Paulo César Pereira, Reinaldo Rosa, Ronaldo Barata, Zubartex e Waldomiro Neto
Produção cartográfica: DAE (Departamento de Arte e Editoração), Simone Soares e Sônia Vaz
Coordenação de editoração eletrônica: Abdonildo José de Lima Santos
Editoração eletrônica: N Public/Formato Comunicação
Licenciamentos de textos: Cinthya Utiyama, Jennifer Xavier, Paula Harue Tozaki e Renata Garbellini
Controle de processos editoriais: Bruna Alves, Carlos Nunes, Jefferson Galdino, Rafael Machado e Stephanie Paparella

1ª edição / 2ª impressão, 2024
Impresso na Forma Certa Gráfica Digital.

Avenida das Nações Unidas, 12901
Torre Oeste, 20º andar
São Paulo, SP – CEP: 04578-910
Fone: +55 11 3226-0211
www.editoradobrasil.com.br

APRESENTAÇÃO

Queremos convidá-lo a estudar Matemática não como uma ciência completamente alheia à realidade e parada no tempo. Portanto, o estudo que aqui propomos é dinâmico e possibilitará a você compreender como os conceitos e as teorias relacionados a essa disciplina foram elaborados e aplicados.

As regras e fórmulas matemáticas que usamos são consequências do estudo dos fenômenos que nos cercam. A Matemática está presente na natureza, como a simetria em uma borboleta, o casulo hexagonal de uma colmeia ou a forma poligonal de uma flor. Está, também, nas construções, desde as mais antigas, como as Pirâmides do Egito, até as mais recentes, como os prédios das cidades. Isso sem falar de suas contribuições para o avanço da tecnologia. Usamos a Matemática para contar, fazer estimativas de medidas e até mesmo no simples ato de observar uma placa de automóvel. Compreendê-la, portanto, é ampliar a percepção do mundo em que vivemos.

Esperamos que a vontade de compreender essa ciência, aliada ao desejo de investigação, sejam motivos suficientes para conduzi-lo ao estudo aqui apresentado. Desejamos que, no final, você perceba a Matemática como uma atividade humana repleta de significados e aplicações.

Bom estudo!

O autor

SUMÁRIO

UNIDADE 1 – Números inteiros **8**

CAPÍTULO 1 – Os números naturais **10**
Sistema de numeração decimal 10
• Valor posicional 11
• Múltiplos e divisores 12

CAPÍTULO 2 – Os números inteiros **14**
Números positivos e números negativos 14
De olho no legado – Os números negativos na Idade Moderna 15
Números inteiros 17

CAPÍTULO 3 – Adição e subtração com números inteiros **20**
Adição com números inteiros 20
• Propriedades da adição com números inteiros 22
Subtração com números inteiros 24

CAPÍTULO 4 – Multiplicação e divisão com números inteiros **27**
Multiplicação de números inteiros 27
• Propriedades da multiplicação de números inteiros 30
Divisão de números inteiros 32

CAPÍTULO 5 – Outras operações com números inteiros **34**
Potenciação com números inteiros 34
Raiz quadrada de um número inteiro maior ou igual a zero 36
Retomar **38**

UNIDADE 2 – Geometria **42**

CAPÍTULO 6 – Ângulos **44**
Ângulos: conceito e unidades de medida 44
• Operações com medidas de ângulos 48
Conviver – Operações com medidas de ângulos 50
Ângulos e retas 51

CAPÍTULO 7 – Triângulos **55**
Triângulos: construção 55
Conviver – Construção de triângulos 57
• Soma das medidas dos ângulos internos 57
Caleidoscópio – O que é fuso horário? 60

CAPÍTULO 8 – Polígonos **62**
Soma das medidas dos ângulos internos 62
Soma das medidas dos ângulos externos 65

CAPÍTULO 9 – Construções no plano cartesiano **67**
O plano cartesiano 67
Simetrias no plano cartesiano 68
Tecnologia em foco 70
Viver – Arquitetura indígena 71
Retomar **72**

UNIDADE 3 – Números racionais **76**

CAPÍTULO 10 – Frações e números decimais **78**
Os números racionais 78
De olho no legado – A evolução do campo numérico 80

CAPÍTULO 11 – Adição e subtração nos racionais **84**

Adição de números racionais 84

Subtração com números racionais 88

Conviver – Resolução de problemas 90

CAPÍTULO 12 – Multiplicação e divisão nos racionais **91**

Multiplicação de números racionais 91

Divisão com números racionais 93

Conviver – Laboratório de matemática 96

CAPÍTULO 13 – Potenciação e radiciação nos racionais **97**

Potenciação com números racionais 97

Raiz quadrada de números racionais 99

Retomar **102**

UNIDADE 4 – Áreas e volumes **106**

CAPÍTULO 14 – Cálculo de áreas de figuras planas **108**

Área do quadrado 108

Área do retângulo 111

Ecologia em foco – Preservação do meio ambiente 114

Área do paralelogramo 115

Área do triângulo 116

Área do losango 120

Área do trapézio 122

Caleidoscópio – O cálculo da área e as cheias do Nilo 124

CAPÍTULO 15 – Medidas de volume **126**

Conceito de volume 126

Volume de blocos retangulares 128

Retomar **132**

UNIDADE 5 – Álgebra **136**

CAPÍTULO 16 – Introdução à Álgebra **138**

Padrões e generalizações 138

• Noções de formação de sequências 143

Recursividade em foco – Recursividade na natureza e na literatura 147

• Algumas operações com letras 148

CAPÍTULO 17 – Resolução de equações do 1º grau **152**

Ideias associadas à igualdade 152

• Resolvendo equações 156

CAPÍTULO 18 – Resolução de problemas **160**

Procedimentos para a resolução de problemas 160

Retomar **164**

UNIDADE 6 – Proporções **168**

CAPÍTULO 19 – Razões e proporções **170**

Conceito de razão 170

Conviver – Razões 174

Conceito de proporção 175
Culinária em foco – Proporção 178

CAPÍTULO 20 – Grandezas proporcionais **179**
A ideia de grandezas 179
Conviver – Grandezas que fazem parte do nosso cotidiano 180
• Grandezas direta ou inversamente proporcionais 180
• Problemas que envolvem a regra de três 184
• Ampliação, redução e deformação de imagens 188

CAPÍTULO 21 – Razões e porcentagens **189**
Cálculo com porcentagem 189
Educação financeira em foco 194
Conviver – Porcentagem 195
Retomar **196**

▪▪▪ UNIDADE 7 – Probabilidade e estatística 200

CAPÍTULO 22 – Probabilidade **202**
Retomando conceitos iniciais 202
Conviver – Sorteando cartas 203
Cálculo de probabilidade 204

CAPÍTULO 23 – Média aritmética **209**
O cálculo da média aritmética 209
O cálculo da média ponderada 212

CAPÍTULO 24 – Gráficos estatísticos e pesquisas **215**
Analisando informações em gráficos 215
• Gráfico de barras 216
• Gráfico de linhas 217
• Gráfico de setores 218
Conviver – Leitura de gráficos 218
• Construção de gráficos 219
Conviver – Construção de gráfico com *software* 224
Pesquisas estatísticas 226
Retomar **228**

▪▪▪ UNIDADE 8 – Geometria 232

CAPÍTULO 25 – Circunferência **234**
Construção de uma circunferência 234
• O comprimento de uma circunferência 238
De olho no legado – O número mais famoso do mundo 242

CAPÍTULO 26 – Construções de figuras geométricas **243**
Construções com instrumentos geométricos 243
Conviver – Construção de objetos geométricos 248

CAPÍTULO 27 – Transformações geométricas **250**
Translação, rotação e reflexão 250
Retomar **254**
Gabarito **258**
Referências **272**

UNIDADE 1

Resultado financeiro da empresa Cogitare no segundo semestre de 2019
(em milhares)

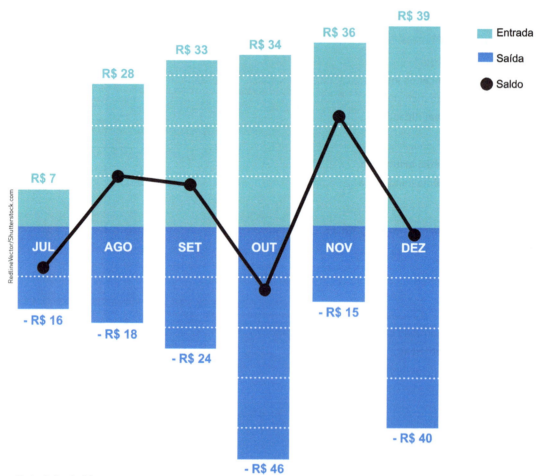

Fonte: Dados fictícios.

Saldo negativo e temperaturas abaixo de zero são exemplos de situações em que números naturais não são suficientes para representá-las. Observe atentamente as imagens e responda:

1 Qual é o saldo da empresa Cogitare no mês de outubro? Podemos interpretar esse saldo como lucro ou prejuízo?

Números inteiros

Santana do Livramento (RS), Brasil.

2 Você já esteve em algum lugar com a temperatura **negativa**? Qual era a temperatura do local?

CAPÍTULO 1

Os números naturais

Sistema de numeração decimal

O sistema de numeração decimal que utilizamos emprega 10 símbolos (algarismos) para escrever os números. Nesse sistema, um número pode ser composto de unidades, dezenas, centenas, milhares etc.

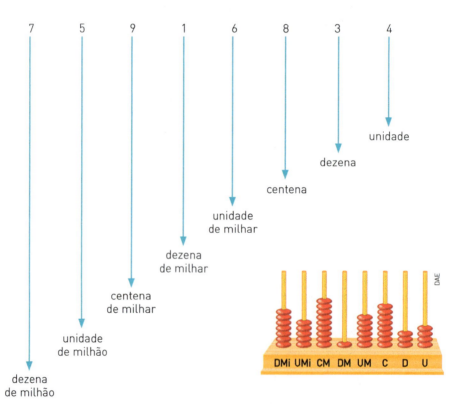

O número 75 916 834, lido como "setenta e cinco milhões, novecentos e dezesseis mil oitocentos e trinta e quatro", é formado por oito algarismos e por oito ordens numéricas.

Ao decompor esse número, podemos escrever:

70 000 000 + 5 000 000 + 900 000 + 10 000 + 6 000 + 800 + 30 + 4

ou

7 · 10 000 000 + 5 · 1 000 000 + 9 · 100 000 + 1 · 10 000 + 6 · 1 000 + 8 · 100 + 3 · 10 + 4

Responda:
1. Quantas unidades há no número 253?
2. Com base nos exemplos acima, decomponha o número 5 476.

Valor posicional

Os 10 algarismos do sistema decimal possibilitam a composição de números sem restrição de repetições, pois esse sistema possui valor posicional, como ocorria no sistema de numeração egípcio, por exemplo.

Observe o algarismo 6 destacado nos números abaixo e seu respectivo valor posicional:
- **6**21 ⟶ valor posicional: 600 = 6 · 100
- 2**6**1 ⟶ valor posicional: 60 = 6 · 10
- 21**6** ⟶ valor posicional: 6 = 6 · 1

Agora vamos considerar o número 216 e decompô-lo em fatores primos:

216	2
108	2
54	2
27	3
9	3
3	3
1	

$216 = 2 \cdot 2 \cdot 2 \cdot 3 \cdot 3 \cdot 3 = 2^3 \cdot 3^3$

> Um número natural maior que 1 é **primo** quando é divisível somente por 1 e por ele mesmo. Caso contrário, esse número é **composto**. O número 1 não é primo nem composto.

  Atividades

1) Identifique a ordem numérica de cada número a seguir e escreva-o por extenso.
   a) 712 008
   b) 1 315 702 034

2) Copie o quadro a seguir no caderno e complete as informações que faltam.

Número	UM	C	D	U
7 348	7		4	8
	0	0	3	6
895				5
1 874	1			
2 020	2			

3) Avalie a seguinte afirmação como **verdadeira** ou **falsa** e justifique sua resposta.

"O número 116 é composto dos algarismos 1 e 6. Dessa forma, se escrevermos 161 ou 611 seu valor não se altera, pois ainda utilizamos os mesmos algarismos."

4) Considere os seguintes números naturais:

532 000   207 000   391 000   608 000

Calcule:
   a) a diferença entre o maior número e o menor número;
   b) a diferença entre os dois menores números;
   c) a soma de todos os números.

Múltiplos e divisores

Uma clínica veterinária precisa agrupar 12 cachorros para a hora do banho. Para isso, pensaram em alguns agrupamentos possíveis:

1 grupo com 12 cachorros
2 grupos com 6 cachorros cada
3 grupos com 4 cachorros cada

4 grupos com 3 cachorros cada
6 grupos com 2 cachorros cada
12 grupos com 1 cachorro cada

Por questão de organização, o agrupamento escolhido foi o de 6 grupos com 2 cachorros cada.

Responda:
1. Qual é a relação dos números 1, 2, 3, 4, 6 e 12 com o número 12?
2. Podemos afirmar que 12 é múltiplo de todos esses números?

Os números 1, 2, 3, 4, 6 e 12 foram escolhidos para organizar os agrupamentos do banho dos cachorros porque são divisores do número 12. Podemos relacioná-los da seguinte maneira:
- 2 é divisor de 12, pois 12 é divisível por 2
- 12 é múltiplo de 4, pois 4 é divisor de 12

> Um número natural é divisor de outro quando o segundo número é divisível pelo primeiro. Os múltiplos de um número natural são obtidos ao multiplicarmos esse número pelos números naturais.

Podemos utilizar notação matemática para representar múltiplos e divisores. Escrevemos os múltiplos e divisores de 16 e de 24 como:

M(16) = {0, 16, 32, 48, 64, 80, ...}
M(24) = {0, 24, 48, 72, 96, 120, ...}

D(16) = {1, 2, 4, 8, 16}
D(24) = {1, 2, 3, 4, 6, 8, 12, 24}

Com essa notação podemos observar que o máximo divisor comum (mdc) entre 16 e 24 é 8, e que o mínimo múltiplo comum (mmc) entre eles é 48.

> O **máximo divisor comum** de dois ou mais números naturais é o maior número que é divisor de todos eles. O **mínimo múltiplo comum** de dois ou mais números naturais é o menor número, diferente de zero, que é múltiplo deles.

Atividades

1. Junte-se a um colega para fazer a atividade a seguir.

   a) Em uma folha de papel quadriculado, desenhem todos os retângulos que podem ser construídos com exatamente 18 quadradinhos.

   b) Observando os desenhos que fizeram, respondam:
   - Quais são os divisores do número 18?
   - Quais são os múltiplos de 18?

2. Indique o maior número natural:

   a) com 2 algarismos que seja múltiplo de 19;

   b) com 2 algarismos que seja divisor de 94;

   c) com 3 algarismos que seja múltiplo de 10;

   d) com 3 algarismos que seja múltiplo de 20 e 30 ao mesmo tempo.

3. Um caixa eletrônico possui somente cédulas de R$ 20,00 e R$ 50,00 disponíveis para saque.

   a) Qual é o menor número de cédulas de R$ 20,00 e R$ 50,00 que são obtidas ao sacar R$ 300,00?

   b) É possível sacar a quantia de R$ 110,00? Por quê?

   c) É possível sacar a quantia de R$ 30,00? Por quê?

4. Dois colegas que praticam corrida levam, respectivamente, 40 segundos e 50 segundos para completar uma volta em uma quadra esportiva.

   a) Após a largada, quantos segundos serão necessários para que eles se encontrem novamente no ponto de partida, se mantidas as velocidades?

   b) Quantas voltas cada um deles terá completado nesse período?

5. Elabore um problema envolvendo os múltiplos de 15 e outro com os divisores de 20, depois troque-o com um colega para que um encontre a solução do problema elaborado pelo outro.

6. Uma alfaiataria dispõe de 3 rolos de linha com cores distintas e nos seguintes comprimentos: 20 metros, 35 metros e 45 metros. Para produzir novas carteiras e garantir que em cada uma a mesma quantidade de linha seja utilizada, é necessário dividir cada rolo em pedaços iguais, de maneira que o comprimento de cada pedaço seja o maior número natural possível. Qual será a medida de cada pedaço de linha? Quantos pedaços, ao todo, será possível obter?

CAPÍTULO 2
Os números inteiros

Números positivos e números negativos

Embora o Brasil seja considerado um país de temperaturas altas, no inverno, em determinadas regiões, é possível ocorrerem temperaturas abaixo de zero, assim como em países da Europa. Para medir essas temperaturas, utilizamos números negativos. Na fotografia, você pode ver um painel que mostra uma medida de temperatura negativa. Observe o sinal na frente do número.

> Responda:
> 1. Uma medida de temperatura de 5 °C está acima de 0 °C?
> 2. E uma medida de temperatura de −5 °C?

Na fotografia ao lado, vemos um dos vários modelos de termômetro que são utilizados para medir a temperatura.

Esse termômetro indica também as medidas de temperaturas que estão abaixo de zero. Como podemos diferenciar essas medidas de temperaturas das outras?

Para diferenciar valores menores que zero dos valores maiores que zero, utilizamos a ideia de **números negativos**. Assim, temos:

- os números menores que zero, como ..., −8, −7, −6, −5, −4, −3, −2, −1 são chamados números negativos;
- os números maiores que zero, como 1, 2, 3, 4, 5, 6, 7, 8, ..., são chamados **números positivos**;
- os números positivos e os números negativos, com o zero, são utilizados também para indicar saldos bancários, desempenho de ações no mercado financeiro, saldo de gols em campeonatos de futebol etc.

Rua do município de Joinville-le-Pont, França.

zoom: O número zero não é positivo nem negativo.

De olho no legado

O uso dos símbolos "+", "−" e "=" tem uma história interessante que conta com o estudo e contribuição de diferentes estudiosos matemáticos. Leia a seguir parte dessa trajetória histórica.

Os números negativos na idade moderna

[...] François Viète (1540-1603) é conhecido como um dos introdutores dos símbolos "+", "−" e "=", entretanto estes símbolos referiam-se apenas à operação de subtração entre números 'verdadeiros', isto é, positivos. Para Viète, os números negativos eram desprovidos do significado intuitivo e físico; ele era do tipo que, em vez de dizer acrescente −3, diria diminua 3. Mas, Viète acabou contribuindo para o amadurecimento dos números relativos com a inserção de uma nova notação na Matemática, que passou a ser abundantemente utilizada pelos matemáticos no futuro. [...]

Já G. Leibniz (1646-1716) afirmou que se poderia calcular com as proporções −1 : 1 = 1 : −1, uma vez que 'formalmente' isto equivalia a calcular com quantidades imaginárias, que já àquela época haviam sido introduzidas. Leibniz nada mais fez que condicionar a validade das operações com os negativos, até então obscuras. [...]

No final do século XVII nasceu um matemático que começou a mudar definitivamente a aceitação dos números negativos, seu nome era Colin MacLaurin (1698-1746). Seu livro "Tratado da Álgebra" (1748), publicado postumamente, se tornou uma obra de referência na Grã-Bretanha, pois tratou de definições sobre quantidades negativas, o que representou um grande avanço na época. Nesta obra, MacLaurin expõe a ideia de que uma quantidade negativa é tão real quanto uma positiva, porém tomada em sentido oposto. Entretanto, ele afirmava que esta quantidade só existiria por comparação e nunca isoladamente. Para isto ele enunciou: *se uma quantidade negativa não possui outra que lhe seja oposta, não se pode desta subtrair outra menor. Ou seja, MacLaurin somente admitia quantidades negativas em relação ao zero origem.* [...]

Fonte: Anais do IX Seminário Nacional de História da Matemática. Sociedade Brasileira de História da Matemática. Disponível em: <www.each.usp.br/ixsnhm/Anaisixsnhm/Comunicacoes/1_S%C3%A1_P_F_N%C3%BAmeros_Negativos_Uma_Trajet%C3%B3ria_Hist%C3%B3rica.pdf>. Acesso em: set. 2018.

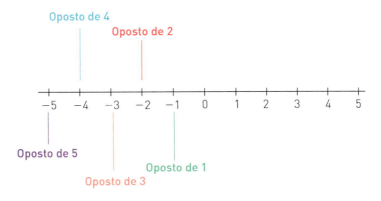

1. Você já ouviu falar de François Viète, G. Leibniz e Colin MacLaurin? Em que situação?
2. Que frases e palavras podemos utilizar para representar números ou quantidades negativas?

Atividades

1 O quadro a seguir mostra algumas medidas de temperaturas ocorridas durante o inverno em um país.

| 12 °C | −5 °C | 0 °C | −3 °C | 1 °C | 4 °C | −8 °C | −2 °C | 6 °C |

Escreva essas medidas em:

a) ordem crescente;

b) ordem decrescente.

2 O Vale da Morte, uma depressão árida localizada na Califórnia, nos Estados Unidos, está 86 metros abaixo do nível do mar. Como você representaria essa informação em notação matemática, supondo que o nível do mar é 0?

3 O termo "saldo negativo" é usado quando alguém gastou mais do que tinha na conta bancária. Imagine que você esteja com saldo negativo de R$ 250,00 e tenha feito um depósito de R$ 420,00. O novo saldo será positivo ou negativo? Qual será esse novo saldo? Explique como você pensou.

4 Observe a imagem abaixo e responda às questões.

Marcos — Tenho uma dívida de 35 reais.

Luana — Depositei 35 reais em minha conta-corrente.

a) Como você representaria a dívida de Marcos: com número positivo ou com número negativo?

b) O valor que Luana depositou em sua conta-corrente fez aumentar ou diminuir o saldo que ela tinha?

5 No Brasil, em certas épocas do ano, em algumas regiões, as medidas das temperaturas ficam abaixo de zero. Qual foi a medida de temperatura mais baixa já registrada em sua região? E a mais alta? A medida de temperatura mais baixa chegou a ficar abaixo de zero? Forme dupla com um colega, pesquisem e descubram essas informações.

6 Em determinada cidade, o termômetro marcou, pela manhã, 3 graus Celsius negativos. Até o meio-dia, a medida de temperatura aumentou 7 graus. Qual foi a nova medida de temperatura? Como você representaria a operação que fez para chegar ao resultado?

Números inteiros

Utilizamos os números naturais para expressar o resultado de uma contagem ou de uma medida. Se quisermos falar sobre a quantidade de pessoas presentes em um evento, por exemplo, também usamos números naturais. Entretanto, há diversas situações em que os números naturais não são suficientes para representar o que queremos. Em certos casos, podemos usar os números inteiros.

Observe o extrato bancário a seguir. Veja que os dois saques e o pagamento realizado no Posto Azulinho estão representados por números inteiros negativos (em vermelho).

```
BANCO  + x
        - ÷
MATEMÁTICO      Extrato bancário

Agência: 034
Conta-corrente: 76567-0

Saldo ..................... 567,34

Saque .................. − 230,00

Posto Azulinho .......... − 100,00

Depósito .................. 50,00

Saque .................. − 300,00

Saldo atual ............. − 12,66
```

Responda:
1. Os saques estão indicados por números positivos ou negativos?
2. Se houver um depósito de R$ 13,66, qual será o novo saldo, considerando que não haja outra movimentação na conta?

Outra situação comum em que usamos números inteiros é no quadro de classificação dos times em um campeonato de futebol.

Nesse tipo de quadro, há as seguintes informações: os gols pró (GP), que indicam quantos gols o time fez; os gols contra (GC), que indicam quantos gols o time sofreu; e o saldo de gols, que representa a diferença entre os gols pró e os gols contra, nessa ordem.

O quadro a seguir foi elaborado com base na classificação final do Campeonato Brasileiro de 2017 (apenas alguns times foram destacados como exemplo).

Time	Gols pró (GP)	Gols contra (GC)	Saldo (GP − GC)
Corinthians	50	30	20
Palmeiras	61	45	16
Grêmio	55	36	19
São Paulo	48	49	−1
Sport Recife	46	58	−12
Coritiba	42	51	−9

Na última coluna, vemos que foram usados números negativos para representar alguns saldos de gols.

Observe agora a representação dos números naturais e a dos números inteiros na reta numérica.

- Representação dos **números naturais**:

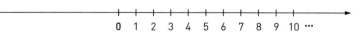

- Representação dos **números inteiros**:

> Responda:
> 1. Que número natural é o antecessor do número zero?
> 2. Que número inteiro é o antecessor do número zero?

Observando a reta numérica dos números inteiros, podemos dizer que ela é formada não apenas pelos números naturais mas também pelos números inteiros negativos.

Na representação na reta numérica, os números estão em ordem crescente: aumentam da esquerda para direita de 1 em 1. Entretanto, se observamos da direita para esquerda, esses números diminuem de 1 em 1 e estão na ordem decrescente. Assim, para comparar dois números inteiros quaisquer, basta posicioná-los na reta numérica. O maior deles é o que está à direita do outro, enquanto o menor é o que está à esquerda do outro.

O conjunto dos números inteiros contém:
- os números naturais: 0, 1, 2, 3, 4, 5, 6, 7, 8, 9, 10, ...; que, com exceção do zero, são números inteiros positivos.
- os números inteiros negativos: ... −10, −9, −8, −7, −6, −5, −4, −3, −2, −1.

27 > −4 (lê-se: 27 é maior que −4)

−4 < −1 (lê-se: −4 é menor que −1)

··· −4   −1 0 ···

Observando a posição de um número inteiro na reta numérica, também podemos compreender o conceito de **módulo de um número inteiro**.

Veja, por exemplo, na reta numérica, os números 8 e −8 e as distâncias entre os pontos que representam esses números em relação ao zero:

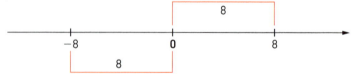

Os pontos que representam esses dois números estão situados à mesma distância do ponto que representa o zero.

Em símbolos:
- |−8| = 8 (lê-se: o módulo de −8 é igual a 8);
- |8| = |+8| = 8 (lê-se: o módulo de 8 é igual a 8).

Dizemos que o número 8 (ou +8) é o simétrico do número −8.

Quando dois números na reta numérica estão situados à mesma distância do zero, dizemos que eles têm o mesmo valor absoluto, isto é, o mesmo **módulo**.

zoom
Quando dois números inteiros de sinais contrários têm o mesmo valor absoluto, são chamados de **simétricos** ou **opostos**.

Atividades

1. Qual medida de temperatura é menor: −7 °C ou −2 °C?

2. Qual é o maior número inteiro negativo?

3. Quantos e quais números inteiros existem entre −5 e 5?

4. Determine o módulo em cada item.
   a) |−7| b) |+5| c) |0| d) |+4| e) |−8|

5. Responda:
   a) Quando dois números inteiros diferentes têm o mesmo módulo?
   b) Quais são os números inteiros que têm o módulo igual a 7?

6. Identifique os números inteiros representados pelos pontos X, Y e Z.

   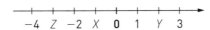

7. Represente numa reta numérica os números inteiros de −7 até 7. Depois, responda:
   a) Quais desses números são negativos?
   b) Qual é o menor número inteiro positivo representado na reta?
   c) Que número está à mesma distância que o −5 está do zero?

8. Roberto percebeu que era importante acompanhar e controlar seus gastos. Por isso, resolveu anotar seu saldo no fim de cada mês, pois nessas datas já havia recebido o salário e pagado todas as contas do referido mês. Para visualizar melhor as informações, ele representou os seis primeiros meses do ano em um gráfico.

   Observe a situação financeira de Roberto no gráfico ao lado e responda às questões.

   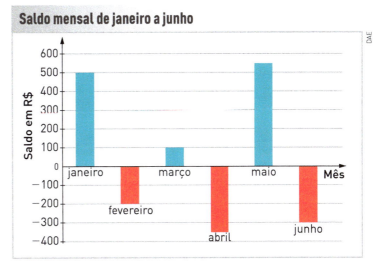

   Fonte: Dados anotados por Roberto.

   a) Roberto ficou com saldo positivo em todos os meses? Por quê?
   b) Em que mês Roberto teve o maior saldo positivo?
   c) Em que mês Roberto ficou devendo mais dinheiro?
   d) No mês de junho, o saldo de Roberto era de 300 reais negativos. Suponha que, em julho, ele tenha recebido R$ 2.000,00 de salário e suas contas tenham totalizado R$ 900,00. Qual seria o seu saldo no final desse mês?
   e) Você acha importante que uma pessoa anote e acompanhe os rendimentos e gastos que teve no mês? Por quê?

CAPÍTULO 3
Adição e subtração com números inteiros

Júlia foi ao caixa eletrônico para verificar o movimento de sua conta bancária nos últimos dias. Ela queria saber como estava seu saldo.

1. O quadro a seguir representa parte do extrato da conta-corrente de Júlia.

Data	Retirada (R$)	Depósito (R$)	Saldo (R$)
20/4			750
21/4		250	
22/4	400	100	
24/4	800		
24/4	350		

Em duplas, copiem o quadro e descubram o saldo final da conta a cada dia. Registrem as estratégias adotadas por vocês para chegar ao resultado e apresentem-nas ao resto da turma.

2. Observando o quadro que vocês completaram, respondam:
   a) Em que dia houve maior saldo na conta?
   b) Qual foi o menor saldo bancário registrado?

Adição com números inteiros

Vamos retomar a análise do extrato bancário de Júlia.

Observando os movimentos financeiros entre os dias 20/4 e 24/4, podemos chegar a algumas conclusões.

- Em 22/4, Júlia fez uma retirada de R$ 400,00 e um depósito de R$ 100,00. Isso equivale a fazer uma retirada de R$ 300,00.

$$-400 + 100 = -300$$

- Em 24/4, ela fez duas retiradas, uma de R$ 800,00 e outra de R$ 350,00. Isso é o mesmo que fazer uma única retirada de R$ 1.150,00.

$$(-800) + (-350) = -1\,150$$

No exemplo de Júlia, podemos perceber que, em determinadas situações, é preciso adicionar tanto números positivos quanto números negativos. Observe que, na adição de números positivos, é possível recorrer aos mesmos procedimentos utilizados para a adição de números naturais.

$$750 + 250 = 1\,000 \text{ ou } +750 + 250 = +1\,000$$

Será que esses procedimentos são válidos para os números negativos?

Para responder a essa questão, vamos analisar as duas situações da página seguinte.

1ª situação – Parcelas com sinal negativo

Considere que uma pessoa fez duas retiradas da conta-corrente: uma de R$ 100,00 e outra de R$ 40,00. Essas duas retiradas correspondem a uma única retirada de R$ 140,00, isto é:

$$(-100) + (-40) = -140$$

Podemos interpretar essa situação com o auxílio da reta numérica:

> **Adição de números inteiros negativos**
> Adicionamos os valores absolutos desses números e damos, ao resultado obtido, o sinal negativo.

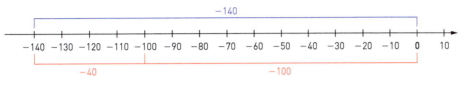

2ª situação – Parcelas com sinais diferentes

Considere que uma pessoa fez, em sua conta-corrente, uma retirada de R$ 140,00 e um depósito de R$ 90,00. Isso equivale a fazer uma retirada de R$ 50,00:

$$(-140) + (+90) = -50$$

Podemos interpretar essa situação em uma reta numérica:

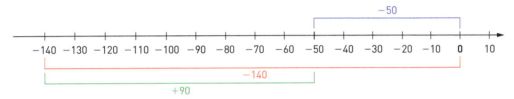

Adição de números inteiros de sinais contrários

Na adição de um número inteiro negativo com um número inteiro positivo, subtraímos os valores absolutos e damos, ao resultado, o mesmo sinal daquele número com maior valor absoluto.

 Na adição de dois números inteiros opostos (ou simétricos), o resultado é zero.
Exemplo:
$(-350) + (+350) = -350 + 350 = 0$

 Atividades

1 Resolva as operações indicadas.
a) $-2 + 7$
b) $+10 + (-10)$
c) $-15 + (-3)$
d) $-1 + (+5) + (-6)$
e) $8 + (-3) + (+1)$
f) $-6 + (-2) + (-1)$

2 Na reta numérica está representada a operação **+1 + (+3)**. Indique a operação **−10 + (−4)** em uma reta numérica. Qual é o resultado?

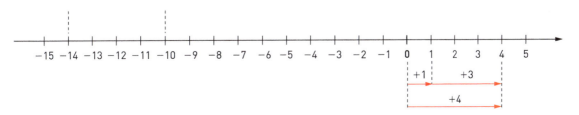

3 Descubra o padrão de cada sequência numérica e complete-a com os próximos quatro termos.

a) -50 → -30 → -10 → $+10$ → ▨ → ▨ → ▨ → ▨

b) 200 → 120 → 40 → -40 → ▨ → ▨ → ▨ → ▨

4 Elabore um problema em que haja um saldo negativo de R$ 300,00 numa conta bancária. No final, esse problema deve resultar num saldo positivo de R$ 190,00. Resolva-o e apresente-o a um colega para que ele também resolva. Ao final, verifique se a resolução do colega coincide com a solução que você encontrou.

Propriedades da adição com números inteiros

Vamos considerar as situações a seguir para ilustrar duas propriedades relacionadas à adição com números inteiros.

1ª situação

Rui e Ana estavam brincando. Eles combinaram que utilizariam o sinal + para anotar os pontos ganhos e o sinal − para anotar os pontos perdidos.

O quadro ao lado apresenta os resultados da primeira rodada.

Rodada	Rui	Ana
Ponto ganhos	$+120$	$+400$
Pontos perdidos	-260	-350
Saldo de pontos	-140	$+50$

Para obter o saldo de pontos no jogo, adicionamos os pontos ganhos aos pontos perdidos, em qualquer ordem.

- Saldo de Rui:

$(+120) + (-260) = 120 - 260 = -140$ ou $(-260) + (+120) = -260 + 120 = -140$

- Saldo de Ana:

$(+400) + (-350) = 400 - 350 = +50 = 50$ ou $(-350) + (+400) = -350 + 400 = +50 = 50$

A mudança na ordem das parcelas não altera o resultado.

> **Propriedade comutativa da adição**
> Na adição de dois números inteiros, a ordem das parcelas não altera o resultado.

2ª situação

Ana e Rui jogaram mais duas rodadas e o saldo de pontos de cada rodada está indicado no quadro ao lado.

O vencedor foi aquele que conseguiu maior saldo no final das três rodadas. Para saber o saldo final de cada um, devemos efetuar a adição do saldo de pontos em cada rodada. Observe como podemos calcular.

Rodada	Rui	Ana
1ª	-140	$+50$
2ª	$+350$	-210
3ª	-100	$+40$

Saldo de Rui

- Adicionamos as duas primeiras parcelas e, depois, a 3ª, ou adicionamos as duas últimas parcelas e, depois, a 1ª.

$(-140) + (+350) + (-100) =$
$= -140 + 350 - 100 =$
$= [-140 + 350] - 100 =$
$= +210 - 100 =$
$= +110 = \mathbf{110}$

ou

$(-140) + (+350) + (-100) =$
$= -140 + 350 - 100 =$
$= -140 + [350 - 100] = -140 + 250 =$
$= +110 = \mathbf{110}$

Saldo de Ana

- Adicionamos as duas primeiras parcelas e, depois, a 3ª.

$(+50) + (-210) + (+40) = +50 - 210 + 40 =$
$= [+50 - 210] + 40 = -160 + 40 =$
$= \mathbf{-120}$

- Ou adicionamos as duas últimas parcelas e, depois, a 1ª.

$(+50) + (-210) + (+40) = +50 - 210 + 40 =$
$= +50 + [-210 + 40] = +50 - 170 =$
$= \mathbf{-120}$

Observe que, fazendo associações diferentes com as mesmas parcelas, chegamos ao mesmo resultado. Comparando os saldos, descobrimos que Rui obteve mais pontos.

Além dessas duas propriedades, observe ainda duas outras envolvendo a adição de números inteiros.

O que acontece quando adicionamos um número inteiro qualquer ao zero?

Veja o exemplo:

- $-48 + 0 = 0 - 48 = -48$

O resultado é o próprio número inteiro. Denominamos essa propriedade de elemento neutro da adição.

E quando o resultado de uma adição de dois números inteiros é igual a zero?

Observe os dois exemplos a seguir.

- $(+20) + (-20) = 0$ O oposto ou simétrico de $+20$ é -20. O oposto ou simétrico de -20 é $+20$.

- $(-208) + (+208) = 0$ O oposto ou simétrico de -208 é $+208$. O oposto ou simétrico de $+208$ é -208.

> **Propriedade associativa da adição**
> Na adição de diversos números inteiros, obtemos o mesmo resultado quando fazemos diferentes associações com as parcelas.

> **Elemento neutro**
> Na adição de um número inteiro qualquer ao zero, o resultado é sempre o próprio número. O zero é chamado de **elemento neutro da adição**.

> Todo número inteiro tem um **oposto** ou **simétrico**. Ao adicionar um inteiro a seu oposto ou simétrico, o resultado é zero.

Atividades

1. Utilizando as propriedades da adição de números inteiros, complete com os números que faltam.

   a) $(+350) + (-250) = \underline{} + (+350)$

   b) $(-120) + (+120) = (+120) + \underline{}$

2. Que número adicionado ao número:

   a) (-270) tem como resultado zero?

   b) $(+150)$ tem como resultado (-150)?

3. Calcule o resultado das adições.

   a) $(-20) + [(-30) + (+50)]$

   b) $[(-20) + (-30)] + (+50)$

4. No dia 20 de dezembro, o saldo da conta bancária de Viviane estava negativo em R$ 450,00. Em 21 de dezembro, ela depositou R$ 300,00 e, em 23 de dezembro, depositou mais R$ 200,00. Qual foi o saldo dela depois desses dois depósitos?

5. Roberto estava devendo R$ 230,00 a seu irmão e pediu emprestado a ele mais R$ 400,00. Qual é a dívida de Roberto com o irmão?

6. Sônia estava no 1º andar de seu prédio. Pegou o elevador e subiu mais 10 andares, depois desceu 4 andares. Em qual andar desse prédio ela se encontra?

7. Elabore um problema envolvendo dois números opostos. Apresente-o a um colega para que ele o resolva enquanto você resolve o que ele elaborou.

8. No caderno, trace uma reta numérica como a mostrada a seguir.

```
←—————————|—————————→
          0
```

Nela, represente dois números opostos e responda:

a) Esses números têm o mesmo módulo?

b) Qual é a soma desses dois números?

Subtração com números inteiros

No Hemisfério Norte, as temperaturas no inverno são muito baixas. Em alguns países, como o Canadá, a neve é muito frequente. Nesses lugares, é comum, em alguns dias, medidas de temperaturas bem abaixo de zero.

Considere que, em uma cidade, ao longo de quatro dias de uma semana, foram registradas medidas de temperaturas máximas e mínimas, conforme apresentadas no quadro a seguir.

Um dia de inverno em Montreal, Canadá.

Dia da semana	segunda-feira	terça-feira	quarta-feira	quinta-feira
medida de temperatura mínima	−14 °C	−6 °C	−4 °C	7 °C
medida de temperatura máxima	−5 °C	6 °C	10 °C	13 °C

Responda:
1. Em qual desses dias foi registrada a menor medida de temperatura?
2. Em qual desses dias houve a maior diferença entre as medidas de temperaturas máxima e mínima?

Com base nessas informações, vamos obter a **amplitude térmica** de cada dia, isto é, a diferença entre as medidas de temperaturas máxima e mínima em um dia. Para encontrar esse valor, podemos subtrair os valores correspondentes utilizando a reta numérica.

- Segunda-feira

    (−5) − (−14) = ?

O sinal negativo na frente do −14 indica o oposto desse número, que é igual a +14. Logo, a operação pode ser reescrita como: (−5) + 14 = 9, pois a temperatura estava em 14 graus negativos e aumentou 9 graus até chegar a −5 °C.

- Terça-feira

    (+6) − (−6) = ?

O sinal negativo na frente do −6 indica o oposto desse número, que é igual a +6. Logo, a operação pode ser reescrita como: 6 + 6 = 12, pois a temperatura estava em 6 graus negativos e aumentou 12 graus até chegar a 6 °C.

- Quarta-feira

    (+10) − (−4) = ?

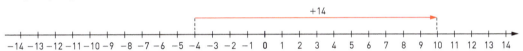

O sinal negativo na frente do −4 indica o oposto desse número, que é igual +4. Logo, a operação pode ser reescrita como: 10 + 4 = 14, pois a temperatura estava em 4 graus negativos e aumentou 14 graus até chegar a 10 °C.

- Quinta-feira

    (+13) − (+7) = ?

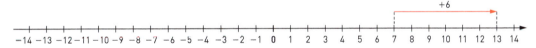

O sinal negativo na frente do (+7) indica o oposto desse número, que é igual a −7. Logo, a operação pode ser reescrita como: 13 − 7 = 6, pois a temperatura estava em 7 °C e aumentou 6 graus até chegar a 13 °C.

> A subtração de dois números inteiros é efetuada adicionando-se o primeiro número ao oposto do segundo.

Assim, podemos calcular a diferença entre dois números inteiros efetuando a adição do primeiro ao oposto do segundo.

Vamos retomar a análise das amplitudes térmicas na cidade citada anteriormente.

- Segunda-feira

    (−5) − (−14) = −5 + 14 = 9

- Terça-feira

    (+6) − (−6) = 6 + 6 = 12

- Quarta-feira

    (+10) − (−4) = 10 + 4 = 14

- Quinta-feira

    (+13) − (+7) = 13 − 7 = 6

Atividades

1) Utilizando o conceito de oposto de um número, determine os resultados a seguir.

   a) −(−100)   b) −(+450)   c) −(−73)   d) +(−150)

2) Resolva as operações indicadas.

   a) −2 − (+2)
   b) +11 − (−9)
   c) −13 − (−3)
   d) −1 − (−5) − (+3)
   e) 9 − (−3) − (+10)
   f) −8 + (−2) − (−10)

3) No início do mês, a conta-corrente de João estava com saldo negativo de R$ 275,00. No dia em que seu salário foi depositado, o saldo passou a ser de R$ 2.750,00. Sabendo que ele não fez movimentações bancárias nesse período e que o banco cobrou uma taxa de R$ 15,00 porque a conta estava com saldo negativo, calcule o salário dele.

4) Elabore um problema que envolva a diferença entre um saldo negativo e um saldo positivo na conta-corrente. Uma ideia é se apoiar na situação descrita na atividade anterior. Resolva o problema e apresente-o aos demais colegas.

5) Determine o valor a ser subtraído para obter o resultado indicado e explique como pensou.

   a) +30 − ▓▓▓ = +50
   b) 18 − ▓▓▓ = −2
   c) −21 − ▓▓▓ = −12
   d) +12 − ▓▓▓ = 0
   e) −29 − ▓▓▓ = −37
   f) 15 − ▓▓▓ = −13

6) A empresa em que o pai de Mauro trabalha divulgou seu faturamento em reais ao longo dos últimos cinco meses do ano. Para tanto, foi feito o seguinte gráfico:

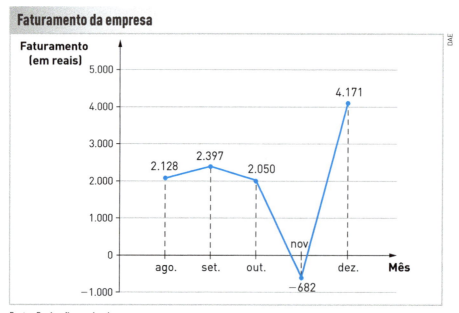

Fonte: Equipe financeira da empresa.

Observe as informações no gráfico e responda às questões.

a) De agosto a setembro, o faturamento aumentou ou diminuiu?

b) E de novembro a dezembro?

c) De outubro a novembro, o faturamento diminuiu em quantos reais?

7) Volte ao gráfico; analise-o e escreva uma frase sobre o que aconteceu com o faturamento da empresa de agosto a dezembro. Em seguida, leia-a para os colegas.

Multiplicação e divisão com números inteiros

Às sextas-feiras, o professor de Matemática sempre passa um desafio para a turma. Na última semana, ele pediu aos alunos que encontrassem os cinco próximos números da sequência numérica que escreveu na lousa:

No entanto, solicitou à turma que justificasse o desafio usando multiplicação. Luíza apresentou uma solução com essa operação, mas ocultou os resultados que envolviam um dos fatores negativos, conforme abaixo:

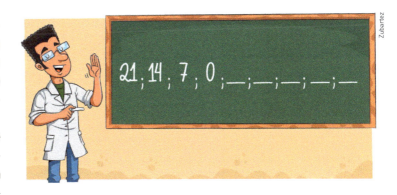

O primeiro fator da multiplicação diminui de 1 em 1.

$3 \cdot 7 = 21$
$2 \cdot 7 = 14$
$1 \cdot 7 = 7$
$0 \cdot 7 = 0$
$(-1) \cdot 7 =$
$(-2) \cdot 7 =$
$(-3) \cdot 7 =$
$(-4) \cdot 7 =$
$(-5) \cdot 7 =$
⋮

O resultado da multiplicação diminui de 7 em 7.

Responda:
1. Quais foram os resultados ocultados por Luíza?
2. Você resolveria de forma diferente? Explique.

Multiplicação de números inteiros

Precisamos explorar três situações para compreender o procedimento de multiplicação de números inteiros.

1ª situação – Dois fatores da multiplicação são positivos
Nesse caso, os dois números inteiros são naturais e a multiplicação é a mesma já vista.
Observe os exemplos.
- $(+8) \cdot (+16) = 8 \cdot 16 = 128 = (+128)$
- $(+42) \cdot (+25) = 42 \cdot 25 = 1\,050 = (+1\,050)$
- $(+13) \cdot (+17) = 13 \cdot 17 = 221 = (+221)$

A multiplicação de dois números inteiros positivos resulta em um número inteiro positivo.

27

2ª situação – Um fator é positivo e o outro é negativo

Nesse caso, adicionamos parcelas negativas, conforme a quantidade indicada pelo número positivo. Também podemos recorrer à ideia de que um número negativo é o oposto de outro positivo.

Observe os exemplos a seguir:

- $(+3) \cdot (-10) = 3 \cdot (-10) = (-10) + (-10) + (-10) = -30$
- $(-9) \cdot (+5) = -(+9) \cdot (+5) = -(+45) = -45$

> A multiplicação de um número inteiro positivo por um número inteiro negativo, em qualquer ordem, resulta em um número inteiro negativo.

3ª situação – Dois fatores da multiplicação são negativos

Uma maneira de compreender como proceder para multiplicar dois números inteiros negativos é observar padrões numéricos associados à multiplicação.

Considere a seguinte sequência numérica relacionada à multiplicação de números inteiros:

$(+4) \cdot (-5) = -20$

$(+3) \cdot (-5) = -15$

$(+2) \cdot (-5) = -10$

$(+1) \cdot (-5) = -5$

$0 \cdot (-5) = 0$

$(-1) \cdot (-5) = ?$

$(-2) \cdot (-5) = ?$

$(-3) \cdot (-5) = ?$

⋮

Observe que os resultados das multiplicações aumentam de 5 em 5.

Isso sugere que os resultados que faltam são:

$$(-1) \cdot (-5) = +5 = 5$$
$$(-2) \cdot (-5) = +10 = 10$$
$$(-3) \cdot (-5) = +15 = 15$$

Na multiplicação de números inteiros negativos, podemos utilizar o conceito de oposto de um número inteiro.

> A multiplicação de dois números inteiros negativos resulta em um número inteiro positivo.

Observe o exemplo:

$$(-12) \cdot (-25) = - (+12) \cdot (-25)$$
$$(-12) \cdot (-25) = - [12 \cdot (-25)]$$
$$(-12) \cdot (-25) = - (-300)$$
$$(-12) \cdot (-25) = + 300 = 300$$

Concluindo, podemos dizer que, se a e b são números inteiros:

- $-(-a) = a$
- $(-a) \cdot (b) = -(a \cdot b)$
- $(a) \cdot (-b) = -(a \cdot b)$
- $(-a) \cdot (-b) = -(a) \cdot (-b) = - (-a \cdot b) = a \cdot b$

Responda:

1. Com um colega, atribua valores para a e b e verifiquem a validade dessa conclusão. Compartilhem os resultados com o professor.

Atividades

1) O time Parnaíba participou de um torneio de futebol de cinco rodadas. O saldo de gols do time foi igual a −2 em cada rodada.

a) Represente essa situação por meio de uma multiplicação.

b) Existe outra operação que também pode representar essa situação? Descreva-a.

c) Qual foi o saldo final de gols?

d) Nesse caso, o saldo final de gols foi uma situação de vitória ou de derrota?

2) Indique o produto resultante das operações.

a) (−11) · (−8)
b) (+12) · (−3)
c) (−300) · (+4)
d) (+22) · (+1) · (−10)
e) (−15) · (−2) · (−10)
f) (−19) · (+2) · (−1)

3) Observe o resultado das multiplicações e complete com o fator que falta.

a) (−12) · ▨ = 60
b) ▨ · (+6) = −24
c) (−8) · ▨ = −56
d) ▨ · (−3) = −27
e) (−10) · ▨ = +80
f) (−9) · ▨ = 81

4) Descubra como a sequência a seguir é formada e complete-a com os próximos cinco números.

−10 → 20 → −40 → +80 → ▨ → ▨ → ▨ → ▨ → ▨

5) A afirmação −[−(−18)] = −18 é falsa ou verdadeira? Justifique sua resposta.

6) Copie e complete o quadro de multiplicações.

X	−1	−2	−3	−4
−1				
−2				
−3				
−4	4			

7) Responda:

a) Quando o produto de dois números inteiros é positivo?

b) Quando o produto de dois números inteiros é negativo?

c) Quando o produto de dois números inteiros é igual a zero?

d) O produto de três números negativos é um número positivo?

e) O produto de três números positivos pode ser um número negativo?

f) O produto de quatro números negativos é um número com que sinal?

8) Elabore um problema sobre saldo bancário em que uma pessoa faz, para outra conta, uma transferência de 5 vezes o valor R$ 340,00. Resolva o problema e apresente-o aos colegas.

Propriedades da multiplicação de números inteiros

Vimos as propriedades para adição de números inteiros. Para a multiplicação de números inteiros, também são estabelecidas propriedades que facilitam os cálculos.

Vamos examinar quatro situações a respeito da multiplicação de números inteiros.

1ª situação – Mudança da ordem dos fatores em uma multiplicação
Observe o exemplo:
- $(-72) \cdot (+3) = -216$
- $(+3) \cdot (-72) = -216$

> **Propriedade comutativa da multiplicação**
> A ordem dos fatores de uma multiplicação não altera o produto (resultado final). Essa propriedade significa, em outras palavras, que podemos efetuar uma multiplicação de números inteiros com os fatores dispostos em qualquer ordem.

Sendo *a* e *b* dois inteiros, podemos representar essa propriedade por:
$$a \cdot b = b \cdot a$$

2ª situação – Multiplicação com mais de dois fatores
Observe o exemplo:
- $(-8) \cdot (-10) \cdot (+12) = [(-8) \cdot (-10)] \cdot (+12) = (+80) \cdot (+12) = +960 = 960$
- $(-8) \cdot (-10) \cdot (+12) = (-8) \cdot [(-10) \cdot (+12)] = (-8) \cdot (-120) = +960 = 960$

> **Propriedade associativa da multiplicação**
> Ao multiplicarmos três ou mais fatores inteiros, o resultado pode ser obtido associando-se os fatores em qualquer ordem.

Sendo *a*, *b* e *c* três inteiros, podemos representar essa propriedade por:
$$a \cdot (b \cdot c) = (a \cdot b) \cdot c$$

3ª situação – Multiplicação com um dos fatores igual a 1
Observe o exemplo:
$(-145) \cdot (+1) = -145$
Sendo *a* um número inteiro qualquer, podemos representar essa propriedade por:
$$a \cdot 1 = 1 \cdot a = a$$

> **Elemento neutro**
> Na multiplicação de números inteiros, o número 1 é chamado **elemento neutro**, pois qualquer número inteiro, quando multiplicado por 1, resulta nele mesmo.

4ª situação – Multiplicação e adição na mesma expressão
Observe o exemplo:
$(-7) \cdot (3 + 5) = (-7) \cdot 3 + (-7) \cdot 5 = (-21) + (-35) = -56$
Sendo *a*, *b* e *c* três inteiros, podemos representar essa propriedade por:
$$a \cdot (b + c) = a \cdot b + a \cdot c$$

> **Propriedade distributiva da multiplicação em relação à adição**
> A multiplicação de um número por uma soma é igual à soma dos produtos desse número por suas parcelas.

 Atividades

1. Os colchetes indicam a ordem em que você deve efetuar cada expressão a seguir. Obtenha os produtos e compare os resultados.

   a) $[(-20) \cdot (+3)] \cdot (-7)$
   b) $[(-30) \cdot (-5)] \cdot (+4)$
   c) $(-20) \cdot [(+3) \cdot (-7)]$
   d) $(-30) \cdot [(-5) \cdot (+4)]$

2 Tiago fez a seguinte conta:

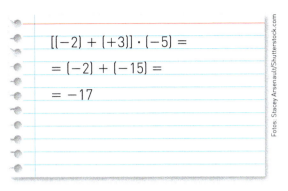

$[(-2) + (+3)] \cdot (-5) =$
$= (-2) + (-15) =$
$= -17$

Explique por que a conta de Tiago não está certa e dê o resultado correto.

3 Em duplas, analisem a resolução a seguir e respondam às questões.

$[(-5) \cdot (10 - 2)] \cdot (-12) =$
$= [(-5) \cdot 10 - (-5) \cdot 2] \cdot (-12) =$
$= [-50 + 10] \cdot (-12) =$
$= (-50) \cdot (-12) + 10 \cdot (-12) =$
$= 600 - 120 = 480$

a) Que propriedade foi utilizada nesse cálculo?
b) De que outra maneira poderíamos obter o valor dessa expressão?
c) Qual das formas vocês acharam mais fácil? Por quê?

4 Observe como a professora utilizou a propriedade do elemento neutro da multiplicação para justificar por que o produto de dois números inteiros negativos resulta em um número inteiro positivo. Junte-se a um colega e vejam atentamente como ela procedeu.

$20 + (-20) = 0$

$(-4) \cdot [20 + (-20)] = (-4) \cdot 0$ ⟶ Multiplicamos os dois membros por (−4).

$(-4) \cdot 20 + (-4) \cdot (-20) = 0$ ⟶ Utilizamos a propriedade distributiva da multiplicação em relação à adição.

$-80 + \underbrace{(-4) \cdot (-20)}_{} = 0$

⟶ Este produto deverá ser igual a +80 para que o resultado da adição seja zero.

a) Vocês entenderam o procedimento adotado pela professora?
b) Utilizando esse procedimento para a adição 45 + (−45) = 0, multipliquem essa igualdade por um número inteiro negativo qualquer e verifiquem o procedimento. Ele funciona para qualquer número negativo?

Divisão de números inteiros

Antônio fez um empréstimo bancário para comprar um carro. Ele pagará a dívida em 60 parcelas iguais, até totalizar R$ 45.000,00.

Para saber o valor de cada uma das 60 parcelas, devemos efetuar uma divisão.

Responda:
1. Qual é a divisão que representa o valor de cada parcela?
2. Qual é a multiplicação que relaciona o número de parcelas com o valor de cada uma delas?
3. Se −45 000 é o número inteiro negativo que representa a dívida e 60 é o total de parcelas, que número inteiro representa o valor de cada parcela da dívida?

Podemos dizer que a divisão de números inteiros é a operação inversa da multiplicação. Assim, o sinal do resultado da divisão de números inteiros é determinado da mesma forma que o sinal do resultado da multiplicação.

Dividendo e divisor positivos

Quando os dois termos da divisão de números inteiros são positivos, procedemos da mesma maneira que na divisão com números naturais.

Observe os exemplos.

- $(+48) : (+16) = 48 : 16 = 3 = (+3)$, pois $(+3) \cdot (+16) = +48$
- $(+420) : (+21) = 420 : 21 = 20 = (+20)$, pois $(+20) \cdot (+21) = +420$

> Na divisão de dois números inteiros positivos, o quociente é positivo.

Dividendo e divisor com sinais contrários

Quando um termo é positivo e o outro é negativo, fazemos a relação com a multiplicação para estabelecermos o sinal resultante.

Observe os exemplos a seguir.

- $(+30) : (-10) = 30 : (-10) = (-3) = -3$, pois $(-3) \cdot (-10) = (+30) = 30$
- $(-990) : (+15) = (-990) : 15 = (-66) = -66$, pois $(-66) \cdot (+15) = (-990) = -990$

> Na divisão de dois números inteiros de sinais contrários, o quociente é negativo.

Dividendo e divisor negativos

Assim como ocorre na multiplicação de dois números inteiros negativos, na divisão o sinal do resultado é positivo.

Observe os exemplos:
- $(-450) : (-25) = (+18) = 18$, pois $(+18) \cdot (-25) = (-450) = -450$
- $(-1\,980) : (-20) = (+99) = 99$, pois $(+99) \cdot (-20) = (-1\,980) = -1\,980$

> Na divisão de dois números inteiros negativos, o quociente é positivo.

Em relação à multiplicação e à divisão de dois números inteiros, podemos observar que:
- Quando multiplicamos dois números inteiros, o resultado é um número inteiro.
- Quando dividimos dois números inteiros, sendo o divisor diferente de zero, o resultado nem sempre é um número inteiro.
- Zero dividido por qualquer número inteiro diferente de zero tem como resultado zero.

Atividades — no caderno

1 Escreva o que se pede:
a) a metade de 500;
b) a metade de -500;
c) a terça parte de -900;
d) a quarta parte de $-1\,600$.

2 Escreva os quocientes das seguintes divisões exatas:
a) $(-40) : (-4)$
b) $(-55) : (+11)$
c) $(+1\,100) : (-10)$
d) $(+1\,500) : (+3)$
e) $(-160) : (+10)$
f) $(-99) : (-9)$

3 Observe o resultado das divisões e complete com o número inteiro que falta.
a) ▨ $: (+6) = -6$
b) $(-8) :$ ▨ $= -1$
c) ▨ $: (-3) = +9$
d) $(-50) :$ ▨ $= +25$
e) $(-81) :$ ▨ $= +9$
f) ▨ $: (-12) = -5$

4 Responda e justifique:
a) Na divisão de dois números positivos, o quociente é um número positivo ou negativo?
b) Na divisão de dois números com sinais contrários, qual é o sinal do quociente?
c) Na divisão de dois números com o mesmo sinal, qual é o sinal do quociente?

5 Complete com o respectivo quociente.
a) $(-40) : (+4)$
   $(-400) : (+40)$
   $(-4\,000) : (+400)$
b) $(+35) : (-5)$
   $(+350) : (-50)$
   $(+3\,500) : (-500)$
c) $(-15) : (-3)$
   $(-150) : (-30)$
   $(-1\,500) : (-300)$

6 Descubra como a sequência a seguir é formada e complete escrevendo os próximos cinco números.

CAPÍTULO 5
Outras operações com números inteiros

Potenciação com números inteiros

Vamos retomar a potenciação com expoentes naturais. Ela está relacionada com a multiplicação de fatores iguais. Observe o exemplo a seguir.

$$2^{10} = \underbrace{2 \cdot 2 \cdot 2 \cdot 2 \cdot 2 \cdot 2 \cdot 2 \cdot 2 \cdot 2 \cdot 2}_{10 \text{ vezes}} = 1\,024$$

Na potenciação acima, cada termo recebe uma denominação e 2^{10} é a potência da qual se deseja obter o valor.

$$2^{10} = 1024$$

Expoente → 10
Base → 2
Valor da potência → 1024

Ainda considerando apenas números naturais no expoente, vamos tomar agora como base um número inteiro negativo. Observe as potências indicadas a seguir.

$(-2)^1 = -2$
$(-2)^2 = (-2) \cdot (-2) = +4 = 4$
$(-2)^3 = (-2) \cdot (-2) \cdot (-2) = -8$
$(-2)^4 = (-2) \cdot (-2) \cdot (-2) \cdot (-2) = +16 = 16$
$(-2)^5 = (-2) \cdot (-2) \cdot (-2) \cdot (-2) \cdot (-2) = -32$
$(-2)^6 = (-2) \cdot (-2) \cdot (-2) \cdot (-2) \cdot (-2) \cdot (-2) = +64 = 64$
$(-2)^7 = (-2) \cdot (-2) \cdot (-2) \cdot (-2) \cdot (-2) \cdot (-2) \cdot (-2) = -128$
⋮

Responda:
1. Qual é o valor de $(-2)^8$? E de $(-2)^9$? E de $(-2)^{10}$?
2. Em que situação o valor da potência de base negativa resulta em um número positivo?
3. E em que situação o valor da potência de base negativa resulta em um número negativo?

Ao trabalhar com potenciação, é importante observar qual é o sinal da base. Note, por exemplo, que há diferenças entre as duas potências exemplificadas abaixo.

$$-5^4 = -(5^4) = -(5 \cdot 5 \cdot 5 \cdot 5) = -(625) = -625$$

→ Apenas o número 5 está elevado ao expoente 4.

$$(-5)^4 = (-5) \cdot (-5) \cdot (-5) \cdot (-5) = +625 = 625$$

→ Aqui o número −5 está elevado ao expoente 4.

Atividades

1 Calcule o valor de cada uma das seguintes potências em que as bases são números inteiros.

a) $(-10)^3$

b) $(+11)^3$

c) $(+10)^3$

d) $(-1)^6$

e) $(-8)^3$

f) 0^6

2 Copie e complete o quadro a seguir escrevendo o valor de cada potência.

Potência	$(-3)^6$	$(-3)^5$	$(-3)^4$	$(-3)^3$	$(-3)^2$	$(-3)^1$
Valor						

Agora responda:

a) Da esquerda para a direita, os expoentes das potências diminuem de quanto em quanto?

b) Da esquerda para a direita, o valor da potência é o anterior dividido por quanto?

c) Seguindo esse padrão numérico, qual será o valor de $(-3)^0$?

3 Copie e complete o quadro a seguir.

Potência	$(-5)^5$	$(-5)^4$	$(-5)^3$	$(-5)^2$	$(-5)^1$	$(-5)^0$
Valor						

4 Calcule o resultado das potências.

a) -4^4

b) $(-4)^4$

Agora, responda: Os resultados são diferentes? Justifique.

5 Responda às questões.

a) Numa potenciação em que a base é um número inteiro positivo e o expoente é par, o que podemos afirmar sobre o valor da potência resultante?

b) Numa potenciação em que a base é um número inteiro negativo e o expoente é par, o que podemos afirmar sobre o valor da potência resultante?

c) Numa potenciação em que a base é um número inteiro positivo e o expoente é ímpar, o que podemos afirmar sobre o valor da potência resultante?

d) Numa potenciação em que a base é um número inteiro negativo e o expoente é ímpar, o que podemos afirmar sobre o valor da potência resultante?

6 Faça os cálculos mentalmente para responder às perguntas a seguir.

a) Se $3^4 = 81$, qual é o resultado de $(-3)^4$?

b) Se $2^7 = 128$, qual é o resultado de $(-2)^7$?

c) Qual é o resultado de $(-2)^6$, sabendo que $2^6 = 64$?

d) Qual é o resultado de $(-2)^9$, sabendo que $2^9 = 512$?

Raiz quadrada de um número inteiro maior ou igual a zero

Podemos relacionar a raiz quadrada de um número natural com a potência de expoente 2. Por exemplo:

$\sqrt{0} = 0$, pois $0^2 = 0 \cdot 0 = 0$
$\sqrt{1} = 1$, pois $1^2 = 1 \cdot 1 = 1$
$\sqrt{4} = 2$, pois $2^2 = 2 \cdot 2 = 4$
$\sqrt{9} = 3$, pois $3^2 = 3 \cdot 3 = 9$
⋮
$\sqrt{100} = 10$, pois $10^2 = 10 \cdot 10 = 100$

Raiz quadrada

Responda às questões a seguir utilizando uma calculadora.

1. No contexto dos números inteiros, qual é o valor de $\sqrt{1024}$?
2. Digite na calculadora o número inteiro $-1\,024$. Depois, aperte a tecla $\sqrt{\ }$. O que aparece no visor da calculadora?

Qualquer número inteiro, positivo ou negativo, elevado ao quadrado resulta em um número inteiro positivo. Observe o exemplo abaixo.

$$9^2 = 81 \text{ e } (-9)^2 = 81$$

Note, porém, que, ao calcular a raiz quadrada de 81, o resultado é apenas o número 9:

$\sqrt{81} = 9$, pois $9^2 = 81$

→ O símbolo $\sqrt{81}$ representa a raiz quadrada positiva de 81.

E a raiz quadrada de um número inteiro negativo?

$$\sqrt{-81} = ?$$

Para calcular $\sqrt{-81}$, teríamos de encontrar um número inteiro que, elevado ao quadrado, tivesse como resultado o número -81. Esse número inteiro não existe.

Atividades

1. Dentro da figura representada ao lado está indicada a medida de sua área, em centímetros quadrados.
Calculando-se $\sqrt{324}$, obtém-se o número 18. O que ele representa em relação à figura?

Área: 324 cm²

2. Responda:

a) Quais são os números inteiros que, elevados ao quadrado, resultam em 576?
b) Qual é o valor de $\sqrt{576}$?

3. Considerando os números inteiros, responda:
Existe $\sqrt{-144}$? Justifique.

4 Esta atividade é para você fazer com um colega. Sigam as instruções.

- Leiam atentamente o texto.

No ano anterior, você estudou as expressões numéricas com números naturais. Ampliamos agora o estudo abordando, por meio de alguns exemplos, a resolução de expressões numéricas com números inteiros. Lembre-se de que há situações em que é preciso efetuar mais de uma operação aritmética. A ordem das operações em uma expressão numérica é:

1º multiplicação ou divisão, na ordem em que aparecem;

2º adição ou subtração, na ordem em que aparecem.

Caso na expressão numérica haja potenciação ou raiz quadrada, elas devem ser feitas antes da multiplicação ou da divisão.

Para evitar quaisquer confusões na ordem em que as operações devem ser efetuadas, algumas vezes são empregados os sinais de associação:

( ) parênteses [ ] colchetes { } chaves

Os sinais indicam a ordem em que devemos efetuar as operações: primeiro, resolvemos o que está entre parênteses; depois, o que está entre colchetes; por último, aquilo que estiver entre chaves.

- Observem atentamente como a expressão numérica a seguir foi resolvida:

$$-150 - \{(-30) : 15 + [(-7) \cdot (10 - 20)] - 40\} =$$
$$= -150 - \{(-2) + [(-7) \cdot (-10)] - 40\} =$$
$$= -150 - \{(-2) + 70 - 40\} =$$
$$= -150 - (+28) =$$
$$= -150 - 28 =$$
$$= -178$$

a) Resolvam a seguinte expressão numérica.

$$\{20 \cdot [15 : (350 - 365) \cdot (-280) : (-28)] -45\} + 210 + \sqrt{1}$$

b) Cada dupla deve explicar passo a passo as operações que foram realizadas em cada passagem.

5 Para resolver uma expressão numérica, João realizou os seguintes passos:

$$\{43 + [[15 - 19] - 12 \cdot (-3) + 1] \cdot (26 - 32)\} =$$
$$= \{43 + [[15 - 19] + 36 + 1] \cdot (26 - 32)\} =$$
$$= \{43 + [-4 + 36 + 1] \cdot (26 - 32)\} =$$
$$= \{43 + [-4 + 36 + 1] \cdot (-6)\} =$$
$$= \{43 + [-4 + 36 - 6]\} =$$
$$= \{43 + 26\} =$$
$$= 69$$

Andressa verificou os procedimentos e identificou um erro no resultado obtido.

a) Identifique o erro cometido por João, justificando-o.

b) Qual é o valor correto da expressão?

6 Resolva as seguintes expressões numéricas.

a) $\sqrt{49} - \{\sqrt{16} - [2 - (4 - 8) + 1]\}$

b) $10 - \{8 + [3^3 + (3 - 5)^3 - 1] + 2\}$

c) $\sqrt{81} + \{2^5 - [\sqrt{4} - (\sqrt{1} - 1^2)]\}$

1) Copie no caderno cada afirmação a seguir e escreva **V** para as que são verdadeiras e **F** para as falsas.

   a) −7 é maior que −2.
   b) O triplo de −3 é −9.
   c) Qualquer número inteiro positivo é maior que qualquer inteiro negativo.
   d) A metade de −10 é −5.
   e) Qualquer número inteiro negativo é maior que zero.
   f) O produto entre (−7) e (+2) é igual ao produto entre (−2) e (+7).
   g) O produto entre dois números inteiros negativos resulta em um número negativo.
   h) O produto entre zero e qualquer número inteiro será sempre igual a zero.
   i) Ao multiplicarmos um número inteiro por (−1), obtemos seu oposto.

2) Usando os símbolos **>** e **<**, compare os números inteiros.

   a) −4 ⬚ 2
   b) +7 ⬚ 0
   c) −9 ⬚ −2
   d) +5 ⬚ −1
   e) −10 ⬚ −15
   f) 0 ⬚ −8
   g) +9 ⬚ −3
   h) −6 ⬚ +1

3) Observe os números inteiros representados por letras de *A* até *F* na reta numérica a seguir e responda às questões.

   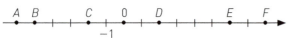

   a) Qual desses números inteiros é maior?
   b) Qual é o menor?
   c) Qual é o simétrico do número indicado por *C* na reta?
   d) Escreva o número que apresenta maior módulo entre os que estão representados.
   e) Escreva um par de números inteiros consecutivos.
   f) Que números inteiros há entre os pontos D e E?

4) Em um quadrado mágico, a soma em cada linha, coluna ou diagonal deve ser a mesma. Copie o modelo do quadrado mágico a seguir e complete-o com números inteiros.

−2	⬚	2
3	−1	⬚
⬚	⬚	0

5) Responda:

   a) Qual é o triplo de −7?
   b) Qual é o dobro de −50?
   c) Quanto é a metade de uma dívida de 70 reais?
   d) Qual é a terça parte de −60?
   e) O que é maior: a metade de −40 ou o dobro de −11?
   f) O que é maior: o triplo de −25 ou a terça parte de 36?

6) Copie no caderno as frases a seguir, sobre operações com números inteiros, e escreva **V** para as verdadeiras e **F** para as falsas.

   a) Ao dividirmos um número negativo por outro positivo, o resultado será negativo.
   b) A soma de dois números positivos resulta em um número negativo.
   c) Na divisão e na multiplicação de dois números inteiros, se os sinais deles forem iguais, o resultado será positivo.
   d) Na divisão e na multiplicação de dois números inteiros, se os sinais deles forem diferentes, o resultado será negativo.

7) Identifique os números cujo módulo ou valor absoluto é:

   a) 12;
   b) 8;
   c) 31;
   d) 24.

8) Dê o simétrico ou oposto de:

   a) 8;
   b) −13;
   c) −10;
   d) 11;
   e) −9;
   f) −3.

9. O quadro a seguir mostra a movimentação na conta de Elias no período de 15 a 19 de maio.

Data	Movimentação	Valor (R$)
15/maio	saldo anterior	184,50
15/maio	saque	−150,00
16/maio	depósito em dinheiro	1.935,00
17/maio	conta de telefone	−237,40
17/maio	cheque compensado	−219,90
19/maio	cheque compensado	−462,00
19/maio	saque	−320,00
19/maio	saldo atual	

a) Com o auxílio de uma calculadora, descubra o saldo que ficou na conta-corrente de Elias após todas as movimentações indicadas no quadro.

b) Qual seria o novo saldo se no dia 20 de maio fosse depositado na conta de Elias um cheque de R$ 1.000,00 e não houvesse qualquer outra movimentação?

10. O resultado da adição de dois números inteiros negativos:

a) pode ser um número inteiro positivo.
b) pode ser igual a zero.
c) sempre é um número positivo.
d) é um número negativo.

11. Determine o padrão da sequência e assinale a alternativa que indica corretamente o próximo número.

a) 0
b) 5
c) 10
d) 15

12. Numa cidade, se a temperatura, às 6 horas da manhã, era de −10 °C e, ao meio-dia, 1 °C, então:

a) ela diminuiu 10 °C.
b) ela diminuiu 9 °C.
c) ela aumentou 9 °C.
d) ela aumentou mais de 10 °C.

13. Observe os valores de **A** e **B** e complete o quadro calculando **A + B** e **A − B**.

A	B	A + B	A − B
−450	900		
−340	−200		
150	500		
550	−50		
190	−30		
−300	300		
100	100		

39

14 Um submarino encontra-se a 220 metros de profundidade. Depois de algum tempo, está a 100 metros de profundidade. Ele subiu ou desceu? Quantos metros?
a) Ele subiu 200 metros.
b) Ele desceu 120 metros.
c) Ele subiu 120 metros.
d) Ele desceu 200 metros.

15 O saldo de gols de um time de futebol no campeonato brasileiro é −10 gols. Quantos gols o time precisa fazer, sem tomar nenhum, para ficar com o saldo positivo de 10 gols?
a) 10 gols
b) 15 gols
c) 5 gols
d) 20 gols

16 O gráfico abaixo representa o registro do lucro de uma empresa ao longo do primeiro semestre.

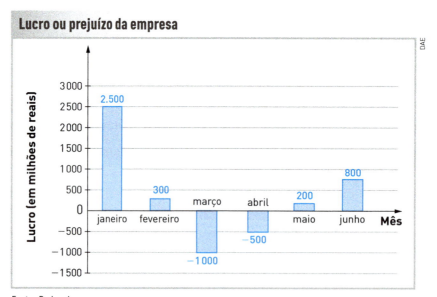

Fonte: Dados da empresa.

Responda:
a) Nesse período, em que mês a empresa teve o maior lucro?
b) Em quais meses essa empresa teve prejuízo?
c) A empresa teve lucro ou prejuízo ao longo do 1º semestre? Qual foi o valor?

17 Considere o lançamento simultâneo de dois dados. Os pontos obtidos devem ser multiplicados entre si. Considere que os números pares são inteiros negativos e os números ímpares são inteiros positivos e calcule o produto, se o resultado obtido for:

a)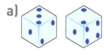

c)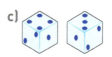

b)

d)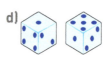

18 Qual é o resultado de -5^4?

a) 125

b) -125

c) -625

d) 625

19 Qual das alternativas é uma afirmação verdadeira?

a) O produto de dois números negativos pode ser negativo.

b) O produto de dois números negativos é negativo.

c) O produto de dois números de sinais contrários é negativo.

d) O dobro de um número negativo é um número positivo.

20 (**Saresp**) Leia a notícia abaixo.

Uma onda de frio já causou 46 mortes nos últimos dias nos países da Europa Central. No centro da Romênia, a temperatura chegou a $-32\ °C$ na noite passada. No noroeste da Bulgária, a temperatura era de $-22\ °C$ e as ruas ficaram cobertas por uma camada de 10 cm de gelo. Foram registradas as marcas de $-30\ °C$ na República Tcheca e de $-23\ °C$ na Eslováquia.

Segundo a notícia, o país em que a temperatura estava mais alta é:

a) Romênia

b) Bulgária

c) República Tcheca

d) Eslováquia

21 (**Obmep**) Rita deixou cair suco no seu caderno, borrando um sinal de operação $(+, -, \cdot, :)$ e um algarismo em uma expressão que lá estava escrita. A expressão ficou assim:

Qual foi o algarismo borrado?

a) 2

b) 3

c) 4

d) 5

e) 6

22 Qual será o sinal de $(-2)^n$ se:

a) n for um número natural par?

b) n for um número natural ímpar?

Ampliar

Números negativos,
de Imenes, Jakubo e Lellis
(Atual)

Os números negativos levaram tempo para serem aceitos. O livro, da Coleção Para que serve a Matemática, conta um pouco dessa história e dá exemplos significativos do uso de números com sinais: saldo bancário, temperaturas positivas e negativas, inflação negativa (deflação) etc.

História de sinais,
de Luzia Faraco Ramos
(Ática)

Durante as férias de verão, uma garota recebe um hóspede que gosta bastante de Matemática. Começam, assim, muitas aventuras envolvendo os números inteiros.

Livro da série A Descoberta da Matemática.

UNIDADE 2

Antever

Algumas construções feitas pela humanidade chamam nossa atenção pelo tamanho e beleza. Há ainda aquelas, como a Torre de Pisa, que têm outras peculiaridades – a inclinação dessa torre em relação à horizontal salta aos olhos, por isso ela é um ponto turístico importante da Itália.

1 O que significa "inclinação em relação à horizontal"?

2 O que são retas perpendiculares?

Arranha-céu The Capital Gate. Abu Dhabi, Emirados Árabes.

Geometria

Torre de Pisa. Pisa, Itália.

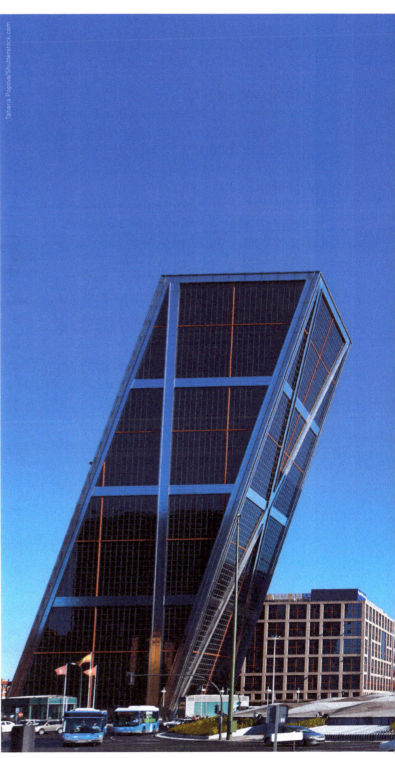

Uma das torres Puerta de Europa. Madri, Espanha.

CAPÍTULO 6

Ângulos

Ângulos: conceito e unidades de medida

Em algumas situações, a palavra **ângulo** é usada no sentido de "ponto de vista". Assim, quando uma pessoa diz "Veja por este ângulo", ela está querendo reforçar que, embora existam diferentes formas de analisar determinado assunto, aquela "forma de ver" é que está sendo considerada. Em Matemática, particularmente na Geometria, **ângulo** tem um significado próprio, no entanto, ele está relacionado a diversas situações cotidianas.

Pensando em futebol, quando o goleiro chuta a bola, o alcance dela depende da potência e do ângulo do chute, como representado na imagem ao lado.

Neste capítulo abordaremos ângulos, retomando inicialmente conceitos estudados no volume anterior.

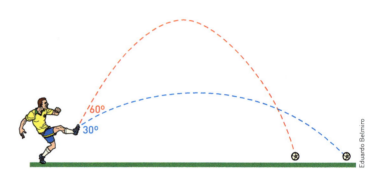

1. Dê um exemplo para ilustrar o significado de "ângulo de visão".
2. Indique objetos da sala de aula em que podemos encontrar um ângulo reto.

No ângulo representado ao lado, temos os seguintes elementos:
- vértice – é o ponto O;
- lados do ângulo – são as semirretas $\overrightarrow{OA}$ e $\overrightarrow{OB}$;
- o menor ângulo formado por $\overrightarrow{OA}$ e $\overrightarrow{OB}$, indicado pela região em amarelo;
- o maior ângulo formado por $\overrightarrow{OA}$ e $\overrightarrow{OB}$, indicado pela região em azul;
- representação dos ângulos: $A\hat{O}B$ ou $B\hat{O}A$.

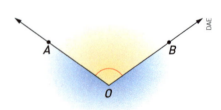

Ângulo é a região do plano determinada por duas **semirretas** de mesma origem.

ZOOM: A semirreta $\overrightarrow{OA}$ tem origem no ponto O e segue indefinidamente na direção, passando pelo ponto A.

Para determinar o ângulo que está sendo considerado, em geral, usa-se uma indicação, como a feita em vermelho na figura acima. Neste caso, estamos considerando o menor ângulo $A\hat{O}B$.

44

O **transferidor** é um instrumento utilizado para medir ângulos. Observe abaixo que a medida de um ângulo está relacionada à medida de sua abertura.

Quando dois ângulos têm a mesma abertura, também têm a mesma medida, e, nesse caso, dizemos que são **ângulos congruentes**.

Os ângulos $A\hat{B}C$ e $F\hat{E}D$ representados a seguir são congruentes. Notaremos que os dois ângulos medem 50°, mesmo que a localização das semirretas seja diferente.

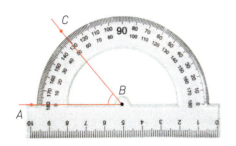

A unidade de medida que utilizamos para medir esses ângulos é o **grau**. Essa unidade pode ser compreendida por meio de um círculo dividido em 360 partes de mesmo tamanho.

Observe no transferidor que cada um dos espaços entre dois tracinhos consecutivos corresponde a um ângulo de medida 1°.

> A cada uma das 360 partes em que o círculo é dividido corresponde um ângulo de medida 1°. Assim, o círculo completo (uma volta completa) corresponde ao ângulo de medida 360°.

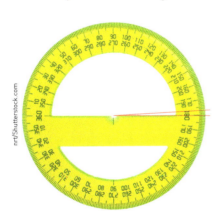

Para medir um ângulo com um transferidor, observe os seguintes pontos:
- o centro do transferidor deve coincidir com o vértice do ângulo;
- uma das semirretas deve ficar alinhada com o ponto central e com a marcação do ângulo de 0° do transferidor. Caso as semirretas representadas não atinjam essa marcação, podemos prolongá-las com a régua.

Observe os ângulos $A\hat{B}C$ e $D\hat{E}F$, que medem 50° e 90°, respectivamente.

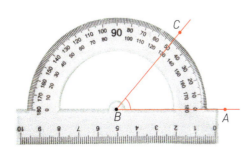
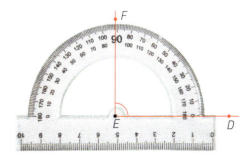

De acordo com suas medidas, os ângulos podem ter as denominações a seguir.

- **Ângulo raso** – sua medida é 180°.

A abertura do ângulo formado pelas duas semirretas opostas de origem no ponto A indica um ângulo de medida 180°.

- **Ângulo reto** – sua medida é 90°.

A abertura do ângulo formado pelas duas semirretas de origem no ponto A indica um ângulo de medida 90°. O símbolo ⌐ indica que o ângulo mede 90°.

- **Ângulo obtuso** – sua medida é maior que 90° e menor que 180°.

Observe o ângulo formado pelas duas semirretas de origem no ponto A.
Esse ângulo tem medida maior que 90° e menor que 180°, conforme indicado no transferidor.

- **Ângulo agudo** – sua medida é maior que 0° e menor que 90°.

A abertura do ângulo formado pelas duas semirretas de origem no ponto A indica um ângulo de medida menor que 90°.

Atividades

1. Escreva a denominação dada a um:
   a) ângulo de medida 180°;
   b) ângulo de medida 90°;
   c) ângulo de medida 115°;
   d) ângulo de medida 73°.

2. Com o auxílio do transferidor, meça os ângulos ao lado.
   Agora, responda às questões a seguir.
   a) Quais ângulos são obtusos?
   b) Quais ângulos são agudos?

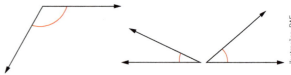

3) Usando régua e transferidor, construa os ângulos de acordo com as medidas dadas.
   a) 110°
   b) 75°
   c) 60°
   d) 95°

4) Para cada relógio, indique a medida, em graus, do menor ângulo formado pelos ponteiros.

a)    b) 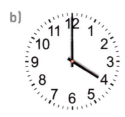   c)    d)

5) Identifique as afirmações verdadeiras.
   a) Podemos dizer que o menor ângulo formado pelos ponteiros do relógio às 14 h é congruente ao menor ângulo formado às 10 h.
   b) Um ângulo agudo é maior que um ângulo reto.
   c) Ao traçarmos o diâmetro de uma circunferência, formamos nessa circunferência dois ângulos de mesma medida.
   d) Ao prolongarmos as semirretas que formam um ângulo, aumentamos a medida dele.

6) **(Saresp)** Imagine que você tem um robô tartaruga e quer fazê-lo andar num corredor sem que ele bata nas paredes. Para fazer isso, você pode acionar 3 comandos: AVANÇAR (indicando o número de casas), VIRAR À DIREITA e VIRAR À ESQUERDA. Para acionar de forma correta o comando, imagine-se dentro do robô.

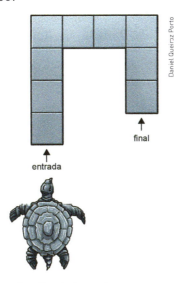

Os comandos para que o robô vá até o final deverão ser:
a) avançar 4, virar 90° à direita, avançar 3, virar 90° à direita, avançar 2.
b) avançar 4, virar 90° à esquerda, avançar 3, virar 90° à esquerda, avançar 2.
c) avançar 4, virar 90° à direita, avançar 3, virar 90° à esquerda, avançar 2.
d) avançar 4, virar 90° à esquerda, avançar 3, virar 90° à direita, avançar 2.

Operações com medidas de ângulos

Na vida prática, as medidas são sempre aproximadas. Os instrumentos de medida são aprimorados pelo homem com a criação de subunidades no intuito de conseguir uma aproximação melhor. No caso da unidade grau, para medir ângulos, existem as chamadas subunidades do grau: o minuto e o segundo.

> 1 grau corresponde a 60 minutos, isto é, 1° = 60′

Considere um ângulo de medida 1°. Se o dividirmos em 60 partes, cada parte corresponderá a 1 **minuto**.

> 1 minuto corresponde a 60 segundos, isto é, 1′ = 60″

Do mesmo modo, se dividirmos o ângulo de medida 1 minuto (1′) em 60 partes iguais, cada uma dessas partes corresponderá a 1 **segundo**.

Responda:

1. Qual fração do grau representa 1′?
2. Qual fração do minuto representa 1″?
3. Quantos minutos há em 0,5°?

Dependendo da medida do ângulo, muitas vezes é preciso usar uma notação mista para indicá-la. Assim, para indicar um ângulo de medida 7 graus, 48 minutos e 35 segundos, utilizamos a notação **7° 48′ 35″** (7° + 48′ + 35″). Essa notação também pode ser chamada de **notação mista da medida de um ângulo**.

Observe a seguir exemplos de como podemos fazer as transformações entre unidades de medidas de ângulo.

- 3° equivale a quantos segundos?

3° = 180′ = 10 800″

Ou seja, 3° é igual a 180′ (3 · 60′), que é igual a 10 800″ (180 · 60″). Ou seja: 10 800″ = 180′ = 3°.

- 4° 44′ equivalem a quantos segundos?

Transformamos a medida em minutos e, depois, em segundos, ou seja:

4° 44′ = 4° + 44′   4° 44′ = 284 · 60″

4° 44′ = 4 · 60′ + 44′   4° 44′ = 17 040″

4° 44′ = 284′

- 28 459″ equivalem a quantos minutos? E a quantos graus?

Dividimos a medida dada por 60 para determiná-la em minutos: 28 459″ = 474′ 19″.

```
2 8 4 5 9″  | 6 0
  4 4 5       4 7 4
    2 5 9
      1 9
```

Dividimos 474 por 60 para determinar a medida em graus: 474′ = 7° 54′.

```
4 7 4′  | 6 0
  5 4      7
```

Portanto: 28 459″ = 7° 54′ 19″.

Essas transformações são necessárias para que possamos efetuar operações entre medidas de ângulos, como na situação a seguir.

Com o auxílio de um transferidor, Lucas mediu determinado ângulo representado em seu caderno, obtendo a medida aproximada de 27,5°. Então, ele indicou a medida de outro ângulo que seria necessário para compor um ângulo reto.

Embora Lucas pudesse determinar a medida desse novo ângulo observando o transferidor, ele optou por fazer a seguinte operação entre medidas:

$$90° - 27,5° = 62,5° = 62° 30'$$

Nessa situação, foi efetuada uma subtração de medidas de ângulos. Para verificar se a subtração está correta, utilizamos a adição:

$$62° 30' + 27° 30' = 62° + 27° + 30' + 30' =$$
$$= 89° + 60' = 89° + 1° = 90°$$

No exemplo a seguir, observe como podemos efetuar subtrações com medidas de ângulos em graus, minutos e segundos.

> Para adicionar (ou subtrair) medidas de ângulos, adicionamos (ou subtraímos) segundos a segundos, minutos a minutos e graus a graus.

- Vamos obter a medida do ângulo correspondente ao resultado da subtração:

$$98° 43' - 29° 15' 44''$$

Observe que, nesse caso, é preciso inicialmente fazer uma transformação antes de efetuar a subtração. Transformamos para subtrair: $98° 43' = 98° + 42' + 1' = 98° + 42' + 60'' = 98° 42' 60''$.

$$\begin{array}{r} 98° \; 43' \\ -\; 29° \; 15' \; 44'' \\ \hline \end{array} \longrightarrow \begin{array}{r} 98° \; 42' \; 60'' \\ -\; 29° \; 15' \; 44'' \\ \hline 69° \; 27' \; 16'' \end{array}$$

Portanto: $98° 43' - 29° 15' 44'' = 69° 27' 16''$.

Atividades

1 Considere uma circunferência cuja volta completa representa um ângulo de 360°. Qual é a medida do ângulo representado por:

a) meia-volta?

b) 1/6 de volta?

c) 1/8 de volta?

d) 1/10 de volta?

2 Transforme em notação mista as medidas de ângulos representadas em segundos.

a) 6 010″

b) 9 565″

c) 7 230″

d) 4 540″

3 As medidas abaixo estão escritas na forma mista. Escreva-as em segundos.

a) 1° 14′ 22″

b) 20° 24′ 26″

c) 6° 50′ 40″

d) 10° 10′ 10″

4 Efetue as adições e subtrações de medidas de ângulos indicadas.

a) 22° 45′ + 46° 25′

b) 62° 59′ 28″ + 33° 39′ 46″

c) 92° 50′ 55″ − 40° 37′ 15″

d) 102° 59′ 56″ − 60° 44′ 16″

49

Conviver

Operações com medidas de ângulos

Forme um grupo com três colegas e resolvam as atividades relacionadas à multiplicação e à divisão de medidas de ângulos. Considerem a instrução a seguir sobre como multiplicar ou dividir medidas de ângulos.

> Para multiplicar (ou dividir) a medida de um ângulo por um número natural, devemos multiplicar (ou dividir) os graus, minutos e segundos por esse número.

1. Utilizando uma calculadora, obtenham em graus, minutos e segundos os seguintes resultados:

   a) $6 \cdot (12° \; 32' \; 34'')$

   b) $(72° \; 192' \; 204'') \div 6$

   c) $(160° \; 44' \; 48'') \div 4$

   d) $(55° \; 5' \; 25'') \div 5$

   e) $7 \cdot (12° \; 12' \; 12'')$

   f) $4 \cdot (41° \; 11' \; 31'')$

   g) $\dfrac{1}{2}$ de $7°$

   h) $\dfrac{1}{4}$ de $27°$

   i) $\dfrac{1}{3}$ de $60° \; 21' \; 48''$

2. Comparem os resultados de suas operações com os obtidos pelos demais grupos.

3. Existem algumas denominações dadas a alguns tipos de ângulo. Vocês deverão representar, por meio de figuras, os ângulos conceituados a seguir.

   - **Ângulos adjacentes**

   > Dois ângulos são **adjacentes** quando têm em comum o vértice e um dos lados, porém, não têm pontos internos em comum.

   - **Ângulos complementares**

   > Dois ângulos adjacentes são ditos **complementares** quando a soma de suas medidas é 90°.

   - **Ângulos suplementares**

   > Dois ângulos adjacentes são ditos **suplementares** quando a soma de suas medidas é 180°.

Ângulos e retas

Para nos situarmos numa grande cidade, utilizamos mapas. Neles, localizamos praças, parques e ruas, como no exemplo abaixo.

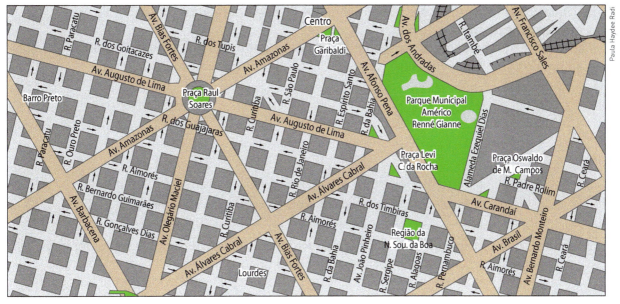

Mapa de parte da cidade de Belo Horizonte (MG).

Nesse mapa é possível observar os cruzamentos de diversas ruas. Algumas dessas ruas são como retas que, ao se cruzarem, formam ângulos de 90°; outras formam ângulos diferentes. Assim, por exemplo, a Av. Álvares Cabral forma ângulo de 90° com a Av. Bias Fortes. Agora observe no mapa o cruzamento entre a Av. Carandaí e a Av. Brasil: o menor ângulo entre elas tem medida inferior a 90°.

Representando essas avenidas por retas, teremos a ideia do ângulo formado pelo cruzamento delas, conforme o desenho ao lado. Além disso, observe que existem quatro ângulos formados por essas retas.

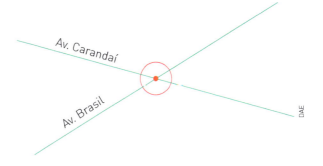

Observando a figura, responda:
1. Quantas medidas diferentes de ângulos são formadas pelas duas retas acima?

2. Qual é a soma das medidas desses ângulos?

Dizemos que duas retas são **coplanares** quando estão em um mesmo plano. Por exemplo, se desenharmos duas retas numa folha de papel apoiada numa mesa, a folha nos dará a ideia de plano.

Vamos retomar alguns conceitos estudados no volume anterior a respeito da posição entre duas retas que são coplanares. Com base neles, observaremos os ângulos formados por essas retas.

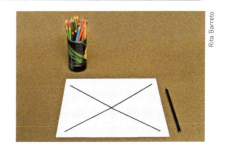

- **Retas paralelas**

Observe as retas *r* e *s* representadas ao lado. Elas não têm ponto em comum. Quando isso ocorre com duas retas coplanares, dizemos que elas são paralelas.

Assim, por exemplo: as duas retas construídas pelo prolongamento de dois lados opostos de um losango são exemplos de retas paralelas.

- **Retas concorrentes**

As retas *r* e *s*, representadas a seguir, têm apenas um ponto em comum. Dizemos que elas se interceptam no ponto *P* ou, em outras palavras, elas são concorrentes no ponto *P*.

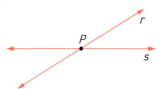

> Duas retas que têm um único ponto em comum são **concorrentes**.

Duas retas que são concorrentes formam, entre si, dois pares de ângulos suplementares, isto é, ângulos cujas medidas somam 180°, conforme a figura abaixo.

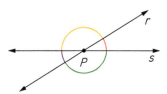

- **Retas perpendiculares**

Quando duas retas concorrentes formam quatro ângulos retos, dizemos que elas são perpendiculares.

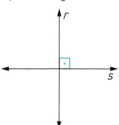

Essas noções sobre retas concorrentes e paralelas você já estudou no volume anterior desta coleção. Nas duas observações acima, ampliamos um pouco mais esse estudo, considerando os ângulos formados por retas concorrentes. Observe agora a seguinte figura formada por duas retas concorrentes no ponto *P*:

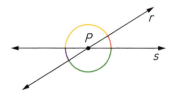

O ponto *P* é chamado de **vértice** dos quatro ângulos formados pelas duas retas concorrentes. Observe os ângulos indicados pela mesma cor na figura acima, eles são opostos pelo vértice.

> Dois ângulos são **opostos pelo vértice** quando os lados de um deles são semirretas opostas aos lados do outro.

Observe a seguir uma maneira de justificar que dois ângulos opostos pelo vértice têm a mesma medida.

Na figura abaixo, os ângulos indicados em azul são opostos pelo vértice. Note que as medidas estão representadas pelas letras gregas α e β. Justificamos que tais medidas são iguais considerando que:

Os ângulos α e γ são suplementares (formam um ângulo raso). Assim:

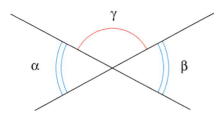

$$\alpha + \gamma = 180°$$

Os ângulos β e γ são suplementares (formam um ângulo raso). Assim:

$$\beta + \gamma = 180°$$

Logo, temos que:

$$\alpha + \gamma = \beta + \gamma$$
$$\alpha = \beta$$

Atividades

1. Com o auxílio de um transferidor, podemos obter a medida aproximada do ângulo indicado em vermelho na imagem ao lado.

    a) Qual é a medida do ângulo indicado?

    b) Qual é a medida do ângulo complementar a ele?

    c) Qual é a medida do ângulo suplementar a ele?

2. Na figura ao lado, os ângulos α e β são complementares. Responda às questões.

    a) Se um deles tem medida igual a 20°, qual é a medida do outro?

    b) Se um deles tem o dobro da medida do outro, quais são as medidas dos dois ângulos?

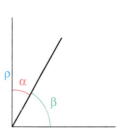

3. Os ângulos indicados na figura a seguir são opostos pelo vértice. Que relação existe entre as medidas dos ângulos e como podemos denominar essa relação?

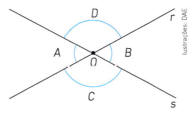

4. Meça com o transferidor os ângulos indicados nas figuras e some-os.

    a)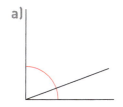

    b)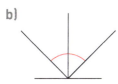

    c)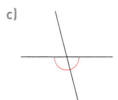

    d)

5 Na figura abaixo estão representadas três retas e indicados oito ângulos.

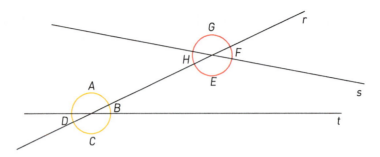

a) Escreva pares de ângulos que são opostos pelo vértice.

b) Escreva pares de ângulos que são adjacentes e suplementares.

6 A letra x está indicando a medida de um ângulo desconhecido nas figuras seguintes. Determine essa medida.

a)

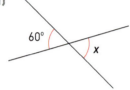

b)

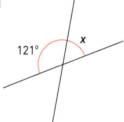

7 Desenhe, com o auxílio de transferidor e régua, duas retas concorrentes que formam um ângulo de 55°. Depois, responda: Quais são as medidas dos quatro ângulos formados por essas retas?

8 Na figura a seguir, as letras x, y, z e w representam as medidas dos ângulos formados por duas retas concorrentes.

Estabeleça uma relação entre as medidas abaixo.

a) x e z

b) x e y

c) x e w

d) y e w

e) y e z

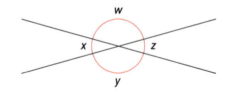

9 Com o auxílio de uma régua, desenhe numa folha quadriculada duas retas paralelas e uma reta transversal, como na figura ao lado:

a) Utilize um transferidor e descubra as medidas dos oito ângulos formados na figura. Anote essas medidas.

b) Quantas medidas diferentes ao todo você obteve?

c) O que podemos concluir em relação a essas medidas?

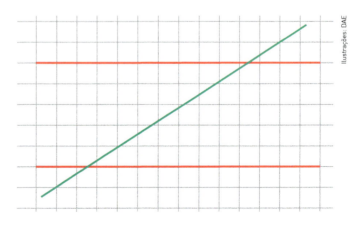

Triângulos

Triângulos: construção

O estudo sobre triângulos já foi iniciado no volume anterior desta coleção.

Relembre as classificações dos triângulos.
* Quanto às medidas dos lados:

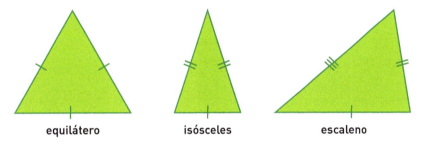

equilátero   isósceles   escaleno

* Quanto às medidas dos ângulos internos:

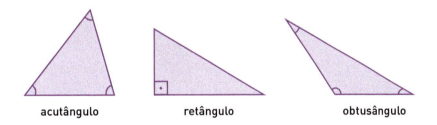

acutângulo   retângulo   obtusângulo

Responda:
1. Quando um triângulo é equilátero? E isósceles? E escaleno?
2. Quando um triângulo é acutângulo? E retângulo? E obtusângulo?

Agora que você recordou a classificação de triângulos, conheça uma das aplicações desse conhecimento.

Ao observar atentamente a construção de alguns telhados, encontramos estruturas feitas de madeira e em forma de triângulo, para promover sustentação.

Observe, na ilustração a seguir, as chamadas "tesouras" em forma de triângulos:

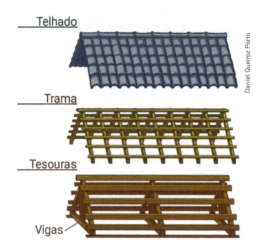

Essa utilização deve-se à rigidez da estrutura em forma de triângulo. Para exemplificar essa rigidez, vamos retomar uma construção simples feita com palitos de sorvete. Forme um grupo com dois colegas e, juntos, sigam os passos indicados.

- Construam a estrutura a seguir com 4 palitos e 4 percevejos.

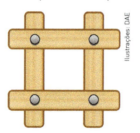

Tentem movimentar essa estrutura lateralmente. O que acontece? A estrutura é rígida?

Agora, acrescentem a essa estrutura mais um palito em diagonal, retirando dois alfinetes e recolocando-os como indicado a seguir.

Tentem movimentar lateralmente esses palitos. A estrutura agora é rígida?

É devido à rigidez que estruturas em forma de triângulo são muito utilizadas em diversas construções. Se você usar os palitos para construir um triângulo, observará que a estrutura ficará rígida, isto é, os movimentos laterais que fizer com ele não alterarão seu formato.

Agora você irá, com mais alguns colegas, construir triângulos com instrumentos de desenho geométrico.

Construção de triângulos

Esta é uma atividade de construção de triângulos com o uso de instrumentos de desenho geométrico: régua, esquadro, transferidor e compasso. Antes das construções, deve-se prender na carteira, com fitas adesivas, uma folha em branco.

1ª construção

Construa um triângulo ABC considerando as seguintes medidas dos três lados: $AB = 6$ cm, $BC = 4$ cm e $AC = 5$ cm.

Instruções

1. Com uma régua, trace o segmento AB.
2. Com centro no ponto A e a abertura do compasso correspondente a $AC = 5$ cm, trace um arco para um dos lados de AB.
3. Com a abertura do compasso correspondente a $BC = 4$ cm e centro no ponto B, trace um arco para o mesmo lado de AB até encontrar o outro arco traçado.
4. O ponto de encontro desses dois arcos é C.
5. Por meio de segmentos, ligam-se os pontos C e B e, depois, C e A. Obtém-se, assim, o triângulo ABC.

2ª construção

Construa um triângulo equilátero ABC considerando que a medida de cada um dos três lados é igual a 7 cm.

Instruções

Você deverá escrever as instruções para essa construção.

Soma das medidas dos ângulos internos

Observe o triângulo a seguir, cujos ângulos internos estão destacados.

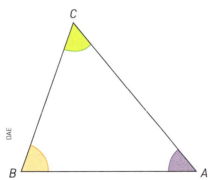

Utilize um transferidor para responder:
1. Quais são as medidas dos ângulos desse triângulo?
2. Qual é a soma das medidas dos ângulos internos desse triângulo?

Agora, no caderno, desenhe um triângulo qualquer. Em seguida, determine as medidas dos ângulos desse triângulo e some essas medidas. Qual foi o resultado obtido? Compare sua resposta com a de seus colegas.

> A soma das medidas dos ângulos internos de um triângulo é igual a 180°.

Não importa o tamanho do triângulo que você construiu: a soma das medidas dos ângulos internos será sempre a mesma.

Veja como obter a soma das medidas dos ângulos internos de um triângulo sem utilizar o transferidor. Para isso, siga as orientações abaixo.

1. Desenhe um triângulo *ABC* qualquer e pinte os ângulos internos, conforme a figura 1.
2. Depois, recorte o triângulo nas linhas tracejadas, conforme indicado na figura 2.
3. Junte os ângulos, conforme a figura 3.

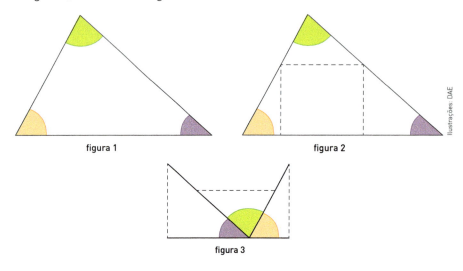

figura 1   figura 2

figura 3

Agora, responda:
1. Qual é a denominação do ângulo formado na figura 3 pela junção dos três ângulos?
2. O que podemos concluir a respeito dos ângulos internos de um triângulo?

Assim, por meio desse resultado, se conhecermos as medidas de dois dos ângulos internos de um triângulo, podemos determinar a medida do terceiro ângulo sem necessitar de transferidor. Observe o exemplo:

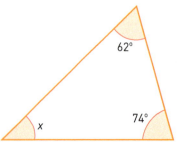

- Para determinar a medida do ângulo desconhecido *x*, calculamos a soma das medidas dos dois ângulos conhecidos:

$$62° + 74° = 136°$$

- Então, calculamos o que falta para 180°:

$$180° - 136° = 44°$$

Assim, a medida indicada por *x* é igual a 44°.

Atividades

1. Com um colega, retomem o processo de construção de triângulos com régua e compasso e utilizem os procedimentos para construir triângulos de lados:

   a) 2 cm, 3 cm e 4 cm; b) 5 cm, 6 cm e 10 cm; c) 2 cm, 4 cm e 7 cm; d) 3 cm, 4 cm e 9 cm.

   • Não foi possível construir algum triângulo? Pesquise com seu colega qual deve ser a condição que os lados de um triângulo devem ter para que possa existir.

2. Resolva esta atividade com um colega. No retângulo ABCD foram traçadas as diagonais e marcado o ângulo maior formado por elas no ponto E.

   a) Com o auxílio de um transferidor, descubra a medida do ângulo indicado na figura.
   b) Sem utilizar transferidor, descubra se é possível determinar as medidas dos ângulos internos do triângulo AED.

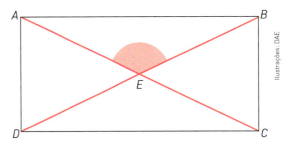

3. Observe o triângulo representado na figura ao lado.

   a) Quantos ângulos congruentes existem?
   b) Esse triângulo é isósceles?
   c) Qual é a medida do ângulo desconhecido?

4. Determine a medida x do ângulo representado no retângulo ABCD.

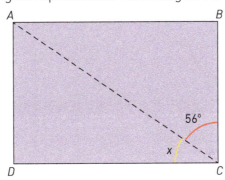

5. As duas retas horizontais são paralelas. O triângulo ABC foi construído com um dos lados numa dessas duas retas.

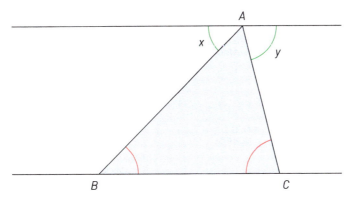

Utilize um transferidor e descubra se há alguma relação entre as medidas dos ângulos internos B e C do triângulo e os ângulos indicados pelas letras x e y.

Caleidoscópio

O que é FUSO HORÁRIO?

Vimos até agora como os ângulos podem ser utilizados no cotidiano. Eles também ajudam a resolver grandes problemas. Até o final do século XIX, cada país estabelecia o próprio horário, independentemente dos demais países. Para organizar os horários, a superfície terrestre foi dividida em fusos geométricos para indicar quais regiões têm o mesmo horário.

Como foram calculadas as zonas horárias?

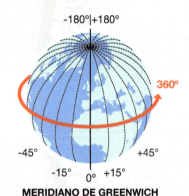

MERIDIANO DE GREENWICH

A Terra demora, aproximadamente, 24 horas para completar um giro, isto é, ela gira 360° a cada dia. Dividindo 360° por 24 horas, descobrimos que nosso planeta gira cerca de 15° por hora. Por isso, cada faixa horária (ou cada hora do dia) é representada por seções de 15° e delimitada por meridianos. É a partir do meridiano de Greenwich que os outros meridianos são estabelecidos.

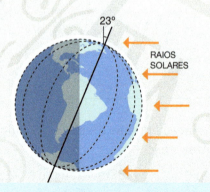

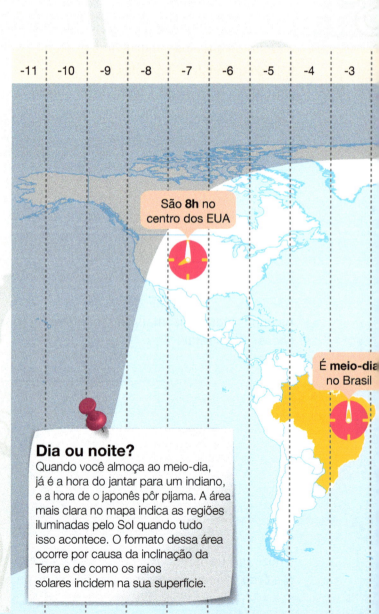

São **8h** no centro dos EUA

É **meio-dia** no Brasil

Dia ou noite?

Quando você almoça ao meio-dia, já é a hora do jantar para um indiano, e a hora de o japonês pôr pijama. A área mais clara no mapa indica as regiões iluminadas pelo Sol quando tudo isso acontece. O formato dessa área ocorre por causa da inclinação da Terra e de como os raios solares incidem na sua superfície.

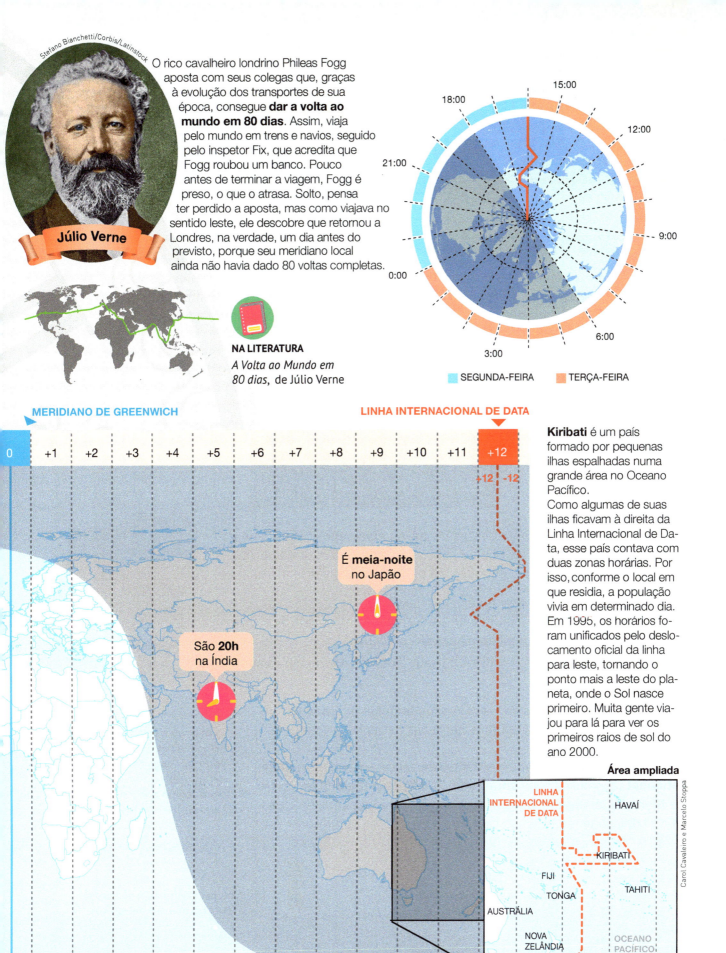

O rico cavalheiro londrino Phileas Fogg aposta com seus colegas que, graças à evolução dos transportes de sua época, consegue **dar a volta ao mundo em 80 dias**. Assim, viaja pelo mundo em trens e navios, seguido pelo inspetor Fix, que acredita que Fogg roubou um banco. Pouco antes de terminar a viagem, Fogg é preso, o que o atrasa. Solto, pensa ter perdido a aposta, mas como viajava no sentido leste, ele descobre que retornou a Londres, na verdade, um dia antes do previsto, porque seu meridiano local ainda não havia dado 80 voltas completas.

NA LITERATURA
A Volta ao Mundo em 80 dias, de Júlio Verne

Kiribati é um país formado por pequenas ilhas espalhadas numa grande área no Oceano Pacífico.
Como algumas de suas ilhas ficavam à direita da Linha Internacional de Data, esse país contava com duas zonas horárias. Por isso, conforme o local em que residia, a população vivia em determinado dia. Em 1995, os horários foram unificados pelo deslocamento oficial da linha para leste, tornando o ponto mais a leste do planeta, onde o Sol nasce primeiro. Muita gente viajou para lá para ver os primeiros raios de sol do ano 2000.

CAPÍTULO 8

Polígonos

Soma das medidas dos ângulos internos

Observando a superfície de calçadas ou lugares pavimentados, encontramos, às vezes, lajotas cujo formato lembra ou pode ser associado ao de um **polígono**. Assim, por exemplo, na imagem abaixo, a forma das peças utilizadas lembram dois tipos de polígono: o quadrado e o octógono.

Para que haja um encaixe dessas peças, sem sobreposições e sem espaços vazios, ao redor de um ponto A, além do cuidado com os comprimentos dos lados dos polígonos utilizados, há outra preocupação.

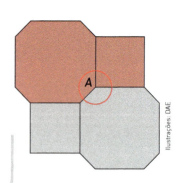

Responda, observando a figura acima e o entorno do ponto A:
1. Em sua opinião, qual deve ser essa preocupação?
2. Qual é a soma das medidas dos ângulos internos de um quadrado?

Antes de verificarmos as medidas dos ângulos internos de um polígono, vamos retomar algumas ideias vistas no volume anterior desta coleção.

A palavra **polígono** é aqui utilizada para representar tanto a **linha poligonal** (apenas os segmentos) como a **região poligonal** (superfície limitada pelos segmentos), como abaixo. Denominamos as duas figuras de polígonos.

> **Polígono** é uma figura geométrica plana, fechada, formada por segmentos de reta que não se cruzam e delimitam a região poligonal.

linha poligonal ou polígono

região poligonal ou polígono

> **zoom**: Em qualquer polígono, o número de lados é igual ao número de vértices.

Agora nos dedicaremos ao estudo apenas dos chamados **polígonos convexos**.

Para você saber se um polígono é convexo ou não convexo, basta desenhar um segmento a partir de dois pontos quaisquer na região interna. Se pelo menos um desses segmentos não estiver completamente dentro dessa região, então o polígono é não convexo. Caso contrário, o polígono é convexo.

polígono convexo

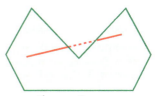
polígono não convexo

Vamos examinar a soma das medidas dos ângulos internos de um polígono convexo. Para tanto, utilizaremos a soma das medidas dos ângulos internos de um triângulo, isto é: 180°. Considere os polígonos a seguir.

- **Quadrilátero ABCD**: queremos determinar a soma das medidas dos ângulos internos, isto é, $\hat{A} + \hat{B} + \hat{C} + \hat{D}$. Utilizando uma diagonal, dividimos o quadrilátero em dois triângulos. Além disso, dois dos ângulos internos também foram divididos em dois outros ângulos:

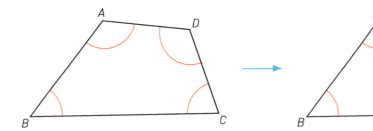

Como em cada triângulo a soma das medidas é igual a 180°, temos:

$$x + \hat{B} + r = 180°$$
$$y + \hat{D} + s = 180°$$

Assim, a soma das medidas dos ângulos internos do quadrilátero ABCD é:

$$\hat{A} + \hat{B} + \hat{C} + \hat{D} =$$
$$= (x + y) + \hat{B} + (r + s) + \hat{D} =$$
$$= (x + \hat{B} + r) + (y + \hat{D} + s) =$$
$$= 180° + 180° = 360°$$

Portanto, a soma das medidas dos ângulos internos de um quadrilátero é igual a 360°.

Note que, ao traçarmos a diagonal, o quadrilátero ficou dividido em dois triângulos. Assim, a soma das medidas dos ângulos internos do quadrilátero é igual a duas vezes a soma das medidas dos ângulos internos de um triângulo.

- **Pentágono ABCDE**: queremos determinar a soma das medidas dos ângulos internos, isto é, $\hat{A} + \hat{B} + \hat{C} + \hat{D} + \hat{E}$.

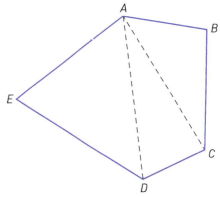

A partir do vértice A, traçamos as diagonais AC e AD. O pentágono fica dividido em três triângulos. Assim, a soma das medidas dos ângulos internos é igual a três vezes a soma das medidas dos ângulos internos de um triângulo, isto é:

$$A + B + C + D + E = 3 \cdot 180° = 540°$$

Você pode utilizar esse procedimento para calcular a soma dos ângulos internos de qualquer polígono.

Atividades

1. Junte-se a um colega e faça o que se pede.
   I. Desenhe numa folha de papel um hexágono, como representado ao lado:
   II. Escolha um vértice e, a partir dele, trace diagonais para dividir o hexágono em triângulos.

   Agora, responda:
   a) Em quantos triângulos o hexágono ficou dividido?
   b) Qual é a soma das medidas dos ângulos internos do hexágono?

2. Observe o polígono representado ao lado.

   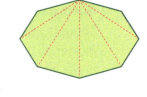

   a) Qual é o número de lados e o número de vértices desse polígono?
   b) Qual é a soma das medidas de seus ângulos internos?

3. A figura a seguir foi construída com três tipos de polígono regular: hexágono regular, quadrado e triângulo equilátero.

   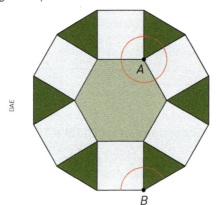

   Polígono regular é aquele em que todos os lados têm a mesma medida, assim como todos os ângulos.

   a) As peças foram encaixadas lado a lado, sem sobreposições e lacunas. Explique, observando o ponto A, por que isso foi possível.
   b) O contorno dessa figura é um polígono regular. Qual é a medida de cada ângulo interno desse polígono? Justifique sua resposta com base na observação do vértice B.

4. A seguir estão representados quatro polígonos regulares e em cada um deles está indicado um dos ângulos internos.

   Copie e complete o quadro a seguir:

Polígono	Soma das medidas dos ângulos internos	Medida de cada ângulo interno
Triângulo		
Quadrado		
Pentágono		
Hexágono		

Soma das medidas dos ângulos externos

Ângulos também podem ser associados à mudança de direção.

Observe, por exemplo, as mudanças de direção na representação, ao lado, do trajeto que um ciclista faz ao dar a volta em um parque de formato triangular.

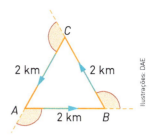

Considerando a representação acima, responda:
1. Quais são as medidas dos três ângulos que representam as mudanças de direção no trajeto?
2. Descreva o trajeto do ciclista a partir do ponto A.

Em um polígono, além de ângulos internos, temos também ângulos externos. Há uma relação entre a medida de um ângulo interno e do ângulo externo correspondente ao mesmo vértice: eles são suplementares.

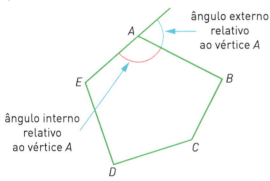

A soma das medidas de um ângulo externo e de um ângulo interno relativos ao mesmo vértice de um polígono é igual a 180°.

A partir daí, podemos obter a soma dos ângulos externos de um polígono convexo. Observe o triângulo ao lado.

Sendo A, B e C as medidas dos ângulos internos e A_e, B_e e C_e as medidas dos ângulos externos, temos que:

$(A + A_e) + (B + B_e) + (C + C_e) = 180° + 180° + 180°$
$(A + B + C) + (A_e + B_e + C_e) = 180° + 180° + 180°$
$\cancel{180°} + (A_e + B_e + C_e) = \cancel{180°} + 180° + 180°$
$A_e + B_e + C_e = 180° + 180° = 360°$

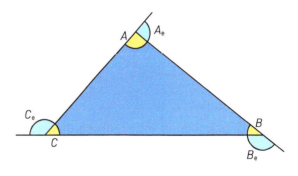

Essa ideia pode ser ampliada para um polígono convexo de qualquer número de lados. Se você colorir os ângulos externos, como no polígono abaixo, recortá-los e juntá-los em torno de seus vértices, observará que o resultado também é 360°.

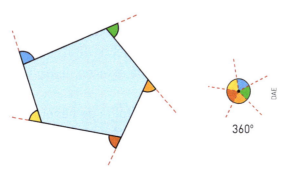

Atividades

1. Os ângulos externos de um hexágono regular estão indicados na figura ao lado.

   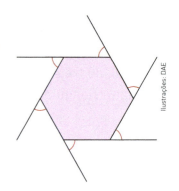

   Responda:
   a) Qual é a soma das medidas de um ângulo externo do hexágono com o ângulo interno a ele correspondente?
   b) Qual é a soma das medidas dos ângulos externos do hexágono?
   c) Qual é a medida de cada um dos ângulos externos do hexágono?

2. Considere o triângulo *RST* representado ao lado:

   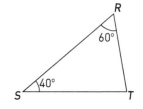

   a) Qual é a medida do ângulo interno correspondente ao vértice *T*?
   b) Qual é a medida do ângulo externo correspondente ao vértice *R*?
   c) Qual é a medida do ângulo externo correspondente ao vértice *S*?
   d) Qual é a medida do ângulo externo correspondente ao vértice *T*?

3. Represente no caderno o polígono indicado no fluxograma a seguir:

   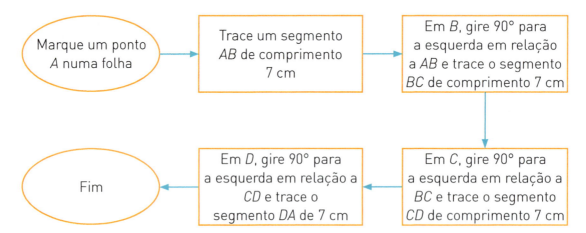

   Responda:
   a) Qual polígono você representou?
   b) O que significa o ângulo de 90° indicado nas instruções acima em relação ao polígono representado?

4. Em dupla com um colega, escrevam as instruções para a construção de um triângulo equilátero *ABC* cujo lado meça 10 cm e elaborem um fluxograma para representar os passos da construção.

5. A figura ao lado é um octógono regular.

   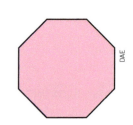

   a) Descubra qual é a medida de cada ângulo externo desse polígono e justifique como a obteve.
   b) Determine, com base na medida do ângulo externo desse polígono, a medida de cada ângulo interno.
   c) Dê as instruções para a construção, numa folha de papel, de um octógono regular cujo lado meça 5 cm. Apresente essas instruções aos colegas.

CAPÍTULO 9
Construções no plano cartesiano

O plano cartesiano

É creditada ao matemático, filósofo e físico René Descartes (1596-1650) a ideia de plano cartesiano. Por meio de coordenadas podemos representar pontos nesse plano. Consequentemente, com esses pontos, podem-se representar outros objetos geométricos, como retas, segmentos, polígonos, circunferências etc.

O plano cartesiano é formado por duas retas perpendiculares. Essas retas são chamadas de eixos. O eixo horizontal, orientado para a direita, é chamado de **eixo x** ou **eixo das abscissas**. O eixo vertical, orientado para cima, é chamado de **eixo y** ou **eixo das ordenadas**. O ponto de intersecção dos eixos é chamado de origem e tem abscissa e ordenada iguais a zero.

À direita do eixo x, os pontos têm abscissas positivas, e à esquerda, negativas. Já as ordenadas são positivas acima do eixo y e negativas abaixo dele. Esses eixos coordenados dividem o plano em quatro partes chamadas de quadrantes.

René Descartes (1596-1650).

Para facilitar o entendimento, vamos representar na malha quadriculada a seguir os eixos coordenados do plano cartesiano e o ponto O correspondente à origem. Note que os dois eixos definem um sistema de referência. O ponto A está no 1º quadrante, o ponto B está no 2º quadrante, o ponto C está no 3º quadrante e o ponto D está no 4º quadrante.

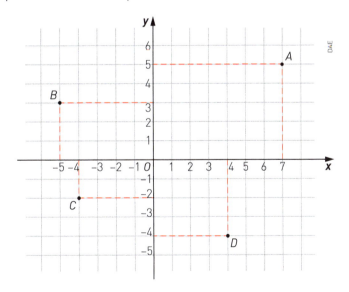

1. Quais são as coordenadas dos pontos A, B, C e D?
2. Qual é a abscissa de qualquer ponto que está no eixo y?
3. Qual é a ordenada de qualquer ponto que está no eixo x?

67

Simetrias no plano cartesiano

Observe atentamente as duas fotografias a seguir. O que chama sua atenção?

Além da beleza natural, se nessas duas fotografias traçarmos duas retas posicionadas como a seguir, destacaremos a ideia de simetria.

As retas traçadas representam eixos de simetria. Com eles, podemos não apenas constatar a existência de formas diversas que admitem eixo ou eixos de simetria, como também podemos construir figuras simétricas.

Também podemos representar a simetria no plano cartesiano. Observe atentamente os pontos A e B representados no plano cartesiano ao lado.

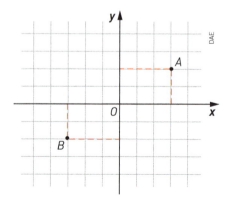

Responda:
1. Quais são as coordenadas de um ponto simétrico do ponto A em relação ao eixo x?
2. Quais são as coordenadas de um ponto simétrico do ponto A em relação ao eixo y?
3. O ponto B é simétrico do ponto A? Justifique.

Além de pontos, você também pode representar figuras geométricas no plano cartesiano que são simétricas em relação aos eixos coordenados ou mesmo em relação à origem. Nas atividades a seguir, essas ideias são trabalhadas.

Atividades

1 Em cada item a seguir, dê as coordenadas do ponto do plano cartesiano e identifique a que quadrante ele pertence.

a) ponto simétrico do ponto A(5, −10) em relação ao eixo das abscissas;

b) ponto simétrico do ponto B(−5, 4) em relação ao eixo das ordenadas;

c) ponto simétrido do ponto C(−3, 3) em relação à origem.

2 O losango ABCD foi representado no plano cartesiano ao lado.

a) Represente no caderno (ou em uma folha quadriculada) a mesma figura ao lado e o plano cartesiano correspondente.

b) Escreva as coordenadas dos vértices desse losango.

c) Represente no mesmo plano cartesiano um losango que seja simétrico ao losango ABCD em relação à origem do sistema de coordenadas cartesianas.

d) Escreva as coordenadas dos vértices do losango construído por simetria no item anterior.

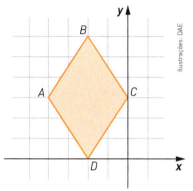

3 Luíza representou no plano cartesiano um quadrado ABCD de coordenadas A(1, 1), B(4, 1), C(4, 4) e D(1, 4), conforme figura a seguir:

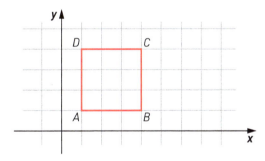

a) Se Luíza multiplicar todas as coordenadas desses vértices pelo número inteiro 2, obterá quatro novos pares ordenados. Quais são as coordenadas desses pares ordenados?

b) Representando esses pares ordenados por pontos no mesmo plano e ligando esses pontos por segmentos na mesma ordem do quadrado representado inicialmente, qual figura ela irá obter?

c) Comparando essas duas figuras obtidas, que conclusão você pode tirar?

4 Junte-se a um colega para fazer o que se pede a seguir.

I. Representem o plano cartesiano numa folha quadriculada.

II. Localizem nesse plano cartesiano os pontos A(2, 3), B(8, 3), C(8, 5) e D(2, 5).

III. Por meio de segmentos, liguem A com B, B com C, C com D e D com A.

IV. Multipliquem as coordenadas desses pontos pelo número inteiro −1.

V. Localizem no mesmo plano cartesiano as coordenadas dos pontos obtidos.

VI. Liguem, na mesma ordem, esses pontos por meio de segmentos.

O que você pode concluir sobre a figura construída após os procedimentos realizados?

Tecnologia em foco

[...] O GPS – *Global Positioning System* tem como tradução: sistema de posicionamento global, e é formado por uma constelação de vinte e quatro satélites, orbitando em volta da terra a uma altura aproximada de 20 200 km acima do nível do mar. [...] Existem atualmente dois sistemas de posicionamento por satélite em funcionamento, efetivamente implantados: o GPS, americano, e o Glonass, russo.

[...]

Além de informar a latitude e longitude, o receptor (termo genérico para qualquer circuito eletrônico responsável por receber ou captar um sinal externo que passará por um conversor que o transformará em um sinal útil) poderá receber diversos dados que podem ser geográficos ou topográficos, e de acordo com a configuração pode ainda fornecer informações como: o nome de ruas, avenidas e edificações. Os receptores são classificados em geodésicos, topográficos ou de navegação.

Os receptores geodésicos e topográficos têm funcionamento semelhante e possuem grande precisão, mas não informam a posição instantânea. Os receptores de navegação não possuem muita precisão, mas são os mais utilizados devido ao menor custo para aquisição e maior variedade de modelos como: relógios, celulares, computadores de mão, *notebooks*, rastreadores de veículos, entre outros.

GPS de navegação.

GPS topográfico.

Revista Modelos – Facos/CNEC Osório. Ano 2. v. 2. n. 2. Ago. 2012. Disponível em: <http://facos.edu.br/publicacoes/revistas/modelos/agosto_2012/pdf/gps_-_a_antiga_matematica_na_atual_tecnologia.pdf>. Acesso em: ago. 2018.

Alguns aparelhos GPS possibilitam o cálculo da área de uma região. Tal aplicação é muito utilizada em áreas rurais, por exemplo. Nesses aparelhos, está disponível a função *cálculo de áreas*. Para efetuar tal medida, define-se um ponto inicial de trajeto e contorna-se – a pé, de carro, de trator, de bicicleta, a cavalo etc. – a área desejada, voltando novamente ao ponto inicial definido. O aparelho mostra, então, a opção de calcular a área percorrida.

GPS portátil.

① Você já usou algum aparelho GPS? Se sim, descreva sua experiência para os colegas.

② Pesquise sobre a precisão dos receptores geodésicos, topográficos e de navegação. Você acha essas precisões boas o suficiente para seu uso? Discuta suas hipóteses com a turma.

Viver

Arquitetura indígena

O Brasil é um dos países da América do Sul que abriga diversos povos indígenas. De acordo com a Fundação Nacional do Índio (Funai), foram registradas 274 línguas indígenas no país.

Os povos indígenas já habitavam as terras brasileiras antes da chegada dos portugueses no ano de 1500. Esses povos detêm interessantes heranças culturais, costumes, religiões, musicalidade e também conhecimento arquitetônico. O povo *Yanomami*, por exemplo, chama sua aldeia-casa de *Shabono*.

Shabono, a aldeia-casa dos *Yanomamis*

[...] Essa aldeia-casa tem forma circular ou poligonal, correspondendo cada lado do polígono à residência de uma família, ou *nano*.

A *shabono* dura apenas um ou dois anos, ou porque as folhas começam a romper-se, ou porque se torna necessário queimar a aldeia a fim de destruir baratas, aracnídeos e outras pragas invasoras. Não existem tipos distintos dessa aldeia-casa, mas apenas diferentes tamanhos de um único tipo de shabono, cujo dimensionamento é função do número de pessoas que abriga. A cobertura das unidades de moradia é articulada de modo a formar uma única superfície que abriga a todas. É um cone truncado em sua parte superior onde permanece aberto para a penetração da luz solar na praça central, bem como para exaustão da fumaça.

[...]

A estrutura de cada shabono se constitui de quatro esteios fincados no terreno: dois interiores, com 1,50 m de altura, distando estes dos anteriores cerca de 2,40 m a 2,70 m; é colocada a terça única sobre os esteios de dentro; sobre os exteriores é colocado o frechal. Numerosos caibros de bitola estreita – com comprimento variando entre 6 a 9 metros, conforme o raio de circunferência que define a shabono –, são sobrepostos à terça e ao frechal. Os caibros mantêm entre si intervalo de aproximadamente a metade da altura dos esteios interiores, os caibros ultrapassam frechal e terça, formando ângulo de 25° a 30°, com o plano horizontal do terreno. O pequeno beiral que apresenta a cobertura evita que as águas das chuvas escorram sobre a parede externa da construção. [...]

Revista de Ciências Exatas e da Terra Unigran, v. 2, n. 2, p. 22-25. 2013. Disponível em: <www.unigran.br/ciencias_exatas/conteudo/ed3/artigos/02.pdf>. Acesso em: ago. 2018.

Leia o texto e faça o que se pede.

1. Que povos indígenas você conhece?
2. Por que a *shabono* não pode continuar estruturada por muito tempo?
3. Qual é a importância dos caibros formarem um ângulo de 25° a 30° com o plano horizontal do terreno?

Retomar

1) Na figura a seguir, β representa a medida de cada um dos seis ângulos congruentes obtidos pela divisão de um ângulo raso.

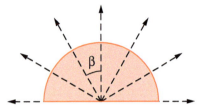

A medida do ângulo indicado por β é:

a) 20°.
b) 30°.
c) 40°.
d) 50°.

2) Um ângulo raso foi dividido em seis ângulos de mesma medida, conforme a figura a seguir. O ângulo destacado compreende quatro dessas medidas e corresponde a:

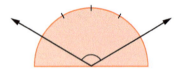

a) 90°.
b) 100°.
c) 110°.
d) 120°.

3) Em relação ao mesmo ângulo raso, assinale a alternativa que indica corretamente a medida do ângulo destacado na figura a seguir.

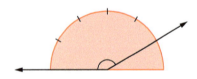

a) 100°
b) 120°
c) 150°
d) 160°

4) Em relação ao ângulo obtido na atividade anterior, a medida do ângulo correspondente ao seu suplementar é:

a) 40°.
b) 30°.
c) 80°.
d) 100°.

5) Em relação ao ângulo indicado na figura a seguir, é correto afirmar que:

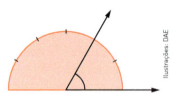

a) é um ângulo reto.
b) é um ângulo agudo.
c) é um ângulo obtuso.
d) é um ângulo raso.

6) Determinando a medida do ângulo x indicado na figura a seguir, obtemos:

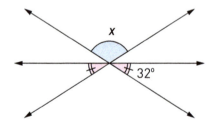

a) 116°.
b) 112°.
c) 128°.
d) 232°.

Atenção: a figura a seguir será utilizada nas atividades 7 e 8.

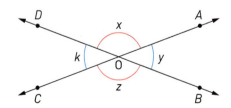

7 Determine a alternativa que indica corretamente a soma das medidas $x + y$, conforme a figura anterior.

a) 90°

b) 120°

c) 150°

d) 180°

8 Se a medida k for 40°, é correto afirmar que a medida y será:

a) 40°.

b) 140°.

c) 90°.

d) 180°.

9 Considerando que $\alpha = 35° \ 25' \ 18''$ e $\beta = 27° \ 41' \ 32''$, é correto afirmar que:

a) $\alpha - \beta = 7° \ 43' \ 46''$.

b) $\alpha - \beta = 7° \ 42' \ 46''$.

c) $\alpha - \beta = 7° \ 43' \ 45''$.

d) $\alpha - \beta = 7° \ 42' \ 42''$.

10 Considerando que $\alpha = 35° \ 25' \ 18''$ e $\beta = 27° \ 41' \ 32''$, é correto afirmar que:

a) $\alpha + \beta = 67° \ 43' \ 50''$.

b) $\alpha + \beta = 63° \ 6' \ 40''$.

c) $\alpha + \beta = 63° \ 6' \ 50''$.

d) $\alpha + \beta = 63° \ 26' \ 50''$.

11 Responda às questões a seguir.

a) Um ângulo de medida 6° tem quantos minutos?

b) Um ângulo de medida 0,5° tem quantos minutos?

c) Um ângulo de medida 1′ tem quantos segundos?

d) Um ângulo de medida 0,5′ tem quantos segundos?

e) Que fração do minuto equivale a 1 segundo?

f) Que fração do grau equivale a 1 minuto?

12 Transforme em notação mista as medidas de ângulos representadas em minutos.

a) 500′

b) 625′

c) 3 121′

d) 4 226′

e) 5 000′

13 Se a medida de um ângulo a é igual a 34° 12′ 45″, a medida do ângulo complementar de a é:

a) 54° 47′ 55″.

b) 55° 48′ 15″.

c) 54° 12′ 45″.

d) 55° 47′ 15″.

14 A medida do suplemento do complemento de um ângulo cuja medida é 65° 30′ é:

a) 65° 30′.

b) 155° 30′.

c) 55° 30′.

d) 145° 30′.

15 Duas retas que são concorrentes formam quatro ângulos, sendo que um deles tem medida 112°. Assinale a alternativa que indica corretamente as medidas dos outros três ângulos.

a) 68°, 68° e 112°

b) 98°, 98° e 22°

c) 112°, 68° e 12°

d) 62°, 62° e 118°

16 Assinale a afirmação correta sobre triângulos.

a) Num triângulo *ABC* os ângulos internos têm a mesma medida.

b) Num triângulo retângulo os três ângulos internos são agudos.

c) A soma das medidas dos ângulos internos de um triângulo é 360°.

d) A soma das medidas dos ângulos externos de um triângulo é 360°.

17 O polígono representado a seguir é regular. Assinale a alternativa que indica corretamente a medida de cada um dos seus ângulos internos.

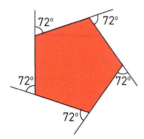

a) 72°
b) 108°
c) 120°
d) 144°

18 A partir do vértice *B* do polígono abaixo foram traçadas diagonais dividindo-o em triângulos. Qual é a soma das medidas dos ângulos internos desse polígono?

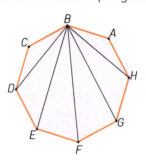

a) 3 · 180° = 540°
b) 4 · 180° = 720°
c) 5 · 180° = 900°
d) 6 · 180° = 1 080°

19 Se o polígono da atividade anterior é regular, então é correto afirmar que:

a) cada ângulo interno mede 135° e cada ângulo externo mede 45°.
b) cada ângulo interno mede 45° e cada ângulo externo mede 135°.
c) cada ângulo interno mede 120° e cada ângulo externo mede 60°.
d) cada ângulo interno mede 60° e cada ângulo externo mede 120°.

20 O triângulo *ABC* representado no plano cartesiano abaixo é simétrico ao triângulo *PQR* em relação ao eixo das ordenadas. Então, as coordenadas dos vértices do triângulo *PQR* são:

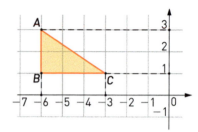

a) (6, 3), (6, 1) e (3, 1).
b) (−6, 3), (−6, 1) e (−3, 1).
c) (−6, −3), (−6, −1) e (−3, −1).
d) (6, −3), (6, −1) e (3, −1).

21 Assinale a alternativa que indica corretamente o ponto simétrico ao ponto *A*(−4, 4) em relação à origem do sistema de coordenadas cartesianas.

a) (4, 4)
b) (−4, −4)
c) (4, −4)
d) (4, 0)

22 O trapézio *ABCD* está representado no primeiro quadrante do plano cartesiano, conforme a figura.

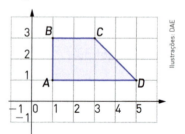

Multiplicando-se as coordenadas dos vértices desse trapézio por −1, obtêm-se as coordenadas de um novo trapézio, que estará inteiramente localizado no:

a) 1º quadrante.
b) 2º quadrante.
c) 3º quadrante.
d) 4º quadrante.

23 Um ponto P está sobre o eixo das abscissas do plano cartesiano. Então, é correto afirmar que:

a) tem abscissa positiva.
b) tem ordenada positiva.
c) tem ordenada igual a zero.
d) tem abscissa igual a zero.

24 Um ponto P está sobre o eixo das ordenadas do plano cartesiano. Então, é correto afirmar que:

a) tem abscissa positiva.
b) tem ordenada positiva.
c) tem ordenada igual a zero.
d) tem abscissa igual a zero.

25 (Saresp) As retas r, s e t interceptam-se num mesmo ponto, formando ângulos que medem 32°, 50°, x, y etc.

A soma de x + y é igual a:

a) 130°
b) 128°
c) 120°
d) 118°

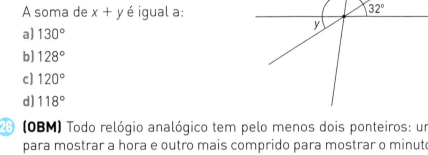

26 (OBM) Todo relógio analógico tem pelo menos dois ponteiros: um para mostrar a hora e outro mais comprido para mostrar o minuto. Joãozinho percebeu que esses ponteiros às vezes ficam alinhados, opostos ou então sobrepostos, como nas figuras. Quantas vezes isto acontece entre as 7 horas da manhã de um dia até as 7 horas da manhã do dia seguinte?

a) 40
b) 44
c) 45
d) 46
e) 47

Ampliar

Para que serve a matemática? Ângulos, de Imenes, Jakubo e Lellis (Atual).

Este livro trabalha o conceito de ângulo de maneira prática, com exemplos do dia a dia. Você vai descobrir que os ângulos estão presentes nas manobras de skate, numa espiral, numa obra de arte, nos movimentos de um robô, entre muitas outras situações. Além disso, você terá de bancar o detetive para desvendar um crime misterioso.

UNIDADE 3

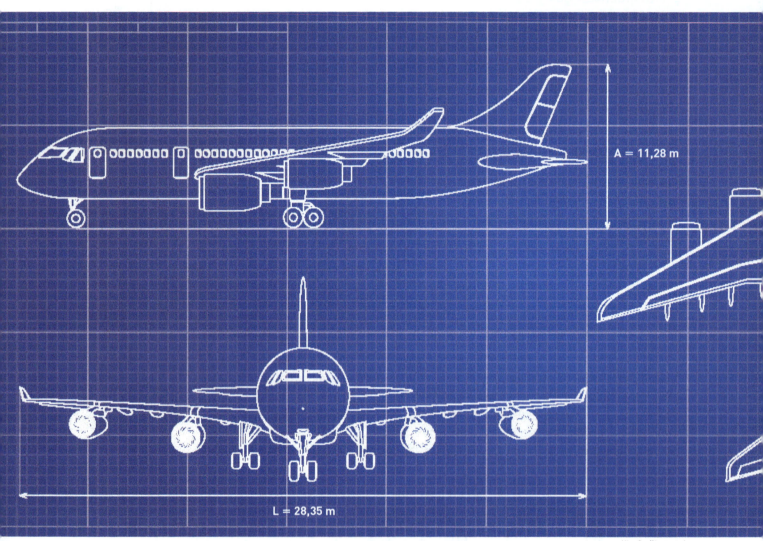

Parte do projeto de um avião com a indicação de suas medidas reais.

MicroOne/Shutterstock.com

Antever

Os números inteiros não são suficientes para expressar medidas como distância, temperatura e massa. Para ampliação do campo numérico, temos os números racionais, que podem ser utilizados nessas situações.

1 O que os números do modelo do avião indicam?

Números racionais

Alimentos expostos em uma banca de feira com os respectivos valores de venda.

2 O que o preço nas placas indicam?

3 Você conhece os números racionais?

CAPÍTULO 10
Frações e números decimais

Os números racionais

Utilizamos números todos os dias, em diversas situações. Suas aplicações não se limitam à contagem. Há situações, como no caso de medidas de temperatura, em que necessitamos representar medidas abaixo de zero, por exemplo. Para isso, utilizamos os números inteiros, formados pelos naturais e por seus opostos.

- Números naturais:
  $\mathbb{N} = \{0, 1, 2, 3, 4, 5, ...\}$
- Números inteiros:
  $\mathbb{Z} = \{..., -3, -2, -1, 0, 1, 2, 3, ...\}$

Os símbolos $\mathbb{N}$ e $\mathbb{Z}$ representam os números naturais e os números inteiros, respectivamente.

Nem sempre os resultados de medidas de comprimento, de massa e de capacidade, por exemplo, podem ser expressos somente com números inteiros. A altura de uma pessoa pode ser maior que 1 metro e menor que 2 metros.

Responda:
1. Que outras situações você conhece que não poderiam ser descritas por números inteiros?
2. Qual é a altura, em metros, da porta de sua sala de aula? Ela pode ser representada por um número inteiro?

Além das situações citadas anteriormente, existem outras em que os números inteiros não são suficientes para representar o resultado. Por exemplo, quando dividimos dois números inteiros, o resultado nem sempre é um número inteiro.

Observe a situação descrita a seguir.

Quatro amigos almoçaram juntos em um restaurante. No final, o valor da conta foi de R$ 75,00. Eles resolveram dividir a quantia por quatro para verificar quantos reais cada um deve pagar.

$$75 \div 4 = ?$$

Note que o resultado, em reais, não é um número inteiro, pois a divisão de 75 por 4 não é exata. Se eles utilizarem a representação **fracionária**, poderão escrever:

$$75 \div 4 = \frac{75}{4}$$

Se efetuarem a divisão, poderão escrevê-lo na forma decimal:

```
  7 5    | 4
 -4      ------
 ----    1 8, 7 5
  3 5
 -3 2
 ----
  0 3 0
   -2 8
  ----
   0 2 0
  -0 2 0
  ------
     0 0
```

Assim, é possível escrever:

$$75 \div 4 = \frac{75}{4} = 18{,}75$$

Verifique a representação desse número na reta numérica.

O valor de R$ 18,75 poderia ser pago utilizando-se as seguintes cédulas e moedas:

O número 18,75 é maior que o inteiro 18 e menor que o inteiro 19. Esse número é um número racional. O quociente entre dois números inteiros, cujo divisor é diferente de zero, é um **número racional**.

> Todo número racional pode ser escrito como $\frac{a}{b}$, com a e b sendo números inteiros e com b diferente de zero. Em notação matemática, escrevemos:
>
> $$\mathbb{Q} = \left\{ \frac{a}{b}, a \text{ e } b \in \mathbb{Z}, b \neq 0 \right\}$$
>
> $\mathbb{Q}$ representa o conjunto dos **números racionais**.

O texto a seguir ilustra como o conhecimento sobre o campo numérico evoluiu.

De olho no legado

A evolução do campo numérico

O ser humano utiliza a Matemática para modelar e resolver problemas do cotidiano. Com base em indagações e descobertas feitas por meio da observação de padrões e regularidades – que não são realizadas facilmente –, ele evolui.

Desde os primeiros registros encontrados em cavernas, o ser humano desenvolve símbolos para manter diferentes tipos de registro: riscos, para representar quantidades; desenhos, representando animais, estrelas, planetas, outros seres humanos etc. Esses símbolos desenvolveram-se de maneiras distintas, conforme a localização e a necessidade dos povos que herdavam os registros de seus antecessores.

A origem de um símbolo para representar um número é imprecisa, pois o registro histórico do surgimento e evolução do homem não é completo e preciso. Vamos tomar como base os sumérios: uma civilização localizada no sul da Mesopotâmia, atual sul do Iraque. Há milhares de anos antes de Cristo, o número 1 apareceu em um tablete de argila representado como um cone, possibilitando as operações de adição e subtração. Alguns tabletes de argila encontrados como registro dos sumérios indicavam operações envolvendo esses cones.

Depois de milhares de anos, chegou-se à representação dos números inteiros positivos (1, 2, 3, 4, 5, ...), também chamados **números naturais**. A princípio, não eram representadas quantidades equivalentes a zero. Os babilônios deixavam um espaço vazio na composição dos números. Se essa herança tivesse sido preservada até hoje, representaríamos o número 305 como 3 5, por exemplo. As operações entre os números naturais — adição, subtração, multiplicação, divisão —, com o tempo, foram aprimoradas por povos que acabaram se dedicando mais ao estudo dos números.

Com o desenvolvimento dos povos e a necessidade de desenvolver operações mais complexas, a divisão de um todo em partes iguais, inicialmente representada por desenhos, precisou ser representada por números. Dessa maneira, surgiram as primeiras ideias de fração e os números racionais positivos. O conjunto dos **números racionais**, assim denominado, era formado por todos os números que podiam ser escritos ou obtidos como o quociente de dois números inteiros.

Quando se dividia uma maçã em quatro partes iguais, cada parte podia ser representada por $\frac{1}{4}$, que correspondia a uma das quatro partes em que era dividido o todo.

Foi muito mais tarde, após as frações, que os hindus definiram um símbolo para indicar a ausência de quantidade: o zero.

A ideia de representar a falta (ou o prejuízo) por meio de números colaborou para a formalização dos números negativos e do conjunto dos **números inteiros**. O oposto de possuir determinada quantidade podia ser representado com os algarismos indo-arábicos precedidos por um sinal: —.

1. Como podemos expressar o número racional −7,2 na forma de quociente de dois números inteiros?

Agora que você conhece um pouco mais os conjuntos numéricos, apresentamos duas observações relacionando os números naturais e os números inteiros com os números racionais:

> • Todo número natural é também um número racional.
> • Todo número inteiro é também um número racional.

A relação entre os números naturais, os inteiros e os racionais está ilustrada no diagrama ao lado.

Um número racional qualquer pode ser representado na forma decimal exata ou periódica. Veja os exemplos a seguir.

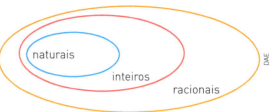

O número 3

Podemos dizer que 3 é um número natural e um número inteiro, mas também é um número racional, pois pode ser representado por uma fração de dois números inteiros com denominador diferente de zero:

$$3 = \frac{3}{1} = \frac{6}{2} = \frac{9}{3}...$$

O número −5

Da mesma forma, −5 é um número que pertence ao conjunto dos números inteiros; ele pode ser representado por uma fração de dois números inteiros com denominador diferente de zero, logo é um número racional:

$$-5 = -\frac{5}{1} = -\frac{10}{2} = -\frac{15}{3}...$$

O número −1,5

Ele não é um número natural e também não é um número inteiro. Trata-se de um número racional que pode ser obtido como quociente de dois números inteiros. Observe a representação fracionária e a representação decimal dele:

Forma decimal: −1,5.

Forma fracionária: $-1{,}5 = -\frac{15}{10} = -\frac{45}{30} = -\frac{3}{2}...$

Também podemos localizá-lo na reta numérica:

O número $\frac{5}{9}$

É um número racional que está representado na forma fracionária, como o quociente entre os números inteiros 5 e 9. Sua representação na forma decimal pode ser obtida por meio da divisão:

```
  5     | 9
 5 0    0,5555...
  5 0
   5 0
    5 0
     5
```

Dizemos que o número racional $\frac{5}{9} = 0{,}555...$, na sua representação decimal, é uma dízima periódica.

Atividades

1 Represente os números racionais na forma fracionária.

a) $(-2) : (+3)$

b) $(+4) : (+9)$

c) $(-12) : (-6)$

d) $(-33) : (+9)$

e) $(-20) : (-15)$

f) $(+45) : (-20)$

2 Os números racionais apresentados a seguir estão na forma decimal. Escreva-os na forma fracionária.

a) $-0,5$

b) $3,3$

c) $-0,125$

d) $10,3$

3 Classifique cada sentença a seguir como verdadeira (**V**) ou falsa (**F**).

a) O número 10 é inteiro.

b) O número -10 é natural.

c) Se um número é racional, então ele é inteiro.

d) Se um número é racional, ele pode ser inteiro.

e) Todo número que é natural é também inteiro.

f) Todo número que é natural é também racional.

4 Observe o conjunto A e responda às questões.

$$A = \left\{\frac{10}{2};\ 0,4;\ -6;\ \pi;\ \sqrt{7};\ -\sqrt{4};\ -\frac{18}{10}\right\}$$

a) Quais elementos desse conjunto são números naturais?

b) Quais elementos desse conjunto são números inteiros?

c) Quais elementos desse conjunto são números racionais?

5 Cada figura a seguir representa a unidade (o todo). A parte pintada é uma fração da unidade. Escreva a fração que representa o número racional correspondente à parte pintada de cada figura.

6 Utilize uma calculadora e escreva, na forma decimal, os seguintes números racionais apresentados na forma fracionária.

a) $\dfrac{12}{99}$

b) $\dfrac{105}{90}$

c) $\dfrac{45}{18}$

d) $\dfrac{107}{990}$

e) $\dfrac{450}{999}$

f) $\dfrac{835}{99}$

7 Na reta numérica a seguir, os tracinhos estão igualmente espaçados. Além disso, existem alguns pontos que indicam números racionais não inteiros.

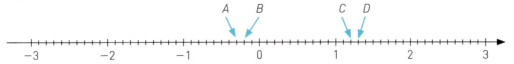

a) Escreva os números racionais não inteiros indicados por A, B, C e D nessa reta numérica.

b) Escreva dois números racionais que estariam situados na reta entre os pontos A e B.

c) Escreva dois números racionais que estariam situados na reta entre os pontos C e D.

8 Para comparar os números racionais $\frac{6}{7}$ e $\frac{5}{6}$, podemos utilizar a representação da parte pintada dos dois retângulos de mesmo tamanho ilustrados abaixo. Entretanto, observe que essa comparação não é imediata.

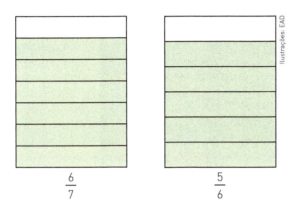

$\frac{6}{7}$ $\frac{5}{6}$

Utilize uma calculadora e escreva cada um desses números na forma decimal. Em seguida, utilize o sinal > (maior que) ou o sinal < (menor que) para comparar esses dois números.

9 Na reta numérica a seguir estão relacionados alguns números racionais inteiros e alguns números racionais não inteiros.

Responda:

a) Qual é o número simétrico de 5,2?

b) Quem é maior: −1,8 ou −3,4?

c) Quais são os números que têm o valor absoluto 0,5?

10 Em cada item, escreva um dos seguintes sinais: >, < ou = entre os números racionais.

a) $\frac{2}{5}$ ///// $-\frac{9}{8}$

b) $-\frac{2}{5}$ ///// $-\frac{9}{8}$

c) $-\frac{2}{5}$ ///// $-\frac{4}{10}$

d) $-\frac{34}{15}$ ///// $-\frac{33}{15}$

e) $-0,333...$ ///// $-\frac{3}{9}$

f) $-\frac{7}{4}$ ///// 2

11 Compare os valores e responda às questões.

a) Qual é a maior temperatura: −23 °C ou −22 °C?

b) Qual é a menor temperatura: −2,3 °C ou −2,23 °C?

CAPÍTULO 11
Adição e subtração nos racionais

Adição de números racionais

Você já trabalhou os números racionais não negativos. Agora, como o campo numérico foi ampliado, precisamos trabalhar também os números racionais negativos. Veremos como efetuar a adição e a subtração de números racionais.

Painel de operações da Bolsa de Valores.

Em situações anteriores, vimos a forma fracionária e a forma decimal dos números racionais. A forma decimal é mais empregada do que a fracionária. Podemos perceber isso, por exemplo, nos valores dos produtos de um supermercado, dados em reais, nos números que representam nossa altura e até mesmo nas operações financeiras de uma bolsa de valores.

Como os números racionais podem ser representados tanto na forma fracionária quanto na decimal, é preciso saber operar usando essas duas formas.

Considere a seguir que a adição de números racionais, quanto ao sinal (positivo ou negativo), é análoga à adição dos números inteiros. Vamos analisar alguns exemplos de adição.

- O dólar, ontem, estava sendo vendido a R$ 3,4421 e hoje sofreu um aumento de R$ 0,0032. Por quanto está sendo vendido hoje?

Efetuamos a adição:

$$\begin{array}{r} 3,4421 \\ +\,0,0032 \\ \hline 3,4453 \end{array}$$

Assim, hoje o dólar está sendo vendido a R$ 3,4453.

Embora o real, dinheiro que circula no Brasil, tenha só duas casas após a vírgula, existem situações – como a de cotação do dólar e a do preço de combustível – que utilizam mais casas decimais. Isso se deve ao fato de que, quando considerados em grande quantidade, esses milésimos ou décimos de milésimos representam diferenças consideráveis.

- Vamos agora considerar a adição de dois números racionais na forma fracionária para calcular o resultado de $\left(-\dfrac{2}{5}\right) + \dfrac{3}{4}$.

Reduzimos as frações ao mesmo denominador por meio do mmc (5; 4) = 20. Em seguida, adicionamos os numeradores:

$$\left(-\frac{2}{5}\right) + \frac{3}{4} = -\frac{2 \cdot 4}{5 \cdot 4} + \frac{3 \cdot 5}{4 \cdot 5} = -\frac{8}{20} + \frac{15}{20} = \frac{-8 + 15}{20} = \frac{7}{20}$$

- Agora vamos obter o resultado da adição de dois números racionais negativos também na forma fracionária: $\left(-\dfrac{7}{3}\right) + \left(-\dfrac{5}{12}\right)$.

Reduzimos as frações ao mesmo denominador: mmc (3; 12) = 12. Depois, adicionamos os numeradores:

$$\left(-\frac{7}{3}\right) + \left(-\frac{5}{12}\right) = \left(-\frac{7 \cdot 4}{3 \cdot 4}\right) + \left(-\frac{5}{12}\right) = \left(-\frac{28}{12}\right) + \left(-\frac{5}{12}\right) = \frac{(-28) + (-5)}{12} = -\frac{33}{12}$$

Veja agora exemplos de como adicionar números racionais negativos na forma decimal.

- Qual é o resultado da adição $(-2{,}45) + (-8{,}23)$?

Como os dois números racionais têm o mesmo sinal, adicionamos seus valores absolutos e, ao resultado obtido, damos o mesmo sinal de cada parcela:

$$\boxed{2{,}45 + 8{,}23 = 10{,}68}$$

$$(-2{,}45) + (-8{,}23) = -10{,}68$$

- E qual é o resultado da adição $32{,}48 + (-16{,}12)$?

Como os dois números racionais têm sinais contrários, calculamos a diferença entre seus valores absolutos (o de maior valor absoluto menos o de menor valor absoluto) e damos, ao resultado, o mesmo sinal do número de maior valor absoluto:

$$\boxed{32{,}48 > 16{,}12}$$

$$32{,}48 + (-16{,}12) = +16{,}36$$

Na adição de números racionais, são válidas as mesmas propriedades consideradas para a adição de números inteiros. Considerando a, b e c como números racionais, podemos escrever as propriedades como indicado a seguir.

Propriedade comutativa
A ordem das parcelas não altera o resultado:
$$a + b = b + a$$
Exemplo: $\left(-\dfrac{2}{5}\right) + \left(+\dfrac{4}{3}\right) = \left(+\dfrac{4}{3}\right) + \left(-\dfrac{2}{5}\right)$

Propriedade associativa
Na adição de três números racionais, o resultado será o mesmo caso se adicionem as duas primeiras parcelas e, em seguida, adicione-se o resultado obtido à terceira parcela. Ou primeiro se adicionem as duas últimas parcelas e, então, adicione-se o resultado obtido à primeira parcela.
$$a + (b + c) = (a + b) + c$$
Exemplo: $0{,}4 + (0{,}2 + 0{,}6) = (0{,}4 + 0{,}2) + 0{,}6$

> **Elemento neutro**
> O zero, quando somado a qualquer número racional, tem como resultado o próprio número racional.
> $$a + 0 = 0 + a = a$$
> Exemplo: $\left(-\dfrac{2}{7}\right) + 0 = 0 + \left(-\dfrac{2}{7}\right) = -\dfrac{2}{7}$

> **Oposto ou simétrico**
> Todo número racional tem seu oposto (ou simétrico). Dessa forma, um número racional adicionado a seu oposto resulta zero.
> $$a + (-a) = 0$$
> Exemplo: $0{,}15 + (-0{,}15) = 0$

Atividades

1 Indique os resultados das seguintes adições de números racionais apresentados na forma fracionária.

a) $\left(-\dfrac{7}{10}\right) + \left(-\dfrac{4}{10}\right)$

b) $\left(+\dfrac{5}{9}\right) + \left(-\dfrac{2}{9}\right)$

c) $\left(+\dfrac{4}{100}\right) + \left(+\dfrac{88}{100}\right)$

d) $\left(-\dfrac{9}{12}\right) + \left(-\dfrac{3}{12}\right) + \left(+\dfrac{7}{12}\right)$

e) $\left(+\dfrac{1}{18}\right) + \left(-\dfrac{7}{18}\right) + \left(-\dfrac{10}{18}\right)$

f) $\left(-\dfrac{1}{5}\right) + \left(-\dfrac{3}{4}\right)$

g) $\left(+\dfrac{2}{3}\right) + \left(-\dfrac{2}{7}\right)$

h) $\left(-\dfrac{1}{2}\right) + \left(-\dfrac{1}{4}\right) + 2$

2 Determine o resultado de cada operação a seguir.

a) $(-0{,}24) + (-1{,}12)$

b) $(-10{,}5) + (+3{,}2)$

c) $(+4{,}85) + (-2{,}15)$

d) $(-100{,}22) + (-10{,}66)$

3 Numa reta numérica, cujos pontos estão igualmente espaçados, indicamos os pontos P e Q, conforme a seguir:

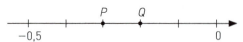

a) Quais são os números racionais indicados pelos pontos P e Q?

b) Determine a soma desses dois números.

4 Responda:

a) Qual é o número que adicionado a $(-4{,}3)$ tem como resultado zero?

b) Qual é o número oposto do número $-\dfrac{2}{10}$?

c) Qual é o número que adicionado a $-\dfrac{2}{10}$ tem como resultado o número -1?

5 Calcule o valor da expressão numérica.

$$\left(-\frac{2}{9}\right) + \left[\left(-\frac{5}{4}\right) + \left(+\frac{7}{4}\right)\right]$$

6 Cada círculo a seguir representa a unidade. As partes pintadas representam frações dessa unidade. Escreva essas frações e os números decimais correspondentes.

a)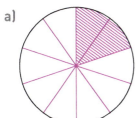

b)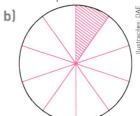

7 Na figura abaixo está representada uma régua (com medidas em centímetros) e um parafuso.

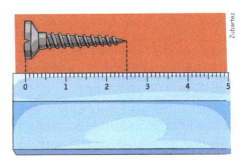

Colocando três desses parafusos, um à frente do outro na extensão da régua, qual será o comprimento total obtido?

8 Numa cidade do Hemisfério Norte, às 8 horas da manhã, o termômetro indicava a temperatura de −7,5 °C. Quatro horas depois, houve um aumento de 4,3 °C. Qual é a temperatura após esse aumento?

9 Elabore um problema que envolva uma situação com temperaturas positivas e negativas, representadas por números racionais, como no problema anterior. Depois, troque com um colega e encontre a solução do problema elaborado por ele.

10 Sílvia tinha os seguintes registros em sua conta bancária (o sinal + representa um depósito, e o sinal −, uma retirada):

Data	Operação
28/11	−550,00
30/11	+1 253,25
2/12	−300,25
5/12	+2 356,98
10/12	−1 586,95
12/12	+987,69

É possível determinar seu saldo em 12/12?

Subtração com números racionais

Assim como é feito no caso da adição, na subtração de números racionais operamos de modo semelhante aos números inteiros. Lembre-se de que, ao subtrair dois números inteiros, o resultado é obtido adicionando-se o primeiro número ao oposto do segundo.

> A subtração de números racionais é efetuada adicionando-se o primeiro número ao oposto do segundo.

Observe, nos exemplos a seguir, como fazemos a subtração de números racionais tanto na forma fracionária quanto na forma decimal.

- Vamos calcular o resultado de $\left(-\dfrac{7}{3}\right) - \left(-\dfrac{1}{6}\right)$.

Adicionamos o primeiro número ao oposto do segundo. Como eles estão na forma fracionária, reduzimos as frações ao mesmo denominador para, então, efetuar a adição do primeiro ao oposto do segundo:

$$\left(-\dfrac{7}{3}\right) - \left(-\dfrac{1}{6}\right) = \left(-\dfrac{7}{3}\right) + \left(+\dfrac{1}{6}\right) = -\dfrac{7 \cdot 2}{3 \cdot 2} + \dfrac{1}{6} = -\dfrac{14}{6} + \dfrac{1}{6} = \dfrac{-14+1}{6} = \dfrac{-13}{6} = -\dfrac{13}{6}$$

- Agora observe como podemos obter o resultado de $8,5 - (-2,3)$.

Os dois números racionais estão na forma decimal. Do mesmo modo que foi feito na forma fracionária, adicionamos o primeiro ao oposto do segundo:

$$8,5 - (-2,3) = 8,5 + (+2,3) = 8,5 + 2,3 = 10,8$$

Podemos também passar esses números da forma decimal para a forma fracionária e efetuar a subtração deles. O resultado pode então ser transformado para a forma decimal:

$$8,5 - (-2,3) = \dfrac{85}{10} - \left(-\dfrac{23}{10}\right) = \dfrac{85}{10} + \dfrac{23}{10} = \dfrac{85+23}{10} = \dfrac{108}{10} = 10,8$$

Importante!

No caso da adição e da subtração de números racionais, é mais frequente a apresentação deles sem a utilização de parênteses. Assim, convencionamos que o sinal entre dois números se refere ao segundo número. Efetuamos, então, a operação entre eles e obtemos a **soma algébrica**.
Exemplo:

$$-\dfrac{9}{2} + \dfrac{5}{3} = -\dfrac{27}{6} + \dfrac{10}{6} = \dfrac{-27+10}{6} = \dfrac{-17}{6} = -\dfrac{17}{6}$$

 Atividades

1 Indique o resultado das subtrações de números racionais apresentados na forma fracionária.

a) $\left(-\dfrac{5}{9}\right) - \left(-\dfrac{2}{9}\right)$

b) $\left(-\dfrac{12}{25}\right) - \left(+\dfrac{3}{25}\right)$

c) $\left(+\dfrac{4}{100}\right) - \left(-\dfrac{35}{100}\right)$

d) $\left(-\dfrac{1}{5}\right) - \left(-\dfrac{3}{4}\right)$

e) $\left(+\dfrac{10}{7}\right) - \left(-\dfrac{6}{5}\right)$

f) $\left(-\dfrac{1}{2}\right) - \left(-\dfrac{1}{4}\right)$

2 Escreva os números racionais correspondentes a:

a) $-\left(-\dfrac{3}{25}\right)$
b) $-\left(+\dfrac{16}{3}\right)$
c) $-\left(-\dfrac{2}{21}\right)$
d) $-\left(+\dfrac{1}{100}\right)$

3 Responda:

a) Quando o oposto de um número racional é positivo?

b) Quando o oposto de um número racional é negativo?

c) O oposto de um número racional pode ser o próprio número?

4 Efetue as subtrações de números racionais a seguir:

a) $(-0,25) - (+1)$
b) $(+10,5) - (-10)$
c) $(-4,75) - (-1,25)$

5 Calcule as seguintes expressões algébricas:

a) $-\dfrac{1}{3} + \dfrac{1}{2} - \dfrac{1}{4}$

c) $-1 + \dfrac{1}{2} + \dfrac{3}{8}$

b) $\dfrac{1}{3} + \dfrac{1}{2} - 2$

d) $-\dfrac{1}{5} + \dfrac{1}{3}$

6 Lúcia escreveu um número racional na forma fracionária e adicionou $\dfrac{1}{3}$ a ele, obtendo como resultado $-\dfrac{7}{6}$. Qual foi o número que Lúcia escreveu?

7 Considere que $a = -\dfrac{1}{2}$, $b = \dfrac{3}{5}$, $c = -2,3$. Em cada caso, substitua a letra por seu valor correspondente e calcule:

a) $a - b - c$
b) $a + (c - b)$
c) $-a - (b + c) - (a + c)$

8 Joaquim tem R$ 1.500,00 em sua conta bancária. Ao longo de cinco dias consecutivos de uma mesma semana, ele fez as operações a seguir.

- Segunda-feira – retirada de R$ 250,00.
- Terça-feira – depósito de R$ 903,40.
- Quarta-feira – retirada de R$ 801,90.
- Quinta-feira – retirada de R$ 1.200,00.
- Sexta-feira – depósito de R$ 111,00.

O saldo de Joaquim após o depósito de sexta-feira é positivo ou negativo? Em quanto?

9 Em relação à atividade anterior, copie e complete o quadro com as retiradas e com os depósitos que Joaquim fez nesses cinco dias. Depois, complete-o com o saldo.

Movimentação na conta (em R$)			
Dia	Depósito	Retirada	Saldo
Domingo			1.500,00
Segunda-feira			
Terça-feira			
Quarta-feira			
Quinta-feira			
Sexta-feira			

10 Reúna-se com um colega e, juntos, elaborem uma situação como a de Joaquim, porém partindo de um saldo negativo de R$ 5.000,00 na conta-corrente. Apresentem à turma um quadro com os dados da situação elaborada.

Conviver

Resolução de problemas

Esta atividade deverá ser feita em grupos de três ou quatro alunos. A ideia é que vocês observem, compreendam e discutam as etapas e os procedimentos da resolução de um problema. Sigam as instruções abaixo.

Instruções

1. Leiam o texto a seguir.

   > Uma grande descoberta resolve um grande problema, mas há sempre uma pitada de descoberta na resolução de qualquer problema. O problema pode ser modesto, mas se ele desafiar a curiosidade e puser em jogo as faculdades inventivas, quem o resolver por seus próprios meios, experimentará a tensão e gozará o triunfo da descoberta. Experiências tais, numa idade suscetível, poderá gerar o gosto pelo trabalho mental e deixar, por toda a vida, sua marca na mente e no caráter.
   >
   > George Pólya. *A arte de resolver problemas*. Rio de Janeiro: Interciência, 1995. p. V.

2. Respondam:
   a) O que significa resolver um problema em Matemática?
   b) Vocês já resolveram um problema pensando em uma solução diferente da usada pelos colegas?
   c) Vocês gostam de resolver desafios?

3. O fluxograma ao lado apresenta, na forma de passo a passo, uma maneira de resolver problemas. Essas ideias são de George Pólya, autor do texto acima. Ao lado do fluxograma, estão as explicações. Observem:

4. Expliquem à turma, com suas palavras, cada uma das etapas de resolução de um problema, segundo o fluxograma de George Pólya.

5. Resolvam os seguintes problemas e identifiquem, caso seja possível, as etapas apresentadas no fluxograma acima.

   Problema 1
   Matias tinha R$ 257,00 em sua conta-corrente. Fez uma retirada de R$ 100,00 e depositou dois cheques no valor de R$ 150,00 cada. Como saber qual é o saldo bancário após essas transações?

   Problema 2
   Com um barbante de 25 cm de comprimento, Paula queria representar um retângulo de perímetro 25 cm e com um dos lados medindo 6,5 cm. Determine a medida dos lados do retângulo que Paula pode construir com esse barbante.

6. Considerando os problemas anteriores, elaborem outros dois, conforme as instruções abaixo.
   1º problema – que tenha resolução ou enunciado com as mesmas ideias do problema 1.
   2º problema – que tenha resolução ou enunciado com as mesmas ideias do problema 2.

7. Apresentem aos demais colegas o resultado dessa atividade em grupo.

CAPÍTULO 12
Multiplicação e divisão nos racionais

Multiplicação de números racionais

Após ampliarmos o campo numérico ao conhecer os números racionais, precisamos agora compreender como são efetuadas a multiplicação e a divisão de dois números racionais, apresentados tanto na forma fracionária quanto na forma decimal. Para isso, vamos retomar algumas ideias.

Considere que desejamos obter $\frac{1}{3}$ de $\frac{1}{4}$. Se utilizarmos um retângulo para representar $\frac{1}{4}$, o significado de $\frac{1}{3}$ de $\frac{1}{4}$ pode ser entendido como se, da parte pintada na primeira figura, tomássemos o correspondente à terça parte.

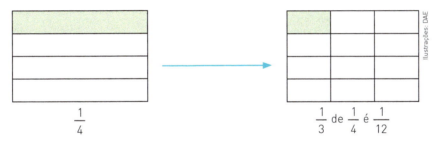

Esse resultado poderia ser obtido de forma direta pela multiplicação das duas frações, assim:

$$\frac{1}{3} \text{ de } \frac{1}{4} = \frac{1}{3} \cdot \frac{1}{4} = \frac{1 \cdot 1}{3 \cdot 4} = \frac{1}{12}$$

Para obter a fração resultante da multiplicação de duas ou mais frações, multiplicam-se os numeradores e os denominadores das frações correspondentes aos fatores.

Responda:

1. Qual é o resultado da multiplicação $\frac{2}{3} \cdot \frac{1}{4}$?

2. Explique como, na forma fracionária, obtemos o resultado da multiplicação de dois números racionais.

Vamos considerar uma situação em que precisamos multiplicar os números racionais na forma decimal:

Kátia foi passear com seus sobrinhos. Ela os levou a uma sorveteria que vendia sorvete por quilo. O quilo custava R$ 12,56. Ao somar o peso de todos os sorvetes que comprou, viu que totalizava 1,56 kg. Quanto Kátia pagou?

Resolução:
12,56 · 1,56 = 19,59. Assim, Kátia pagou R$ 19,59.

91

Como todo número racional também pode ser expresso por meio de uma fração (forma fracionária), para efetuarmos as multiplicações, o procedimento é análogo: multiplicamos os numeradores e os denominadores. O sinal do produto depende dos sinais dos fatores, seguindo as mesmas regras da multiplicação de números inteiros.

> - O produto de dois números racionais positivos é um número racional positivo.
> - O produto de dois números racionais negativos é um número racional positivo.
> - O produto de dois números racionais de sinais contrários é um número racional negativo.

Observe, a seguir, exemplos de como efetuar a multiplicação de números racionais.

Exemplos na forma fracionária

- $\left(-\dfrac{2}{3}\right) \cdot \left(+\dfrac{4}{5}\right) = -\dfrac{2 \cdot 4}{3 \cdot 5} = -\dfrac{8}{15}$

- $\left(-\dfrac{9}{2}\right) \cdot \left(-\dfrac{4}{7}\right) = +\dfrac{9 \cdot 4}{2 \cdot 7} = +\dfrac{36}{14} = \dfrac{36}{14} = \dfrac{18}{7}$

- $\left(-\dfrac{10}{8}\right) \cdot \left(+\dfrac{5}{4}\right) = -\dfrac{10 \cdot 5}{8 \cdot 4} = -\dfrac{50}{32} = -\dfrac{50}{32} = -\dfrac{26}{16}$

- $\left(+\dfrac{3}{16}\right) \cdot \left(-\dfrac{8}{3}\right) = -\dfrac{3 \cdot 8}{16 \cdot 3} = -\dfrac{24}{48} = -\dfrac{1}{2}$

Caso os números racionais estejam na forma decimal, multiplicamos os valores absolutos desses números e damos ao resultado o sinal de acordo com a mesma regra de sinais para números na forma fracionária.

Exemplos na forma decimal

- $(-2,1) \cdot (+0,8) = -1,68$
- $(-4,12) \cdot (-1,9) = +7,828 = 7,828$
- $(+22,04) \cdot (-2,4) = -52,896$
- $(+45,14) \cdot (+3,043) = +137,36102$

> Lembre-se de que o número de casas decimais do resultado é igual à soma dos números de casas decimais dos fatores.

Estudaremos agora as propriedades operatórias que valem para os números racionais.

> - **Propriedade comutativa**
>   Na multiplicação de números racionais, a ordem dos fatores não altera o produto.
> $$a \cdot b = b \cdot a$$
>   Se $a = 0,5$ e $b = 0,7$, então:
> $$0,5 \cdot 0,7 = 0,35$$
> $$0,7 \cdot 0,5 = 0,35$$
> - **Propriedade associativa**
>   Na multiplicação de três números racionais, o produto não se altera se multiplicarmos os fatores dois a dois.
> $$(a \cdot b) \cdot c = a \cdot (b \cdot c)$$
>   Se $a = 0,3$, $b = 0,8$ e $c = 2$, então:
> $$(0,3 \cdot 0,8) \cdot 2 = 0,24 \cdot 2 = 0,48$$
> $$0,3 \cdot (0,8 \cdot 2) = 0,3 \cdot 1,6 = 0,48$$
> - **Propriedade distributiva da multiplicação em relação à adição ou à subtração**
>   O produto de um número racional pela soma de dois outros números racionais é igual à soma dos produtos resultantes da multiplicação do primeiro racional por cada um dos outros dois racionais da adição.
> $$a \cdot (b + c) = ab \cdot ac$$

Se $a = -\dfrac{1}{2}$, $b = \dfrac{1}{5}$ e $c = \dfrac{3}{5}$, então:

$$-\dfrac{1}{2} \cdot \left(\dfrac{1}{5} + \dfrac{3}{5}\right) = -\dfrac{1}{2} \cdot \dfrac{4}{5} = -\dfrac{4}{10} = -\dfrac{2}{5}$$

$$-\dfrac{1}{2} \cdot \left(\dfrac{1}{5} + \dfrac{3}{5}\right) = \left(-\dfrac{1}{2} \cdot \dfrac{1}{5}\right) + \left(-\dfrac{1}{2} \cdot \dfrac{3}{5}\right) = -\dfrac{1}{10} + \left(-\dfrac{3}{10}\right) = -\dfrac{4}{10} = -\dfrac{2}{5}$$

- **Elemento neutro**
Quando multiplicamos qualquer número racional por 1, o resultado é o próprio número.
$$a \cdot 1 = 1 \cdot a = a$$
Se $a = \dfrac{7}{15}$, então:

$$\dfrac{7}{15} \cdot 1 = \dfrac{7}{15} \text{ e } 1 \cdot \dfrac{7}{15} = \dfrac{7}{15}$$

- **Inverso**
Todo número racional diferente de zero tem um inverso (ou recíproco). O inverso de um número a é $\dfrac{1}{a}$.

Se $a = 3$, então seu inverso é $\dfrac{1}{3}$.

Se $a = \dfrac{5}{11}$, então seu inverso é $\dfrac{11}{5}$.

O produto de um número racional pelo seu inverso é sempre igual a 1.

$$a \cdot \dfrac{1}{a} = 1$$

Se $a = 5$, então:

$$5 \cdot \dfrac{1}{5} = \dfrac{5}{5} = 1$$

Se $a = -\dfrac{3}{2}$, então:

$$\left(-\dfrac{3}{2}\right) \cdot \left(-\dfrac{2}{3}\right) = \left(+\dfrac{6}{6}\right) = 1$$

Divisão com números racionais

Vamos retomar uma situação que ilustra o procedimento para efetuar a divisão de frações. Considere que desejamos obter o resultado da seguinte divisão:

$$\dfrac{1}{3} \div \dfrac{1}{6}$$

Para descobrir o resultado, precisamos saber quantas vezes $\dfrac{1}{6}$ "cabe" em $\dfrac{1}{3}$.

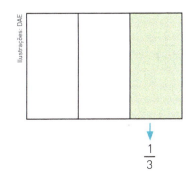
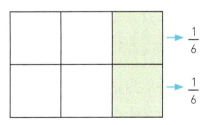

Observe, pelas figuras, que $\dfrac{1}{6}$ "cabe" duas vezes em $\dfrac{1}{3}$. Na prática, uma maneira de chegarmos a esse resultado é a seguinte:

$$\dfrac{1}{3} \div \dfrac{1}{6} = \dfrac{\dfrac{1}{3}}{\dfrac{1}{6}} = \dfrac{1}{3} \cdot \dfrac{6}{1} = \dfrac{1 \cdot 6}{3 \cdot 1} = \dfrac{6}{3} = 2 \longrightarrow \text{"cabe" 2 vezes}$$

Multiplicamos a primeira fração pelo inverso da segunda.

Como todo número racional pode ser representado por meio de fração, a divisão de dois números racionais pode ser efetuada conforme o procedimento acima, isto é:

> Para dividir dois números racionais na forma fracionária, multiplicamos o primeiro pelo inverso do segundo. O sinal do resultado segue a regra de sinais da multiplicação de dois números racionais.

Observe a figura:

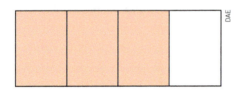

Responda:
1. Quanto é a metade de $\dfrac{3}{4}$?

2. Quando o resultado da divisão de dois números racionais é um número racional positivo?

Observe, nos exemplos, como efetuar a divisão entre números racionais na forma fracionária e também na forma decimal considerando seus sinais.

Divisões na forma fracionária:

- $\left(-\dfrac{2}{5}\right) : \left(-\dfrac{4}{3}\right) = \left(-\dfrac{2}{5}\right) \cdot \left(-\dfrac{3}{4}\right) = +\dfrac{2 \cdot 3}{5 \cdot 4} = \dfrac{6}{20} = \dfrac{3}{10}$

- $\left(+\dfrac{6}{5}\right) : \left(-\dfrac{2}{7}\right) = \left(+\dfrac{6}{5}\right) \cdot \left(-\dfrac{7}{2}\right) = -\dfrac{6 \cdot 7}{5 \cdot 2} = -\dfrac{42}{10} = -\dfrac{21}{5}$

- $\left(-\dfrac{1}{20}\right) : \left(+\dfrac{5}{9}\right) = \left(-\dfrac{1}{20}\right) \cdot \left(+\dfrac{9}{5}\right) = -\dfrac{1 \cdot 9}{20 \cdot 5} = -\dfrac{9}{100}$

Divisão na forma decimal:
- $(-2,42) : (-0,4) = +6,05 = 6,05$
- $(+2,42) : (-0,4) = -6,05$
- $(-2,42) : (+0,4) = -6,05$
- $(+2,42) : (+0,4) = +6,05 = 6,05$

As situações práticas que envolvem operações com números racionais na forma decimal são muito frequentes.

Atividades

no caderno

1 Calcule as multiplicações.

a) $2 \cdot \dfrac{1}{5}$

b) $3 \cdot \left(-\dfrac{2}{9}\right)$

c) $\dfrac{1}{5} \cdot \left(-\dfrac{2}{3}\right)$

d) $\left(-\dfrac{2}{5}\right) \cdot \left(-\dfrac{5}{2}\right)$

e) $\left(+\dfrac{10}{7}\right) \cdot \left(-\dfrac{7}{10}\right)$

f) $\left(+\dfrac{8}{5}\right) \cdot \left(-\dfrac{1}{16}\right)$

2 Escreva o inverso dos números racionais a seguir.

a) $-\dfrac{2}{5}$

b) $+\dfrac{4}{3}$

c) $-\dfrac{1}{6}$

d) $-\dfrac{20}{11}$

e) $+0,1$

f) $-0,25$

3 Efetue as divisões de números racionais.

a) $\left(-\dfrac{3}{8}\right) : \left(-\dfrac{1}{9}\right)$

b) $\left(+\dfrac{8}{9}\right) : \left(-\dfrac{4}{27}\right)$

c) $\left(+\dfrac{7}{4}\right) : \left(+\dfrac{7}{2}\right)$

d) $\left(-\dfrac{12}{5}\right) : \left(-\dfrac{6}{5}\right)$

4 Complete as operações com os números racionais que estão faltando.

a) $\text{\it////} : \left(-\dfrac{1}{2}\right) = 4$

b) $\text{\it////} : \left(-\dfrac{2}{3}\right) = +1$

c) $\text{\it////} : \left(+\dfrac{1}{5}\right) = -10$

d) $\text{\it////} : \left(+\dfrac{1}{10}\right) = 1$

5 Complete as operações com os números que estão faltando.

a) $\text{\it////} \cdot 25 = -\dfrac{1}{2}$

b) $-0,25 \cdot \text{\it////} = 1$

c) $\text{\it////} \cdot \dfrac{2}{7} = -\dfrac{2}{21}$

6 Calcule o valor das expressões numéricas a seguir.

a) $\left(10 - \dfrac{1}{5}\right) : \left(10 + \dfrac{1}{5}\right)$

b) $\left[\left(-\dfrac{2}{5}\right) + \left(+\dfrac{1}{10}\right)\right] : \dfrac{1}{4}$

c) $\left[\left(-\dfrac{2}{5}\right) : \left(+\dfrac{1}{10}\right)\right] - \dfrac{1}{4}$

d) $\left[\left(-\dfrac{2}{5}\right) \cdot \left(+\dfrac{1}{10}\right)\right] + \dfrac{1}{4}$

7 A tecla de divisão da calculadora de Roberto está quebrada. Utilizando essa calculadora, como ele pode proceder para calcular a metade de 0,56?

8 Elabore uma situação seguindo a mesma ideia da atividade anterior, ou seja, supondo que a tecla de divisão de uma calculadora esteja quebrada. Em seguida, apresente-a a um colega para que ele a resolva, enquanto você resolve a situação proposta por ele.

Conviver

Laboratório de Matemática

Com os colegas, trabalhe importantes conclusões algébricas.

Participantes:
- 3 ou 4 alunos.

Material:
- calculadora;
- papel;
- lápis.

Encaminhamento

O trabalho de um matemático ou cientista envolve observar padrões, testar teorias e validar seus resultados. Sonia Guimarães é professora e cientista e se dedica ao estudo da Física Aplicada. Parte de seu trabalho consiste em testar a aplicabilidade de sensores de radiação infravermelha, por exemplo. Assim como Sonia, vocês testarão algumas propriedades matemáticas e validarão seus resultados.

Sonia Guimarães.

1. O grupo deve retomar os conhecimentos sobre as diferentes representações de um número racional e discutir três métodos de resolução diferentes para um problema qualquer.

2. Agora, o grupo deverá verificar a validade, utilizando dois exemplos, cada afirmação a seguir.

   I. Para obter o produto de duas frações, basta multiplicar seus numeradores e, posteriormente, seus denominadores, obtendo assim o produto desejado.

   II. Para dividir duas frações, mantemos a primeira e a multiplicamos pelo inverso da segunda.

   III. A propriedade distributiva não funciona para números racionais negativos.

   IV. A propriedade do inverso de um número não funciona para números decimais.

3. Leiam o trecho a seguir, que explica um possível caminho para resolver problemas que demandam a descoberta da fração de um número.

   - *Identifico a fração que está envolvida neste problema.*
   - *Calculo a fração do número pedido multiplicando esse número pelo numerador e depois dividindo o resultado pelo denominador; ou, então, utilizo uma calculadora para fazer essa conta.*
   - *Com o resultado, respondo de maneira completa o que está sendo perguntado.*

   Em grupo, discutam e elaborem um fluxograma descrevendo os passos utilizados para resolver problemas que envolvam:

   - adição de frações com denominadores diferentes;
   - multiplicação de frações;
   - divisão de frações.

4. Ao finalizar o trabalho, juntem-se a outro grupo e troquem ideias sobre as conclusões obtidas nessas investigações.

CAPÍTULO 13
Potenciação e radiciação nos racionais

Potenciação com números racionais

Você já viu um cubo de Rubik?

O cubo de Rubik é um quebra-cabeça tridimensional em forma de cubo que foi inventado pelo húngaro Ernõ Rubik. Hoje, existem várias versões do cubo, mas a mais comum é a 3 × 3, que tem aresta igual a 3 unidades. Esse cubo possui 9 quadrados de mesma cor em cada face, e as faces têm cores diferentes entre si. Por meio de um mecanismo interno, pode-se fazer movimentos de rotação, embaralhando, assim, as cores das faces. Uma vez embaralhado, o objetivo é montar novamente as faces com quadrados de mesma cor.

Cubo embaralhado.

Cubo montado.

Veja agora o cubo 5 × 5:

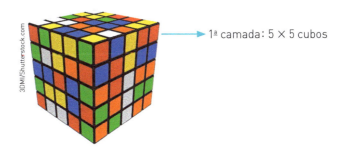

1ª camada: 5 × 5 cubos

Imagine que, em vez do mecanismo interno, esse cubo fosse formado por camadas de cubinhos empilhados. Uma maneira de contar esses cubinhos seria:

$$5 \times 5 \times 5 = 125 \text{ ou } 5^3 \text{ (5 elevado ao cubo)}.$$

Assim, nesse exemplo, temos:

$$5^3 = 125$$

base — expoente — potência

Responda:
1. Qual é o cubo do número 7?
2. Qual é o número que, elevado ao cubo, apresenta como resultado 64?

A potenciação com expoente natural de um número racional qualquer é uma simplificação da multiplicação desse número racional por ele mesmo, tantas vezes quanto for o expoente natural. Assim, se utilizarmos a letra *a* para representar um número racional e a letra *n* para indicar um número natural maior que 1, teremos:

$$a^n = \underbrace{a \cdot a \cdot a \cdot \ldots a}_{n \text{ vezes}}$$

Como a potenciação representa uma multiplicação de fatores iguais, observe a seguir como calcular algumas potências relacionadas aos números racionais:

- $\left(-\dfrac{2}{3}\right)^4 = \left(-\dfrac{2}{3}\right) \cdot \left(-\dfrac{2}{3}\right) \cdot \left(-\dfrac{2}{3}\right) \cdot \left(-\dfrac{2}{3}\right) = +\dfrac{16}{81}$

- $\left(-\dfrac{1}{12}\right)^3 = \left(-\dfrac{1}{12}\right) \cdot \left(-\dfrac{1}{12}\right) \cdot \left(-\dfrac{1}{12}\right) = -\dfrac{1}{1728}$

- $\left(-\dfrac{4}{5}\right)^5 = \left(-\dfrac{4}{5}\right) \cdot \left(-\dfrac{4}{5}\right) \cdot \left(-\dfrac{4}{5}\right) \cdot \left(-\dfrac{4}{5}\right) \cdot \left(-\dfrac{4}{5}\right) = -\dfrac{1024}{3125}$

- $\left(+\dfrac{2}{7}\right)^3 = \left(+\dfrac{2}{7}\right) \cdot \left(+\dfrac{2}{7}\right) \cdot \left(+\dfrac{2}{7}\right) = +\dfrac{8}{343}$

- $(-0,5)^4 = (-0,5) \cdot (-0,5) \cdot (-0,5) \cdot (-0,5) = +0,0625$

 Atividades

1 Calcule as potências de números racionais a seguir.

a) $\left(-\dfrac{1}{3}\right)^2$ c) $\left(-\dfrac{2}{5}\right)^3$

b) $\left(+\dfrac{2}{3}\right)^3$ d) $\left(+\dfrac{4}{9}\right)^2$

2 Obtenha as potências dos seguintes números racionais escritos na forma decimal.

a) $(-0,1)^2$ e) $(-0,4)^2$
b) $(-2,2)^2$ f) $(-2,3)^2$
c) $(+0,2)^3$ g) $(+0,5)^2$
d) $(-2,5)^2$ h) $(-1,1)^2$

3 Qual é o número maior: A ou B?

a) $A = -\left(-\dfrac{2}{5}\right)^2$; $B = \left(-\dfrac{2}{5}\right)^3$.

b) $A = -\left(-\dfrac{2}{3}\right)^3$; $B = \left(-\dfrac{2}{3}\right)^3$.

4 Determine o valor das expressões, calculando primeiro as potências indicadas.

a) $\left(-\dfrac{2}{3}\right)^2 + \left(-\dfrac{1}{2}\right)^3$

b) $\left(-\dfrac{1}{4}\right)^2 + \left(-\dfrac{1}{2}\right)^3$

c) $\left(-\dfrac{1}{5}\right)^2 - \left(-\dfrac{1}{2}\right)^2 + \left(-\dfrac{1}{3}\right)^2$

d) $\left(+\dfrac{2}{3}\right)^2 \cdot \left(+\dfrac{2}{3}\right)^3$

5 Responda às questões:

a) Um número racional positivo elevado ao cubo resulta em um número racional positivo ou negativo?

b) Um número racional negativo elevado ao cubo resulta em um número racional positivo ou negativo?

6 Qual deve ser o expoente *x* para que a igualdade seja verdadeira?

$$\left(\frac{2}{5}\right)^x = \frac{8}{125}$$

7 Para calcular a área A de um quadrado, basta elevar ao quadrado a medida de seu lado.

$$A = (7 \text{ cm})^2 = (7 \text{ cm}) \cdot (7 \text{ cm})$$
$$A = 49 \text{ cm}^2$$

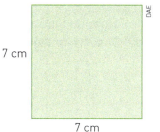

Portanto, a área do quadrado acima é 49 cm².

Calcule a área de um quadrado em que a medida do lado seja:

a) 7,3 cm; **b)** 9,2 m.

8 Desenhe no caderno um quadrado cujo lado meça 9,5 cm. Em seguida, calcule sua área em centímetros quadrados.

Raiz quadrada de números racionais

Você já usou a tecla de "raiz quadrada" em uma calculadora. Então, deve ter observado que, quando digita o número 16 e depois aperta a tecla "raiz quadrada", no visor aparece o número 4. Isso significa que a raiz quadrada de 16 é igual a 4.

$$\sqrt{16} = 4$$

Esta é a tecla "raiz quadrada".

Podemos dizer que a raiz quadrada de 16 representa, geometricamente, a medida do lado de um quadrado cuja área é igual a 16, isto é:

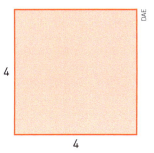

Área do quadrado: $4 \cdot 4 = 16$.

Medida do lado do quadrado com base na área: $\sqrt{16} = 4$.

99

Responda:
1. Qual é a área de um quadrado de lado 2,5 cm?
2. Qual é a medida do lado do quadrado cuja área é igual a 6,25 cm²?

Quando o número é **racional positivo ou igual a zero**, também é possível calcular a raiz quadrada. Observe a seguir alguns exemplos de raiz quadrada de outros números racionais.

- $\sqrt{\dfrac{1}{16}} = \dfrac{1}{4}$ → utilizando a potenciação para verificar: $\left(\dfrac{1}{4}\right)^2 = \dfrac{1}{4} \cdot \dfrac{1}{4} = \dfrac{1}{16}$

- $\sqrt{\dfrac{4}{49}} = \dfrac{2}{7}$ → utilizando a potenciação para verificar: $\left(\dfrac{2}{7}\right)^2 = \dfrac{2}{7} \cdot \dfrac{2}{7} = \dfrac{4}{49}$

- $\sqrt{\dfrac{100}{81}} = \dfrac{10}{9}$ → utilizando a potenciação para verificar: $\left(\dfrac{10}{9}\right)^2 = \dfrac{10}{9} \cdot \dfrac{10}{9} = \dfrac{100}{81}$

- $\sqrt{0{,}25} = 0{,}5$ → utilizando a potenciação para verificar: $(0{,}5)^2 = 0{,}5 \cdot 0{,}5 = 0{,}25$

- $\sqrt{1{,}44} = 1{,}2$ → utilizando a potenciação para verificar: $(1{,}2)^2 = 1{,}2 \cdot 1{,}2 = 1{,}44$

Aqui estão duas observações importantes sobre raiz quadrada.
- A raiz quadrada de zero é igual a zero, pois: $0^2 = 0$.
- Denomina-se **quadrado perfeito** qualquer número natural que admite raiz quadrada inteira.

Quadrados perfeitos	0	1	4	9	16	25	36	...
Raízes quadradas	$\sqrt{0}=0$	$\sqrt{1}=1$	$\sqrt{4}=2$	$\sqrt{9}=3$	$\sqrt{16}=4$	$\sqrt{25}=5$	$\sqrt{36}=6$	...

Atividades

1. Complete o quadro com a raiz quadrada de alguns números naturais.

$\sqrt{81}$	$\sqrt{121}=$	$\sqrt{169}=$	$\sqrt{225}=$
$\sqrt{100}$	$\sqrt{144}=$	$\sqrt{196}=$	$\sqrt{256}=$

2. Obtenha a raiz quadrada dos números a seguir.

a) $\sqrt{\dfrac{1}{4}}$

b) $\sqrt{\dfrac{9}{25}}$

c) $\sqrt{\dfrac{1}{81}}$

d) $\sqrt{\dfrac{25}{64}}$

e) $\sqrt{\dfrac{900}{144}}$

f) $\sqrt{\dfrac{36}{169}}$

g) $\sqrt{\dfrac{4}{625}}$

h) $\sqrt{\dfrac{9}{49}}$

3. Calcule as raízes quadradas dos números racionais escritos na forma decimal.

a) $\sqrt{0{,}01}$

b) $\sqrt{2{,}89}$

c) $\sqrt{6{,}25}$

d) $\sqrt{1{,}69}$

e) $\sqrt{2{,}56}$

f) $\sqrt{0{,}09}$

g) $\sqrt{5{,}76}$

h) $\sqrt{0{,}81}$

4 Responda às questões:

a) Quais são os números que, elevados ao quadrado, têm como resultado 4?

b) Quais são os números que, elevados ao quadrado, têm como resultado 5,76?

c) Quais são os números que, elevados ao quadrado, têm como resultado 0,04?

d) Quais são os números que, elevados ao quadrado, têm como resultado 0,25?

5 Compare os números A e B indicados a seguir.

$$A = \sqrt{\frac{36}{25}} \qquad B = \frac{\sqrt{36}}{\sqrt{25}}$$

Qual é a relação entre esses números?

6 Qual número é maior: $A = \sqrt{\frac{1}{625}}$ ou $B = \frac{1}{\sqrt{16}}$?

7 Calcule o resultado das operações a seguir.

a) $\sqrt{49} + \sqrt{25} + \sqrt{4}$

b) $8 \cdot \sqrt{16} - \sqrt{100}$

c) $\sqrt{0,25} \cdot \sqrt{0,09} - \sqrt{0,49}$

d) $\sqrt{\frac{25}{49}} + \sqrt{\frac{16}{9}} - \sqrt{\frac{100}{36}}$

e) $\sqrt{\frac{144}{100}} + \sqrt{\frac{121}{225}}$

8 Calcule o resultado das expressões numéricas a seguir.

a) $\frac{2}{3} : (-2) + \frac{4}{3} \cdot \left(-\frac{3}{8}\right) - \frac{1}{4} : \left(-\frac{3}{2}\right)$

b) $-5,6 : (-2,8) - 0,25 : (-0,5)$

c) $1,44 : (-0,48) + 0,9 : 1,2$

d) $\left(-\frac{2}{3}\right)^2 \cdot \left(\frac{3}{4}\right)^2 + \left(-\frac{1}{3}\right)^3$

e) $-2,7 : (-0,3)^2 + 0,8 : (-0,2)^2$

f) $(-3) \cdot \left(\frac{5}{4} - 2\right) - \frac{1}{2}$

9 Observe três quadrados com algumas de suas medidas indicadas.

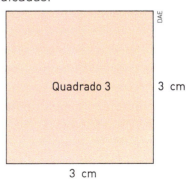

a) Qual é a área do quadrado 1?

b) E a do quadrado 3?

c) Quanto mede o lado do quadrado 2?

Retomar

1) Qual dos números a seguir é inteiro e natural?
   a) −0,3
   b) 4,5
   c) 103
   d) −35

2) Sobre os números naturais, os inteiros e os racionais, apenas uma das afirmações a seguir é verdadeira. Assinale-a.
   a) Um número inteiro é também natural.
   b) Um número racional é também um número inteiro.
   c) Um número inteiro pode ser um número natural.
   d) Todo número natural não é inteiro.

3) Qual é a alternativa que indica corretamente a forma decimal do número $\frac{34}{99}$?
   a) 0,343434...
   b) 0,040404...
   c) 0,37777...
   d) 34,9

4) O número racional −0,125, escrito na forma fracionária, é:
   a) $-\frac{125}{100}$
   b) $-\frac{1}{8}$
   c) $-\frac{125}{10}$
   d) $-\frac{1}{4}$

5) Entre os números a seguir, indique aquele com maior valor absoluto.
   a) −2,332
   b) zero
   c) 4,15
   d) −4,18

6) Na reta numérica a seguir, o ponto D indica o número −1 e A indica o número zero. Assinale a alternativa correspondente ao número indicado pelo ponto E.

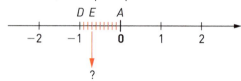

   a) −1,4
   b) −0,6
   c) −0,7
   d) −1,3

7) Resolva a expressão numérica a seguir e assinale a alternativa que indica a resposta correta.

$$\left(-\frac{3}{10}\right) + \left[\left(-\frac{15}{4}\right) + \left(+\frac{7}{4}\right)\right]$$

   a) $\frac{2}{10}$
   b) $-\frac{2}{10}$
   c) $\frac{23}{10}$
   d) $-\frac{23}{10}$

8) Qual é o número racional que indica a distância entre os dois pontos destacados na reta numérica a seguir?

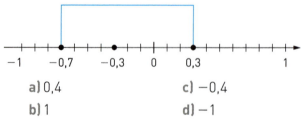

   a) 0,4
   b) 1
   c) −0,4
   d) −1

9) Assinale a alternativa que apresenta um número que, adicionado a $-\frac{23}{10}$, resulta em zero.
   a) $-\frac{23}{10}$
   b) $\frac{2}{15}$
   c) $\frac{23}{10}$
   d) zero

10 Qual alternativa expressa o valor de $-\dfrac{3}{4} - \left[+\left(-\dfrac{7}{8}\right)\right]$?

a) 0,25
b) 0,05
c) 0,125
d) –0,25

11 Assinale a alternativa que indica o resultado da expressão aritmética $\left(1 - \dfrac{1}{9}\right) \cdot \left(1 - \dfrac{1}{2}\right)$.

a) $\dfrac{1}{2}$
b) $\dfrac{5}{2}$
c) $\dfrac{4}{9}$
d) $\dfrac{5}{9}$

12 Calculando a potenciação $(-0,2)^3$, o resultado é:
a) um número positivo maior que 0,2.
b) um número maior que 1.
c) um número entre zero e 1.
d) um número negativo.

13 Qual alternativa corresponde ao resultado da expressão aritmética $\left(1 - \dfrac{1}{4}\right) : \left(1 + \dfrac{1}{2}\right)$?

a) $\dfrac{1}{2}$
b) $\dfrac{5}{2}$
c) $\dfrac{5}{4}$
d) $\dfrac{5}{6}$

14 Sobre os números A e B, sendo $A = \sqrt{0,01}$ e $B = (-0,1)^3$, é correto afirmar que:
a) são números iguais.
b) A é maior que B.
c) A é menor que B.
d) os dois são positivos.

15 Na reta numérica a seguir, foram indicados, por meio de pequenos traços verticais, nove pontos igualmente espaçados. A cada ponto corresponde um número racional. Os números −1 e 0 estão indicados. Quais são os números racionais que os pontos A, B, C e D indicam?

16 Qual é a medida da área de um quadrado cujo lado mede 0,2 cm?
a) 0,4 cm²
b) 0,04 cm²
c) 0,8 cm²
d) 0,08 cm²

17 Se uma pessoa tem saldo bancário igual a R$ 40,50 e fizer duas retiradas de R$ 100,00, qual será o novo saldo?
a) R$ 240,50 positivos
b) R$ 240,50 negativos
c) R$ 159,50 positivos
d) R$ 159,50 negativos

18 Podemos afirmar que $0,1^2 + 0,2^2$ é igual a:
a) $\dfrac{1}{20}$
b) $\dfrac{1}{10}$
c) $\dfrac{1}{5}$
d) $\dfrac{1}{4}$
e) $\dfrac{1}{2}$

19 Complete o quadro a seguir com o quadrado e o cubo dos números racionais indicados. Utilize a calculadora se necessário.

Número	Quadrado	Cubo
0		
$\dfrac{1}{6}$		
	$\dfrac{16}{9}$	
$-\dfrac{3}{5}$		
		$\dfrac{343}{64}$
0,9		
	0,0121	
$-1,3$		
		$-3,375$
	60,84	

20 Todo número racional diferente de zero elevado a zero é igual a:

a) ele mesmo.

b) 1.

c) 0.

d) ele mesmo, com sinal invertido.

21 O produto de um número racional não nulo pelo seu inverso é:

a) um número positivo.

b) um número negativo.

c) igual a 1.

d) igual a 0.

22 Veja a expressão numérica a seguir.

$$0{,}75 \cdot (5 - 0{,}36) + 3 \cdot \frac{1}{3} - \left(\frac{8}{11} + \frac{3}{5}\right) \cdot \frac{9}{2}$$

Nessa expressão, as propriedades explícitas, referentes às multiplicações são:

a) associativa e comutativa.
b) elemento neutro e inverso de um número racional.
c) distributiva e elemento neutro.
d) distributiva e inverso de um número racional.

23 Qual das afirmações a seguir é verdadeira?

a) $\left(-\frac{1}{2}\right)^2 = \left(-\frac{2}{1}\right)^2$

b) $0^5 = 1^5$

c) $\left(-\frac{2}{5}\right)^2 = \left(\frac{2}{5}\right)^2$

d) $0{,}5^2 < 0{,}5^3$

e) $0{,}2 \cdot 0{,}2 \cdot 0{,}2 = 3 \cdot 0{,}2$

24 **(OBM)** Ana começou a descer uma escada no mesmo instante em que Beatriz começou a subi-la. Ana tinha descido $\frac{3}{4}$ da escada quando cruzou com Beatriz. No momento em que Ana terminar de descer, que fração da escada Beatriz ainda terá que subir?

a) $\frac{1}{4}$

b) $\frac{1}{3}$

c) $\frac{1}{12}$

d) $\frac{5}{12}$

e) $\frac{2}{3}$

25 **(Obmep)** No mar, um mergulhador profissional atingiu uma profundidade de 19,8 m. A seguir, ele subiu 2,5 m e depois desceu 4,7 m. A profundidade máxima que ele atingiu foi de:

a) 27 m.
b) 22 m.
c) 22,3 m.
d) 24,5 m.
e) 25 m.

Ampliar

Frações e números decimais,
de Luiz Marcio Imenes, Marcelo Lellis e José Jakubovic (Atual).

Neste livro, da Coleção Pra que Serve a Matemática?, os autores apresentam diversos exemplos de como a Matemática está presente em nosso cotidiano mesmo sem nos darmos conta disso. De maneira bem-humorada e com diversas ilustrações, você vai descobrir que aplica as frações e os números decimais a todo instante: na música, nos gráficos, nas medidas das lapiseiras, na cronometragem de campeonatos esportivos etc.

UNIDADE 4

Erosão das margens de um rio.

Antever

As fotografias destas páginas mostram danos provocados ao meio ambiente. No entanto, a origem de cada um deles é bem diferente. Na primeira imagem, vemos um processo natural, resultante da correnteza de um rio. Já na segunda, é possível observar o desmatamento causado pelo ser humano.

A despreocupação com a preservação ambiental pode prejudicar a qualidade de vida de toda a sociedade.

1 Você sabe o que é uma Área de Preservação Permanente?

Áreas e volumes

2 Conforme dados do Instituto Nacional de Pesquisas Espaciais (Inpe), o desmatamento da Amazônia, só no mês de setembro de 2008, foi de 587 km². Considerando que um campo de futebol mede 70 m por 110 m, quantos campos de futebol foram desmatados na Amazônia em setembro de 2008?

Desmatamento de áreas florestais ao redor de um rio.

Cálculo de áreas de figuras planas

Área do quadrado

Considere um quadrado cujo lado meça 4 cm.

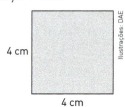

Como conhecemos a medida do seu lado, sua área pode ser obtida elevando essa medida ao quadrado:

$$\text{área} = (4\,\text{cm})^2;$$
$$\text{área} = 16\,\text{cm}^2.$$

Agora, imagine um quadrado como o mostrado abaixo, dividido em 16 quadradinhos menores, e considere que cada um deles tem 1 cm de medida de lado:

Sabendo que cada quadradinho tem 1 cm² de área, poderíamos obter a área total do quadrado multiplicando o número que corresponde ao total de quadradinhos pela área de cada um deles, assim:

$$\text{área} = 16 \cdot (1\,\text{cm})^2;$$
$$\text{área} = 16\,\text{cm}^2.$$

> Considerando ℓ a medida do lado de um quadrado e A sua área, podemos escrever:
> $A = \ell^2.$

No exemplo acima, a medida do lado do quadrado foi representada por um número natural. Caso a medida seja um número racional positivo e que não seja um número natural, a área será obtida de forma semelhante. Observe as duas situações a seguir.

1ª situação

Considere que cada quadradinho desenhado ao lado representa 2,5 cm² de área. Determine a área total representada pela figura.

Resolução

A área total será dada pela soma das áreas de todos os quadradinhos iguais em que essa figura está dividida.

5 · 5 = 25 (total de quadradinhos de mesmo tamanho)

Portanto:

$$A = 25 \cdot 2{,}5\,\text{cm}^2;$$
$$A = 62{,}5\,\text{cm}^2.$$

2ª situação

Os moradores de um bairro resolveram cuidar de uma pequena praça abandonada que havia na redondeza. No centro da praça será construído um jardim e, em torno dele, uma calçada cimentada, onde serão colocadas mesas e bancos. O esboço do projeto está representado ao lado.

- Quantos m² terá o local destinado ao jardim?

Resolução

Área do jardim: $(3,8 \text{ m})^2 = 14,44 \text{ m}^2$.

- Para comprar o cimento que será utilizado na construção da calçada, é preciso descobrir quantos m² serão cimentados.
Área total: $(6 \text{ m})^2 = 36 \text{ m}^2$.
Área da parte cimentada: área total da praça menos a área do jardim.
$$36 \text{ m}^2 - 14,44 \text{ m}^2 = 21,56 \text{ m}^2$$

Atividades

1 Complete o quadro com a área de cada quadrado.

Medida do lado do quadrado (cm)	1	1,5	2	2,8	3	3,6	4	10,2	21	30
Área do quadrado (cm²)										

2 Calcule a área de cada quadrado conforme a medida de seus lados.
- a) 7 cm
- b) 2 dm
- c) 1 km
- d) 80 mm

3 A seguir estão representados quatro quadrados. Considere os seguintes dados: o lado do quadrado A mede 1,5 cm; o lado do quadrado B mede 1 cm a mais que o lado do quadrado A; o lado do quadrado C mede 1 cm a mais que o lado do quadrado B; e o lado do quadrado D mede 1 cm a mais que o lado do quadrado C. Determine a área desses quatro quadrados.

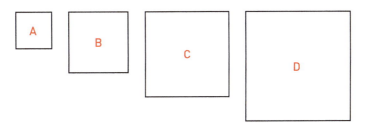

4 Responda às questões.
- a) O lado de um quadrado mede entre 2 cm e 3 cm. Entre quais valores está a área desse quadrado?
- b) O lado de um quadrado mede entre 4,5 cm e 5 cm. Entre quais valores está a área desse quadrado?

5 O professor utilizou uma folha de papel no formato A4 (21 cm × 29,7 cm) e, por meio de dobraduras e utilizando uma tesoura, obteve um quadrado, conforme ilustrado a seguir.

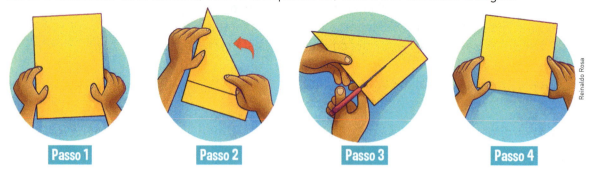

a) Reúna-se com um colega e, juntos, façam o mesmo que o professor fez com uma folha de papel A4.

b) Agora, descrevam os passos para a obtenção do quadrado.

c) Informem:
- a medida, em centímetros, do lado do quadrado obtido;
- a área, em centímetros quadrados, desse quadrado.

6 Marcos resolveu formar um canteiro de flores no terreno que tinha. Para isso, preparou um quadrado de 12,5 m de medida de lado. Ao comprar adubo para colocar no local da plantação, o vendedor disse que precisaria de 2 kg de adubo por metro quadrado. Responda:

a) Quantos metros quadrados terá o canteiro?

b) Quantos sacos de adubo de 5 kg Marcos deverá comprar para colocar no terreno?

7 Tatiana tem um terreno de formato quadrado que mede 121 m². Recentemente, ela decidiu cercar o terreno com uma tela. Quantos metros lineares de tela ela precisará comprar para cercar esse terreno?

8 Elabore um problema relacionado à área de um quadrado. Depois, dê para um colega resolver enquanto você resolve o problema elaborado por ele.

9 Nem sempre nos deparamos com uma figura geométrica regular para determinar a área de sua superfície. Nesse caso, para calculá-la, fazemos aproximações, imaginando que a superfície cuja área desejamos determinar esteja dividida em quadrados de mesma área. Por exemplo, na figura a seguir, considere que a parte colorida representa a superfície de um lago cuja área precisamos determinar. Note que foram desenhados quadrados iguais.

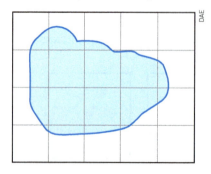

Se o lado de cada quadrado mede 100 m, responda:

a) Qual é a área de cada um desses quadrados?

b) O lago ocupa aproximadamente quantos desses quadrados?

c) Qual é a área aproximada desse lago?

Área do retângulo

Vimos como calcular a área de um quadrado. Você sabe como calcular a área de um retângulo?

No caso do retângulo, existem duas medidas diferentes que devemos considerar: comprimento (base) e largura (altura).

Vamos considerar um retângulo em que a base mede 5 cm e a altura mede 3 cm.

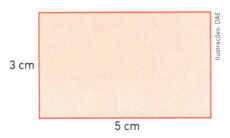

Então, calculamos:
$$A = (5\text{ cm}) \times (3\text{ cm})$$
$$A = 15\text{ cm}^2$$

Agora, considere o retângulo a seguir, dividido em 15 quadradinhos iguais, cada um com lado de 1 cm.

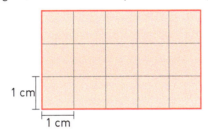

Sabemos que cada quadradinho tem 1 cm² de área; portanto, podemos dizer que a área desse retângulo é o número total de quadradinhos em que ele foi dividido multiplicado pela área de cada quadradinho, ou seja:

$$A = 15 \cdot (1\text{ cm}^2) \longrightarrow A = 15\text{ cm}^2$$

> A área de um retângulo pode ser obtida multiplicando-se a medida da base b pela medida da altura h:
> $A = b \cdot h$.

Agora, considere que cada quadradinho da malha quadriculada a seguir mede 0,5 cm de lado. Nessa malha foi representado um retângulo *ABCD*.

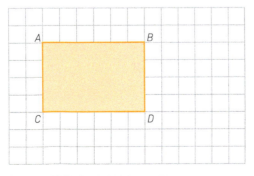

Em relação à situação na malha quadriculada, responda:
1. Qual é a área do retângulo *ABCD*? Explique como você calculou.
2. Como você calcularia a área da parte não pintada dessa malha? Qual é essa área?

Observe outra situação relacionada ao cálculo de área de um retângulo.

Paula deseja plantar grama no terreno da casa em que mora. O custo da grama é de R$ 15,00 o metro quadrado. Observe o desenho que Paula fez com as medidas do local onde a grama será plantada. Que estratégias você utilizaria para calcular a área total desse local? Quantos reais serão necessários para comprar a grama?

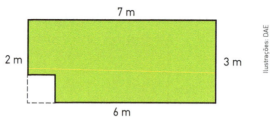

Vejamos duas possibilidades para responder às questões.

- Calcula-se primeiro a área do local em que a grama será plantada.

Devemos calcular a área do retângulo, cuja medida é 7 m por 3 m, e subtrair a área do quadrado, cujo lado mede 1 m:

$$A = (7\ m) \cdot (3\ m) - (1\ m)^2$$
$$A = 21\ m^2 - 1\ m^2$$
$$A = 20\ m^2$$

Agora, podemos calcular o custo da grama. Para isso, multiplicamos a área obtida pelo valor do metro quadrado de grama.

Custo ⟶ 20 · 15,00 = 300,00

Portanto, o custo será de R$ 300,00.

- Pode-se também dividir a figura em dois retângulos e calcular a área de cada um para determinar a área total, como a seguir.

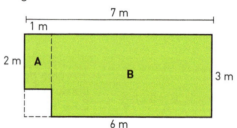

Área de A ⟶ A = (2 m) · (1 m) = 2 m²
Área de B ⟶ B = (3 m) · (6 m) = 18 m²
Área total ⟶ 2 m² + 18 m² = 20 m²

No início da unidade, abordamos a questão do desmatamento e utilizamos como comparação a área de um campo de futebol. Observe como obter a área do campo de futebol representado ao lado.

Como o campo tem o formato de um retângulo, com comprimento de 100 m e largura de 70 m, para calcular sua área devemos multiplicar essas duas medidas.

$$A = b \cdot h$$
$$A = (100\ m) \cdot (70\ m)$$
$$A = 7\,000\ m^2$$

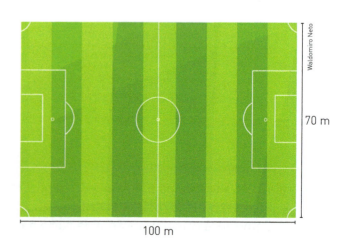

Atividades

1 Uma empresa encomendou um grande painel luminoso para colocar na parede externa do prédio. Esse painel é formado por placas retangulares, em duas cores (verde e amarelo), que medem 1 m de comprimento por 0,5 m de altura cada uma, como representado a seguir.

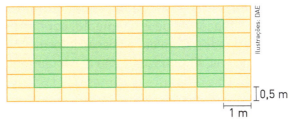

a) Qual é a área do painel?
b) Qual é a área ocupada pelas letras A e H?

2 Considere, inicialmente, um retângulo em que a medida da base é 10 cm e a medida da altura é 8 cm, conforme indicado na figura ao lado.

Responda:

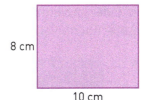

a) Qual é a área do retângulo?
b) Aumentando 1 cm na medida da base e mantendo a medida da altura, o que acontece com a área?
c) Aumentando 1 cm na medida da altura e mantendo a medida da base, o que acontece com a área?
d) Duplicando a medida da base e mantendo a medida da altura, o que acontece com a área?
e) Duplicando a medida da altura e mantendo a medida da base, o que acontece com a área?
f) Duplicando a medida da base e também a medida da altura, o que ocorre com a área?

3 Para revestir uma garagem retangular de 10 m por 3,6 m, serão utilizadas cerâmicas quadradas cujos lados medem 30 cm. Quantas cerâmicas deverão ser compradas para revestir a garagem?

4 Com um colega, utilizando régua ou trena, obtenham em metros:
- a medida da largura e do comprimento do chão da sala de aula;
- a medida da largura e da altura da parede onde se localiza a porta da sala.

Depois, copiem o quadro a seguir no caderno e preencham-no com as medidas obtidas

	Largura	Comprimento	Altura	Área
Chão				
Parede				

a) Qual a área de cada região?
b) Compartilhe seus resultados com os demais colegas. As áreas obtidas são iguais?
c) Quando medimos algo, o valor encontrado corresponde à medida real? Por quê?

5 Uma pessoa deseja ladrilhar o banheiro de sua casa com pisos retangulares de 8 cm² cada. Três medições foram realizadas, a primeira com 3,32 m² de área, a segunda com 3,48 m² e a terceira com 3,41 m². Por que ocorrem essas divergências nas medições?

Ecologia em foco

Preservação do meio ambiente

O cálculo de áreas de figuras geométricas planas é empregado em diversas situações práticas, como para obter a área ocupada por uma casa, um terreno ou mesmo grandes fazendas nas quais alimentos serão plantados. Esse cálculo pode ser bastante útil quando se trata de questões ligadas ao meio ambiente – para estudar a situação do desmatamento, por exemplo, é preciso levantar informações sobre a medida das áreas afetadas. Com base nessas informações, podem ser criadas medidas de proteção ambiental, incluindo leis. Algumas leis são especialmente elaboradas com o objetivo de preservar as encostas dos rios. Outras referem-se a áreas que podem ser cultivadas, florestas que devem ser mantidas e até grandes áreas que foram devastadas e estão sendo reflorestadas. Nesses casos, não estamos falando de áreas pequenas, e sim de grandes extensões, e calcular a área de cada uma ou determinar seus limites é fundamental.

Para você ter uma ideia, veja o caso da Serra Grande, no estado da Bahia, que ocupa uma superfície de aproximadamente 16 mil hectares e está localizada numa faixa litorânea. Ela é uma área de proteção ambiental especialmente criada pelo governo local.

Coqueiral na Praia do Pé de Serra em Serra Grande, Itacaré (BA).

Ao se criar uma área de proteção ambiental, os principais objetivos são: a proteção da paisagem, de rios, nascentes e riachos, o incentivo ao equilíbrio dos recursos naturais e a preservação das espécies animais e vegetais.

1. Qual é sua opinião sobre as áreas de proteção ambiental? Você concorda com a existência delas?

2. De acordo com o texto, Serra Grande, na Bahia, ocupa uma superfície de aproximadamente 16 mil hectares. Transforme essa medida em km².

3. Em casa, faça uma pesquisa sobre o desmatamento da Mata Atlântica. Sua área original media quantos quilômetros quadrados? Quantos quilômetros quadrados ainda restam da Mata Atlântica?

Área do paralelogramo

Você sabe o que é um paralelogramo?

Paralelogramo é um quadrilátero em que os lados opostos são paralelos. A menor distância de um lado, que podemos chamar de **base**, até o lado paralelo a ele é chamada de **altura**. Observe a seguir que podemos transformar um paralelogramo construído em cartolina em um retângulo de mesma base e de mesma altura.

1. Desenhamos um paralelogramo com medida de base b e altura h numa cartolina e o recortamos.

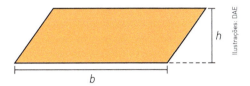

2. Recortamos então um triângulo retângulo, a partir do traçado da altura do paralelogramo relativa à base b, conforme indicado na figura a seguir.

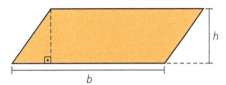

3. Transportamos esse triângulo para o outro lado do paralelogramo. Como os lados opostos de um paralelogramo têm a mesma medida, o triângulo se encaixa perfeitamente. Veja:

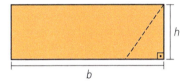

Responda:
1. O retângulo construído tem as mesmas medidas da base e da altura do paralelogramo?
2. Comparando a área do paralelogramo com a do retângulo, elas são iguais? Justifique.

O que obtivemos foi um retângulo de mesma medida de base e mesma altura do paralelogramo inicial. Assim, podemos calcular a área de um paralelogramo da mesma forma que calculamos a área de um retângulo.

> A área de um paralelogramo pode ser obtida multiplicando-se a medida da base b pela medida da altura h. Em símbolos:
> $A = b \cdot h$.

A seguir, vamos considerar duas situações relacionadas ao cálculo da área de um paralelogramo. Analise cada uma delas.

1ª situação

Numa malha quadriculada, formada por quadradinhos cujos lados medem 1 cm, foi desenhado o paralelogramo $ABCD$, conforme representado a seguir. Calcule a área desse paralelogramo.

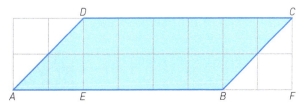

Resolução

No desenho, observamos que a base do paralelogramo mede 6 cm (AB = 6 cm) e a altura mede 2 cm (DE = 2 cm). Portanto, a área A desse paralelogramo é:

$$A = b \cdot h$$
$$A = (6 \text{ cm}) \cdot (2 \text{ cm}) \longrightarrow A = 12 \text{ cm}^2$$

> Figuras equivalentes são figuras com a mesma área.

Note ainda que esse paralelogramo é equivalente ao retângulo *EFCD*, formado por 12 quadradinhos com medida de lado de 1 cm — ou seja, esses dois quadriláteros têm área de mesma medida. Assim, a área também pode ser determinada por:

$$A = 12 \cdot (1 \text{ cm})^2$$

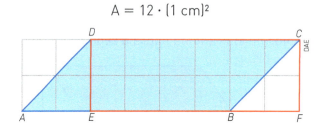

2ª situação

Calcule a área do paralelogramo de acordo com as medidas indicadas na figura a seguir.

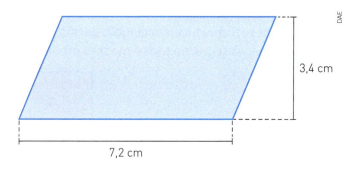

Resolução

Como temos as medidas da base e da altura, podemos determinar a área pelo produto dessas duas medidas.

$$A = b \cdot h$$
$$A = (7,2 \text{ cm}) \cdot (3,4 \text{ cm})$$
$$A = 24,48 \text{ cm}^2$$

Área do triângulo

Tanto o formato quadrado quanto o formato retangular são muito utilizados em construções. Os terrenos geralmente têm formato retangular. Nesse caso, o cálculo da área de um terreno é feito multiplicando-se o comprimento dele por sua largura.

Entretanto, nem sempre o formato das figuras cujas áreas desejamos medir são retangulares ou quadradas. Podemos encontrar, como mostra a fotografia ao lado, locais cujo formato é triangular e que também precisam ter sua área determinada.

Como podemos determinar a área de um triângulo?

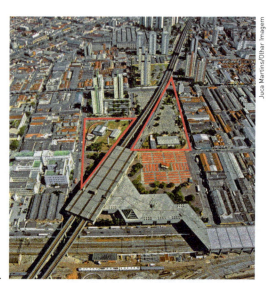

Vista aérea de linha de metrô em São Paulo (SP).

Na malha quadriculada a seguir, considere que cada lado do quadradinho mede 1 cm. Observe os triângulos construídos e também os retângulos que estão indicados em vermelho.

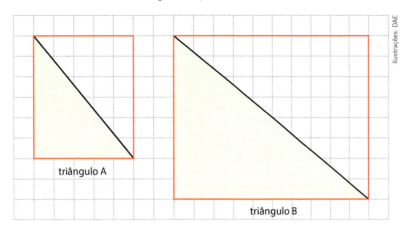

Responda:
1. Quais são as áreas das regiões internas aos retângulos?
2. A área dos triângulos A e B equivalem a que parte das áreas dos seus respectivos retângulos?

Para compreender como calcular a área de um triângulo qualquer, vamos relacioná-la com a área de um paralelogramo. Veja os passos abaixo.

1. Numa folha de papel desenhamos inicialmente um triângulo, em seguida, uma cópia dele com as mesmas medidas, de forma que se sobreponham, e os recortamos:

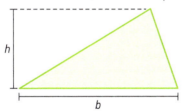 

2. Invertemos a posição horizontal de um dos triângulos:

3. Juntamos os dois triângulos, formando um paralelogramo com a mesma base e a mesma altura dos triângulos iniciais:

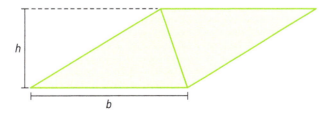

São necessários dois triângulos para formar o paralelogramo. Por isso, podemos dizer que a área do triângulo é a metade da área do paralelogramo de mesma base e de mesma altura.

> A área de um triângulo é igual à metade do produto da medida da base *b* pela altura *h* relativa a essa base, ou seja:
> $$A = \frac{b \cdot h}{2}.$$

Considere a seguir duas situações sobre o cálculo da área de um triângulo.

1ª situação

Calcule a área do triângulo representado na malha quadriculada, considerando que cada lado do quadradinho que compõe a malha mede 1 cm.

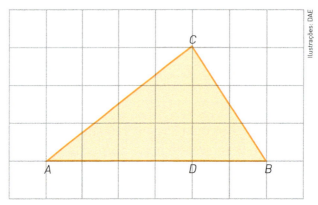

Resolução

Observando a figura, constatamos que a medida da base *AB* é 6 cm e a da altura *CD*, 3 cm. Portanto, a área é:

$$A = \frac{b \cdot h}{2}$$
$$A = \frac{(6 \text{ cm}) \cdot (3 \text{ cm})}{2}$$
$$A = 9 \text{ cm}^2.$$

2ª situação

Na figura a seguir, estão indicadas as medidas, em centímetros, da base e da altura de um triângulo isósceles (triângulo que tem dois lados de mesma medida). Determine a área desse triângulo.

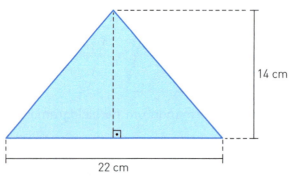

Resolução

Como temos as medidas da base e da altura, então:

$$A = \frac{b \cdot h}{2}$$
$$A = \frac{(22 \text{ cm}) \cdot (14 \text{ cm})}{2}$$
$$A = 154 \text{ cm}^2.$$

Atividades

1. Complete o quadro com os valores correspondentes à área de cada triângulo.

Triângulo	Medida da base (cm)	Medida da altura (cm)	Área (cm²)
A	6,2	2,5	
B	10,5	1,8	
C	6,8	6,5	

2. Determine a área dos triângulos A, B e C, representados na malha quadriculada a seguir, considerando que o lado de cada quadradinho mede 1,5 cm.

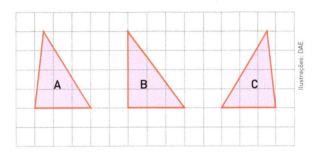

3. Obtenha a área do paralelogramo representado a seguir.

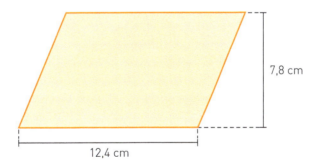

4. As duas diagonais de um retângulo dividem-no em quatro triângulos, como representado na figura a seguir.

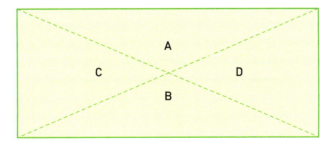

Determine a área de cada um dos quatro triângulos, indicados pelas letras A, B, C e D, considerando as seguintes informações sobre o retângulo: ele tem 12 cm de base e 5 cm de altura; as alturas relativas às bases que medem 12 cm (nos triângulos A e B) têm medidas iguais; as alturas relativas aos lados que medem 5 cm (nos triângulos C e D) têm medidas iguais.

Área do losango

A bandeira do Brasil tem o formato de um retângulo. Ela é composta de um losango e, no centro, há um círculo. Suas medidas são regulamentadas por decreto e devem guardar certas proporções. Assim, se a medida da base do retângulo da bandeira for 20 cm, a altura será 14 cm, conforme indicado a seguir.

E como podemos, por exemplo, saber as medidas do losango?

Nesse mesmo decreto há indicação de que a distância de cada vértice do losango até o lado mais próximo do retângulo deve ser a mesma, observando-se também certas proporções estabelecidas.

Na figura acima, se os lados do retângulo verde medirem 20 cm e 14 cm, a distância de cada vértice ao lado do retângulo deverá ser de 1,7 cm (como está indicado na figura abaixo).

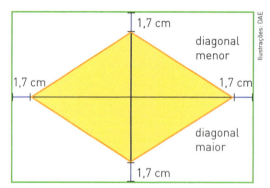

Assim, com as medidas do retângulo, podemos obter as medidas das diagonais do losango:
- diagonal maior: D = 20 cm − 1,7 cm − 1,7 cm = 16,6 cm;
- diagonal menor: d = 14 cm − 1,7 cm − 1,7 cm = 10,6 cm.

O losango é um quadrilátero formado por quatro lados de mesma medida. Uma característica dessa figura é que seus lados opostos são paralelos. Para estabelecer como calcular a área desse polígono, vamos considerar um losango desenhado numa malha quadriculada.

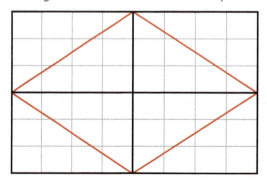

Podemos calcular a área do losango dividindo-o em quatro triângulos, como na figura ao lado:

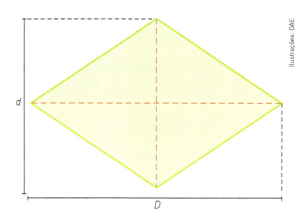

A medida da base de cada triângulo corresponde à metade da medida da diagonal maior, e a medida da altura de cada triângulo corresponde à metade da medida da diagonal menor. Assim, temos:

$$A_{losango} = 4 \cdot A_{triângulo}$$

$$A_{losango} = 4 \cdot \frac{\frac{D}{2} \cdot \frac{d}{2}}{2}$$

$$A_{losango} = 4 \cdot \frac{D \cdot d}{8}$$

$$A_{losango} = \frac{D \cdot d}{2}$$

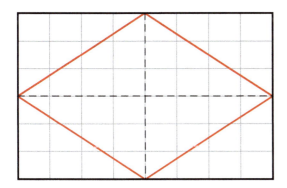

> A área de um losango é igual à metade do produto da medida da diagonal maior D pela medida da diagonal menor d, isto é:
>
> $$A = \frac{D \cdot d}{2}.$$

Assim, concluímos que a área do losango é a metade da área do retângulo, cujas medidas dos lados são as medidas das duas diagonais do losango.

Reveja a bandeira do Brasil, ilustrada na página anterior, e responda:
1. Qual é a área do retângulo correspondente à bandeira?
2. Utilizando a relação anterior, qual é a medida da área do losango da bandeira?

Área do trapézio

Na fotografia a seguir há um conjunto formado por cadeira e carteira escolar. Note que o formato do tampo da carteira lembra um trapézio.

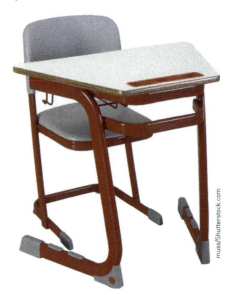

Para saber quanto de material será gasto na fabricação desse tampo, por exemplo, será necessário calcular a área do trapézio. Observe a seguir como podemos fazer esse cálculo.

O trapézio é um quadrilátero que tem dois lados paralelos. Denominamos seus dois lados paralelos de **bases**.

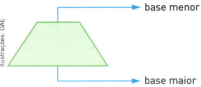

Se traçarmos uma diagonal nesse quadrilátero, obteremos dois triângulos cujas bases são as do trapézio.

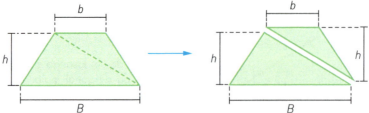

Assim, a área do trapézio é igual à soma das áreas dos dois triângulos.

$$A = \frac{B \cdot h}{2} + \frac{b \cdot h}{2}$$

$$A = \frac{B \cdot h + b \cdot h}{2} \longrightarrow A = \left(\frac{B + b}{2}\right) \cdot h$$

> A área de um trapézio é igual à metade da soma das medidas de suas duas bases, B e b, multiplicada pela medida da altura h, isto é:
>
> $$A = \left(\frac{B + b}{2}\right) \cdot h.$$

Atividades

1 Calcule a área do trapézio a seguir conforme as medidas indicadas.

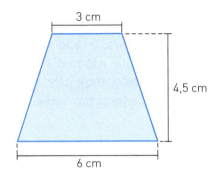

2 Calcule a área de um losango em que a medida da diagonal maior é 10 cm e a da menor é 6 cm.

3 Calcule a área de um trapézio em que os lados paralelos medem 4 cm e 10 cm, e a altura mede 5 cm.

4 Calcule a área da superfície a seguir.

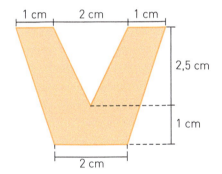

5 Considere que, na malha quadriculada a seguir, cada lado do quadradinho mede 1 cm. Nela foi desenhada primeiro a figura I, depois a figura II. Cada segmento da figura II tem como medida a metade do segmento da figura I.

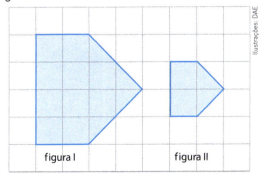

Responda às questões.
a) Qual é a área da figura I?
b) Qual é a área da figura II?

6 Na malha a seguir, o lado de cada quadradinho mede 1 cm. Determine a área ocupada pela região destacada.

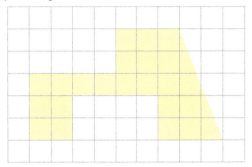

7 Mantendo-se as medidas das bases de um trapézio e duplicando-se a altura, o que acontece com a área? Explique como pensou e apresente um exemplo que comprove sua resposta.

8 Elabore uma atividade envolvendo uma figura plana na malha quadriculada, assim como na atividade 6. Em seguida, forme dupla com um colega para que um resolva a atividade do outro. Verifiquem se as respostas estão corretas.

9 Junte-se a um colega e façam a atividade a seguir.
1. O professor irá colocar em cima da mesa um losango e um trapézio feitos de cartolina.
2. Cada dupla deverá utilizar uma régua para obter as medidas desses dois quadriláteros.
3. Em seguida, deverão calcular a área de cada figura e apresentar os resultados aos demais alunos, a fim de confrontar os resultados.

Agora, respondam:
a) As medidas obtidas por todas as duplas foram exatamente iguais?
b) As áreas obtidas por todas as duplas foram as mesmas?

123

Caleidoscópio

O cálculo da área e as cheias do Nilo

Na Antiguidade, o Egito foi um dos principais polos de construção de conhecimento matemático. Os egípcios utilizavam a Matemática para medir a área devastada pela cheia do Rio Nilo, tinham o próprio sistema de numeração e faziam cálculos aritméticos com números inteiros e racionais.

Naquela época, cada agricultor tinha uma área de terra delimitada, que não podia ser misturada à área dos outros proprietários. Porém, sempre depois das cheias do rio Nilo, entre julho e outubro, as cercas de pedra utilizadas para delimitar os terrenos eram levadas com a força das águas, o que fazia com que as áreas perdessem suas delimitações.

Rio Nilo nos dias de hoje

CURIOSIDADES

A palavra **Nilo** é oriunda do latim *nilus*, que deriva do grego *neilos*. Os egípcios chamavam o Rio Nilo de **Aur** ou **Ar**, que significa "negro".

A importância do Rio Nilo é tão grande para a população egípcia que cerca de 90% dela se encontra estabelecida em suas margens.

As águas desse rio, além de favorecerem a agricultura, também eram utilizadas para consumo, pesca e como meio de transporte de pessoas e mercadorias.

Sua bacia hidrográfica abrange 3 milhões de km².

Vamos pensar!

Após a cheia do Nilo, o Faraó ordenou que seus trabalhadores fizessem a divisão das terras entre 160 agricultores, de maneira que todos tivessem a mesma quantidade de terra. Se a área toda é de 120 alqueires, de quantos metros quadrados cada agricultor deverá cuidar?

Percebendo a necessidade de resolver esse problema, surgiram os **estiradores de corda**. Eles utilizavam cordas com nós, separados uns dos outros por uma unidade-padrão de medida adotada na época, para descobrir o tamanho de cada terreno. Esses estiradores esticavam a corda e verificavam quantas vezes aquela unidade de medida cabia nos lados do terreno. Desse modo, depois das cheias, eles teriam como descobrir a medida do terreno de cada proprietário.

Fonte: Oscar Guelli. *Contando a história da Matemática*. 10. ed. São Paulo: Ática, 1999.

Situação do Rio Nilo ao longo de um ano:

Período de inundação: julho a outubro.
Período de cultivo: novembro a fevereiro.
Período de colheita: março a junho.

deserto ocidental
aldeias — culturas — Nilo — culturas — aldeias
deserto oriental
fevereiro e março

agosto e setembro

Responda:
- O que surgiu primeiro: o procedimento para cálculo da medida da superfície ou a necessidade de se medir uma superfície?

125

CAPÍTULO 15

Medidas de volume

Conceito de volume

A imagem ao lado mostra um contêiner utilizado para o transporte de mercadorias. Ao lado dela, você observa as medidas externas desse contêiner, que tem forma de bloco retangular.

Medidas externas
Comprimento: 6 058 mm.
Largura: 2 438 mm.
Altura: 2 591 mm.

Responda:
1. Quais são as medidas desse contêiner, em metros?
2. Como você determina a medida do espaço ocupado por esse contêiner?

Para medir o espaço ocupado por determinado objeto, utilizamos unidades de volume. No 6º ano, vimos que volume indica o espaço ocupado por um corpo e que sua unidade-padrão para medida é o metro cúbico (m^3). Qual é a diferença entre volume e capacidade?

Capacidade é o volume interno de um recipiente e sua unidade-padrão de medida é o litro (L).

Dizemos que o cubo de aresta de 1 m de comprimento tem **1 m^3 de volume** e **1 000 litros de capacidade**.

No quadro a seguir estão os múltiplos e os submúltiplos do metro cúbico.

Múltiplos da unidade			Unidade	Submúltiplos da unidade		
quilômetro cúbico	hectômetro cúbico	decâmetro cúbico	**metro cúbico**	decímetro cúbico	centímetro cúbico	milímetro cúbico
hm^3	km^3	dam^3	**m^3**	dm^3	cm^3	mm^3
1 000 000 000 m^3	1 000 000 m^3	1 000 m^3	**1 m^3**	0,001 m^3	0,000001 m^3	0,000000001 m^3

No quadro a seguir estão os múltiplos e os submúltiplos do litro.

Múltiplos da unidade			Unidade	Submúltiplos da unidade		
quilolitro	hectolitro	decalitro	**litro**	decilitro	centilitro	mililitro
kL	hL	daL	**L**	dL	cL	mL
1 000 L	100 L	10 L	**1 L**	0,1 L	0,01 L	0,001 L

É importante compreender que, na prática, não utilizamos todas essas unidades. As mais usadas para volume são: **metro cúbico**, **decímetro cúbico**, **centímetro cúbico** e **milímetro cúbico**; e, para capacidade, são: **litro** e **mililitro**. Como exemplo, vamos analisar de que modo podemos relacionar unidades de medida de volume e unidades de medida de capacidade.

Vamos transformar 3 m^3 em litros e em mililitros. Observe os procedimentos a seguir.

- **Transformando m^3 em litro**

    Sabemos que 1 m^3 equivale a 1 000 L. Então, basta multiplicar esse valor por 3, isto é:

    1 m^3 corresponde a 1 000 L

    3 m^3 corresponde a 3 · 1 000 L, que é igual a 3 000 L

- **Transformando m^3 em mililitro**

    Sabemos que 1 m^3 equivale a 1 000 L e que 1 L equivale a 1 000 mL. Então, basta multiplicar esse valor por 1 000 e depois por 3, isto é:

    1 m^3 corresponde a 1 000 L

    1 m^3 corresponde a 1 000 · 1 000 (mL), que é igual a 1 000 000 mL

    3 m^3 corresponde a 3 · 1 000 000 mL, que é igual a 3 000 000 mL

Considerando esses procedimentos, responda:
- Quantos centímetros cúbicos correspondem a 1 litro?

Atividades

1. Na ilustração a seguir estão representados 1 cubo de 1 m de medida de aresta, em vermelho, e acima dele, 1 cubo de 1 dm de medida de aresta. Observe ainda que, no cubo maior, foram colocados cubos de 1 dm de aresta, formando uma camada.

    a) Qual é o volume, em decímetros cúbicos, do cubo de 1 dm de medida de aresta?

    b) Qual é o volume, em metros cúbicos, do cubo de 1 m de medida de aresta?

    c) Quantos cubos de 1 dm^3 de volume estão representados dentro do cubo de 1 m de aresta?

    d) Quantos cubos de 1 dm^3 seriam necessários para preencher todo o cubo de 1 m de medida de aresta?

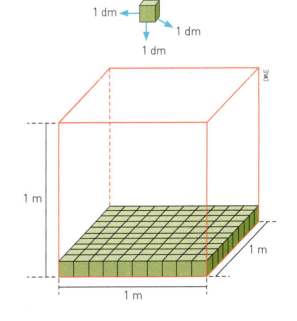

127

2. Agora, o cubo maior da atividade anterior foi formado por cubos menores, de 1 cm de medida de aresta.

   a) 1 dm corresponde a quantos centímetros?
   b) Quantos cubos de 1 cm de medida de aresta foram empilhados para formar o cubo de 1 dm de medida de aresta?

3. Transforme:
   a) 10 L em cm³;
   b) 0,001 mL em dm³;
   c) 8 500 m³ em L;
   d) 0,002 m³ em mL.

4. Responda:
   a) Quantos mm há em 1 cm?
   b) Quantos mm³ há em 1 cm³?
   c) Quantos cm há em 1 m?
   d) Quantos cm³ há em 1 m³?

5. Transforme:
   a) o comprimento 1 mm em cm;
   b) o volume 1 mm³ em cm³;
   c) o comprimento 1 cm em m;
   d) o volume 1 cm³ em m³;
   e) o comprimento 1 dm em m;
   f) o volume 1 dm³ em m³.

6. Considere que a figura ao lado foi formada por 16 cubos e que cada cubo tem 2 cm³ de volume.

   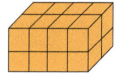

   a) Determine o volume formado por 8 desses cubos.
   b) Qual é o volume de 16 desses cubos juntos?

7. O volume do cubo maior, mostrado ao lado, é igual a 32 cm³. Ele foi construído pelo empilhamento de alguns dados. Qual é o volume de cada um desses dados?

   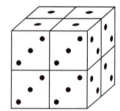

Volume de blocos retangulares

Utilizando cubinhos do Material Dourado, a turma do 7º ano formou dois blocos retangulares, como os representados a seguir.

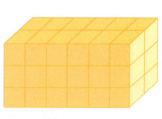

bloco A

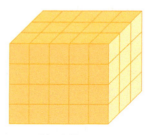

bloco B

Responda:
1. Qual deles tem o maior volume?
2. Como você fez para comparar os volumes desses blocos?

Em um bloco retangular as medidas das arestas são assim consideradas: **comprimento**, **largura** e **altura**.

Observe o bloco retangular a seguir, com suas respectivas medidas:

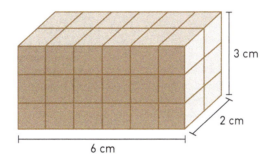

Repare que ele foi dividido em cubos cujas arestas medem 1 cm de comprimento. Então, considerando **V** como o volume desse bloco, podemos dizer que:

$$V = (6 \cdot 2 \cdot 3) \cdot 1 \text{ cm}^3$$
$$V = 36 \cdot 1 \text{ cm}^3$$
$$V = 36 \text{ cm}^3$$

Outra maneira de calcular esse volume é:

$$V = 6 \text{ cm} \cdot 2 \text{ cm} \cdot 3 \text{ cm}$$
$$V = 36 \text{ cm}^3$$

Quando as medidas das arestas forem representadas por números racionais positivos não naturais, o procedimento para o cálculo do volume será o mesmo, isto é: multiplicamos as medidas correspondentes das arestas. Observe o exemplo:

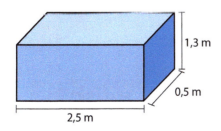

$$V = (2,5 \text{ m}) \cdot (0,5 \text{ m}) \cdot (1,3 \text{ m})$$
$$V = (2,5 \cdot 0,5 \cdot 1,3) \text{ m}^3$$
$$V = 1,625 \text{ m}^3$$

> O volume de um **bloco retangular** pode ser obtido multiplicando-se a medida do **comprimento** pelas medidas correspondentes à **largura** e à **altura** quando todas estão na mesma unidade de medida.

E como você faria para calcular o volume de um cubo com as medidas indicadas a seguir?

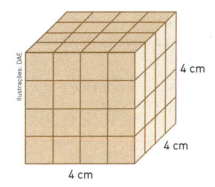

Note que um cubo é um bloco retangular em que as medidas do comprimento, da largura e da altura são iguais. Assim, podemos utilizar os mesmos procedimentos para determinar seu volume.

O cubo foi dividido em cubos menores, cujas arestas medem 1 cm de comprimento. Assim, considerando V como volume do cubo, podemos dizer que:

$V = (4 \cdot 4 \cdot 4) \cdot 1\ cm^3$
$V = 64\ cm^3$
ou
$V = (4\ cm) \cdot (4\ cm) \cdot (4\ cm)$
$V = 64\ cm^3$

> O volume de um **cubo** é obtido pelo produto de três fatores iguais, correspondentes à medida de sua **aresta**.
> Volume do cubo = aresta · aresta · aresta

Atividades

1) O bloco retangular ao lado foi formado pelo empilhamento de cubos de 1 cm de medida de aresta.

   a) Indique as medidas das arestas desse bloco retangular.
   b) Indique a quantidade de cubos necessários para formar esse bloco retangular.
   c) Escreva, em centímetros cúbicos, o volume desse bloco retangular.

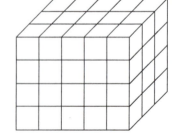

2) Utilizando cubos de 1,2 cm³ de volume cada, foi formado um novo cubo, conforme mostrado ao lado.

   Determine o volume do cubo formado e explique como você o calculou.

3) O quadro a seguir indica as medidas de dois blocos retangulares.

Bloco	Comprimento (cm)	Largura (cm)	Altura (cm)
A	10,2	4,5	3,2
B	10,5	4	2,8

Determine o volume desses blocos.

4 No início deste capítulo havia um contêiner como este da fotografia a seguir.

Medidas externas
Comprimento: 6 058 mm.
Largura: 2 438 mm.
Altura: 2 591 mm.

Após transformar as medidas externas em metros, calcule o volume desse contêiner em metros cúbicos. Utilize a aproximação de três casas decimais para expressar a resposta.

5 Considere que a piscina representada ao lado tenha 1,2 m de profundidade. As demais medidas estão indicadas.

Quantos metros cúbicos de água deverão ser colocados nessa piscina para que ela fique completamente cheia? Explique como você calculou.

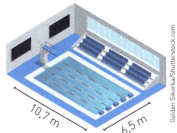

6 Para medir o volume de um cubo de gelo com 2 centímetros de aresta, foram utilizados 3 copos. Veja o volume de água derramado por copo:

Copo 1
7,89 ml

Copo 2
7,92 ml

Copo 3
7,85 ml

a) Quantos mililitros de água esse cubo de gelo possui?
b) Os valores obtidos nas medições correspondem exatamente ao volume do cubo de gelo? Por quê?

7 A imagem a seguir mostra uma caixa de papelão utilizada para envio de encomendas via correio. Nela estão indicadas as medidas: C – comprimento; L – largura; A – altura.

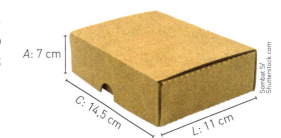

a) Calcule o volume dessa caixa.
b) Transforme a medida em decímetros cúbicos.

8 Junte-se a um colega e combinem de trazer para a sala de aula uma caixa de papelão em forma de bloco retangular. Com o auxílio de uma régua, obtenham as seguintes medidas aproximadas (em cm) da caixa: comprimento, largura e altura. Em seguida, calculem a medida aproximada do volume dessa caixa em centímetros cúbicos.

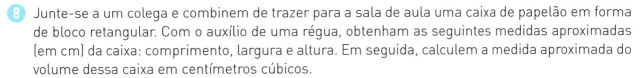

Retomar

1. Uma sala retangular de 6,5 metros por 5 metros tem uma área de:
   a) 30 metros quadrados.
   b) 32,5 metros quadrados.
   c) 44 metros quadrados.
   d) 42,5 metros quadrados.

2. O lado do quadrado a seguir mede 5 cm. Então, a área do triângulo desenhado é:

   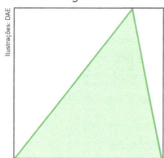

   a) 10 cm².
   b) 10,5 cm².
   c) 11 cm².
   d) 12,5 cm².

3. A área colorida do triângulo abaixo, em cm², é:
   a) 9
   b) 10
   c) 11
   d) 20

   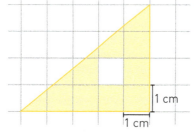

4. A área do trapézio a seguir é:

   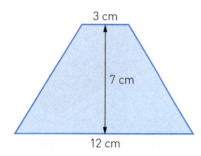

   a) 52 cm².
   b) 50,5 cm².
   c) 51 cm².
   d) 52,5 cm².

5. Mateus desenhou um quadrado no caderno e, com uma régua, verificou a medida aproximada em centímetros do lado desse quadrado.

   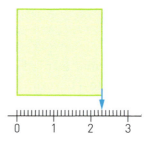

   Então, calculou a área e obteve:
   a) 5,2 cm².
   b) 5,25 cm².
   c) 5,29 cm².
   d) 5,44 cm².

6. Cada pequeno retângulo a seguir mede 1 cm de base por 0,5 cm de altura.

   É correto afirmar que a área do paralelogramo representado é:
   a) 10,5 cm².
   b) 11 cm².
   c) 12 cm².
   d) 12,5 cm².

7. Na malha quadriculada estão desenhadas quatro figuras. Sobre as áreas dessas figuras, é correto afirmar que:

   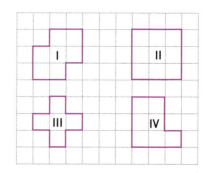

   a) as quatro figuras têm a mesma área.
   b) as figuras II e IV são equivalentes.
   c) as figuras I e IV são equivalentes.
   d) a figura I tem área maior que a figura II.

8 Observando o retângulo e o triângulo representados na malha quadriculada, é correto afirmar que:

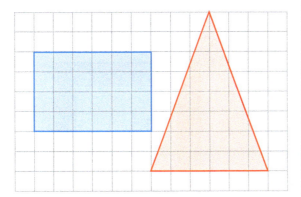

a) a área do retângulo é maior que a área do triângulo.

b) a área do retângulo é igual à área do triângulo.

c) a área do retângulo é menor que a área do triângulo.

d) não é possível comparar as duas áreas.

9 Multiplicando-se a medida da base de um retângulo por 3 e a altura desse retângulo por 2, a área do novo retângulo é:

a) igual à área do retângulo inicial.

b) 6 vezes a área do retângulo inicial.

c) 12 vezes a área do retângulo inicial.

d) o triplo da área do retângulo inicial.

10 As medidas dos lados de um quadrado são multiplicadas por 5, obtendo-se assim um novo quadrado. Esse novo quadrado tem:

a) 25 vezes a área do quadrado inicial.

b) 5 vezes a área do quadrado inicial.

c) a mesma área do quadrado inicial.

d) o dobro da área do quadrado inicial.

Atenção: O enunciado a seguir deverá ser considerado como base para a realização das atividades 11, 12 e 13.

Numa malha quadriculada em que cada lado do quadradinho mede 1 cm, Laura desenhou uma casa. Note que esse desenho é formado por 1 triângulo, 1 paralelogramo, 2 retângulos (que representam a frente e a lateral da casa), 1 retângulo (que representa a janela da casa) e 2 retângulos (que representam a porta dessa casa).

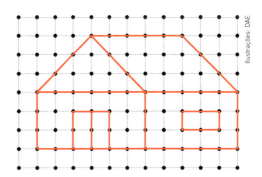

11 No desenho, a área correspondente ao triângulo é:

a) 8 cm².   c) 10 cm².

b) 9 cm².   d) 11 cm².

12 A área correspondente ao paralelogramo, no desenho, é:

a) 18 cm²   c) 15 cm²

b) 19 cm²   d) 11 cm²

13 No desenho, a área correspondente à frente e à lateral da casa, excluindo-se a porta e a janela, é:

a) 36 cm².   c) 33 cm².

b) 34 cm².   d) 27 cm².

14 Sobre o quadrado a seguir, considere as seguintes informações:

- ele tem lado de 4 cm;
- foi dividido em 16 quadradinhos menores;
- está dividido também em 2 triângulos grandes, 1 triângulo médio, 2 triângulos pequenos, 1 quadrado e 1 paralelogramo.

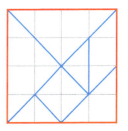

Assinale a alternativa correta.

a) A área do paralelogramo é maior que a área do quadrado menor.

b) A área do triângulo médio é o dobro da área do paralelogramo.

c) A área de cada triângulo grande é o dobro da área do triângulo médio.

d) A área do quadrado pequeno multiplicada por 6 resulta na área do quadrado vermelho.

15 No piso da entrada da escola foi construída uma grande placa quadrada, como a representada a seguir. Observe que nos quatro cantos existem quadrados brancos, cujos lados medem 50 cm. Descubra qual parte tem a maior área: a indicada pela cor cinza ou a que está em branco.

16 Considere o retângulo a seguir.

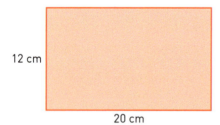

Em cada item está indicada uma mudança na medida de um dos lados, no entanto, a área do retângulo deverá permanecer a mesma em todos os casos.

Em dupla, indique o que muda na medida do outro lado se:

a) a medida da base for multiplicada por 2;

b) a medida da altura for dividida por 5;

c) a medida da base for triplicada;

d) a medida da altura for aumentada 25%.

17 Na figura a seguir há um quadrado de vidro cuja moldura tem 4 partes retangulares iguais, feitas de madeira. Sabendo que o perímetro de cada retângulo é 14 cm, qual é a área do quadrado maior, formado pelo quadrado de vidro e pelas quatro partes da moldura?

18 A medida 1 000 mm³ corresponde a:

a) 100 cm³.

b) 10 cm³.

c) 1 cm³.

d) 0,1 cm³.

19 A medida 1 m³ corresponde a:

a) 1 000 dm³.

b) 100 dm³.

c) 10 dm³.

d) 0,1 dm³.

20 O bloco B foi formado apenas por blocos cúbicos iguais ao bloco A, de 1 cm³ de volume. Qual é o volume do bloco B?

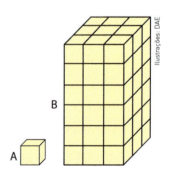

a) 46 cm³

b) 54 cm³

c) 36 cm³

d) 40 cm³

21 O cubo A tem 2 cm de medida de aresta, e o cubo B tem 4 cm de medida de aresta. Assinale a alternativa correta.

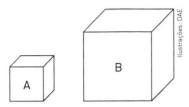

a) O volume do cubo B é o dobro do volume do cubo A.
b) O volume do cubo B é o triplo do volume do cubo A.
c) O volume do cubo A é a metade do volume do cubo B.
d) O volume do cubo A é $\frac{1}{8}$ do volume do cubo B.

22 Qual é o volume de uma caixa em formato de bloco retangular, conforme dimensões indicadas abaixo?

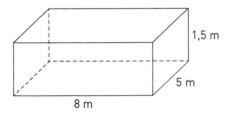

a) 55 m³   b) 60 m³   c) 65 m³   d) 70 m³

23 **(Saresp)** Uma plantação foi feita de modo a ocupar $\frac{2}{5}$ da terça parte da área de um sítio, como mostra a figura.

Em relação à área total do sítio, a fração que representa a área ocupada por essa plantação é:

a) $\frac{2}{15}$.

b) $\frac{2}{3}$.

c) $\frac{3}{2}$.

d) $\frac{3}{15}$.

24 **(OBM)** Rubinho constrói uma sequência de 10 figuras, cada uma delas formada por quadradinhos de 1 cm de lado, conforme indicado abaixo.

A figura 2, por exemplo, tem área igual a 5 cm² e perímetro igual a 12 cm.

a) Qual é a área da figura 5?
b) Qual é o perímetro da figura 10?

Figura 1   Figura 2   Figura 3

Como encontrar a medida certa, de Carlos Marcondes (Ática).

Você está preparado para participar de uma aventura? Em uma olimpíada entre estudantes, os personagens deste livro encontram-se em situações que envolvem medidas de perímetros, áreas e volumes.

UNIDADE 5

Antever

Observe os símbolos das imagens. Eles são utilizados para orientar as pessoas.

1 Você conhece algum desses símbolos?

2 Na Matemática também utilizamos símbolos em algumas situações. Podemos usar letras para indicar um valor desconhecido, por exemplo. Utilize símbolos para representar o seguinte problema:

Um número adicionado ao seu triplo resulta em 400.

Álgebra

CAPÍTULO 16
Introdução à Álgebra

Padrões e generalizações

Em unidades anteriores, utilizamos letras que representavam números (na generalização de propriedades da multiplicação) e medidas (quando calculamos as áreas de figuras geométricas planas). Por exemplo, para calcular a área de um triângulo qualquer, cuja base mede b e a altura mede h unidades de comprimento, a área A pode ser determinada por:

$$A = \frac{b \cdot h}{2}$$

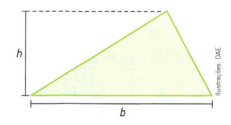

Assim, essa fórmula equivale a dizer:

> A área (A) de um triângulo é igual à metade do produto da medida da base (b) pela medida da altura (h) desse triângulo.

O emprego de letras para representar números ou medidas simplifica a escrita, além de auxiliar as generalizações e a resolução de situações diversas na Matemática.

Responda:
1. Como calcular a área de um quadrado conhecendo a medida de seu lado?
2. Se representarmos a medida do lado pela letra L, como podemos representar sua área?

Vamos considerar agora outra situação em que podemos utilizar letras.
Observe ao lado a sequência de retângulos construídos com quadradinhos de mesmo tamanho.
Note que, de uma figura para outra, a quantidade de quadradinhos que formam os retângulos aumenta. De acordo com a posição da figura na sequência e a quantidade de quadradinhos nela, temos o seguinte:

figura 1

figura 2

figura 3

figura 4

Ordem da figura	Quantidade de quadradinhos
1	1 · 2 = 2
2	2 · 3 = 6
3	3 · 4 = 12
4	4 · 5 = 20
5	5 · 6 = 30
6	6 · 7 = 42
⋮	⋮

Conforme essas informações, podemos determinar a quantidade de quadradinhos que haverá em uma figura qualquer da sequência, bastando para isso conhecer a ordem da figura.

6ª figura ⟶ 6 · (6 + 1) quadradinhos
7ª figura ⟶ 7 · (7 + 1) quadradinhos
8ª figura ⟶ 8 · (8 + 1) quadradinhos
100ª figura ⟶ 100 · (100 + 1) quadradinhos
⋮

Se representarmos a posição da figura na sequência pela letra n, teremos:

nª figura ⟶ $n \cdot (n + 1)$ quadradinhos

Expressão algébrica que representa a quantidade de quadradinhos da *n-ésima* figura da sequência.

A expressão algébrica obtida nessa situação possibilita determinar a quantidade de quadradinhos de uma figura qualquer dessa sequência substituindo a letra **n** pelo número que representa a posição dessa figura. A letra **n** da expressão é chamada de **variável**.

zoom: Expressões matemáticas formadas por letras e números são chamadas de expressões algébricas.

Vamos agora determinar quantos quadradinhos compõem a figura que ocupa a 44ª posição. Para isso, devemos substituir n por 44 na expressão algébrica $n \cdot (n + 1)$:

$$n \cdot (n + 1)$$
$$n = 44$$
$$44 \cdot (44 + 1) = 44 \cdot 45 = 1\,980$$

O resultado 1 980 é denominado **valor numérico** da expressão algébrica $n \cdot (n + 1)$ para $n = 44$.

Considere no quadro a seguir outros exemplos de expressões algébricas. Note que elas são utilizadas para representar situações envolvendo números.

Situação	Expressão algébrica
o dobro de um número	$2 \cdot x$
10 acrescentado a um número	$a + 10$
o triplo de um número, menos 15	$3 \cdot y - 15$
o quadrado de um número, menos o dobro desse número	$a^2 - 2 \cdot a$

zoom: Quando, numa expressão algébrica, há um número multiplicado por uma letra, podemos omitir o ponto que indica a multiplicação. Assim, $10x$ representa $10 \cdot x$.

Atividades

1. No retângulo ao lado estão indicadas, na mesma unidade, as medidas dos lados.

   a) Escreva uma expressão algébrica que represente o perímetro desse retângulo.

   b) Qual é o valor do perímetro desse retângulo para $x = 10$?

   c) Escreva uma expressão algébrica que represente a área desse retângulo.

   d) Qual é o valor da área desse retângulo para $x = 10$?

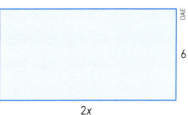

2 O volume de um bloco retangular é o produto das três dimensões. Considere o seguinte bloco retangular, cujas dimensões estão indicadas na mesma unidade de medida.

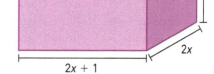

a) Determine uma expressão algébrica que represente o volume desse bloco.

b) Qual é o valor do volume desse bloco para $x = 4$?

3 Escreva uma expressão algébrica correspondente:

a) a 45% de um número x;

b) ao quadrado de um número y adicionado ao número 99;

c) ao triplo do sucessor do número inteiro x;

d) à metade do número x menos o quadrado do número n.

4 Observe a seguir uma sequência formada por quadrados desenhados em malha quadriculada. A medida de lado é 1 cm.

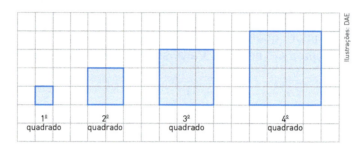

a) Complete a tabela.

Ordem do quadrado	1º	2º	3º	4º	5º	6º	7º	8º
Perímetro (cm)	4	8						
Área (cm²)	1	4						

b) Qual das seguintes expressões não pode representar o perímetro do *n-ésimo* quadrado dessa sequência?

I. $n + n + n + n$ **II.** $2n + 2n$ **III.** $5n - 1$ **IV.** $4n$

c) Qual é o perímetro do 25º quadrado?

d) Escreva uma expressão algébrica que represente a área do quadrado em função de n.

e) Qual é o valor numérico da expressão algébrica do item anterior para $n = 25$?

5 Com peças retangulares de plástico, Joana montou a sequência de elementos representada nos esquemas abaixo.

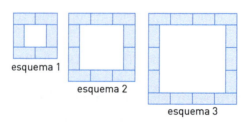

a) Desenhe no caderno o esquema e a quantidade de retângulos correspondente ao próximo elemento da sequência.

b) Reflita sobre a quantidade de quadradinhos dos seis primeiros esquemas dessa sequência. Depois, construa uma tabela com duas colunas: na primeira, indique o número do esquema e, na segunda, a quantidade de retângulos utilizados.

c) Escreva a expressão algébrica correspondente ao n-ésimo esquema dessa sequência.

6 Escreva uma expressão algébrica para cada situação indicada no quadro.

Situação	Expressão algébrica
o triplo de um número	
a soma de um número com o dobro de outro número	
a diferença entre um número e o triplo de outro número	
um número aumentado em vinte e dois	
o triplo de um número, menos quarenta	
o dobro de um número, menos o quadrado desse número	
o quadrado de um número, mais o quadrado de outro número	

7 Observe a sequência de números. Descubra como ela é formada e, depois, complete o quadro.

1º	2º	3º	4º	5º	6º	7º	8º	...	n-ésimo
0	5	10							

8 Guilherme comprou uma televisão que custava x reais, mas recebeu um desconto de R\$ 45,00, pois pagou à vista. Qual das expressões a seguir melhor descreve a situação de Guilherme?

a) $x + 45$

b) $45 - x$

c) $x : 45$

d) $x - 45$

9 Duas expressões são ditas equivalentes se descrevem a mesma regularidade. Indique, entre as expressões a seguir, quais são equivalentes.

a) $2m + (m - 5m)$

b) $3n + n \cdot n - 6$

c) $2(m + 3m)$

d) $n - 45$

e) $m \cdot m \cdot m + n$

f) $m + m + m + n$

g) $n + n + m + m$

(   ) $-45 + n$

(   ) $n^2 + 3n + (-6)$

(   ) $2(n + m)$

(   ) $n + m^3$

(   ) $-2m$

(   ) $3m + n$

(   ) $2m + 6m$

10 Observe a sequência de círculos.

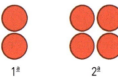

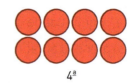

1ª   2ª   3ª   4ª

a) Desenhe a próxima figura dessa sequência.

b) Explique como a sequência é formada.

c) Complete o quadro.

Posição da figura	1º	2º	3º	4º	5º	6º
Quantidade de círculos						

d) Quantos círculos há na 25ª figura dessa sequência?

e) Quantos círculos há na figura correspondente à n-ésima posição?

11 A figura representa um quadrado e a medida de seu lado em função da letra x.

a) Escreva duas expressões algébricas que representem a medida do perímetro desse quadrado.

b) Que expressão algébrica representa a área do quadrado?

c) Se x for igual a 20, qual é a medida do lado do quadrado?

d) Se x for igual a 10, qual é a medida da área do quadrado?

12 No retângulo abaixo estão indicadas as medidas dos lados em função das letras b e h em uma mesma unidade de comprimento.

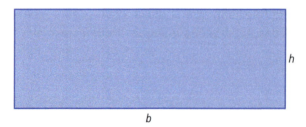

a) O que representa a expressão algébrica $2b + 2h$ desse retângulo?

b) O que representa a expressão algébrica bh?

13 Considere que cada quadradinho da malha quadriculada tem a área representada pela expressão a^2.

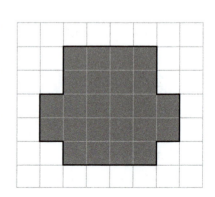

a) Escreva uma expressão algébrica que represente a medida do lado de cada quadradinho.

b) Escreva uma expressão algébrica que represente o perímetro da figura hachurada.

c) Escreva uma expressão algébrica que represente a área da figura hachurada.

14 O bloco retangular a seguir foi formado apenas por cubos iguais. Sendo x^3 o volume de cada cubo, escreva uma expressão algébrica que represente o volume do bloco retangular.

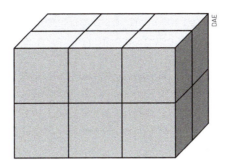

Noções de formação de sequências

Há muitas curiosidades envolvendo números, que são apresentadas na forma de desafio. Um exemplo que talvez você já conheça consiste em descobrir qual é o número da vaga que o carro no desenho a seguir ocupa.

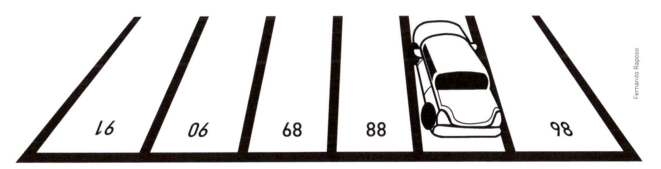

Responda:
1. Qual é o número da vaga ocupada?

Essa curiosidade envolve **sequências** de números, que são usadas em diversas situações. Veja alguns exemplos.
- Sequência de números que indicam os meses do ano.
- Sequência de anos em que são realizadas as copas do mundo.
- Sequência dos nomes dos dias da semana.
- Sequência dos números naturais.

Observe a sequência de números no quadro a seguir.

Responda:
1. Qual é o último termo dessa sequência?
2. Como essa sequência é formada?

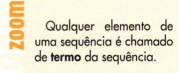

zoom Qualquer elemento de uma sequência é chamado de **termo** da sequência.

E como podemos formar uma sequência? Para responder a essa pergunta, vamos considerar algumas situações.

1ª situação
Forme a sequência dos números inteiros positivos que são múltiplos de 3.
- Interpretando a frase anterior podemos obter os termos da sequência multiplicando os números inteiros positivos por 3, isto é:

$$1º \text{ termo} \longrightarrow 3 \cdot 1 = 3$$
$$2º \text{ termo} \longrightarrow 3 \cdot 2 = 6$$
$$3º \text{ termo} \longrightarrow 3 \cdot 3 = 9$$
$$4º \text{ termo} \longrightarrow 3 \cdot 4 = 12$$
$$\vdots$$
$$n\text{-ésimo termo} \longrightarrow 3 \cdot n$$

2ª situação
Construa uma sequência de acordo com a seguinte regra: comece com o número 10 e, a partir dele, os próximos termos aumentam de 7 em 7.
- Aqui o primeiro termo da sequência é igual a 10 e os próximos aumentam de 7 em 7:

$$1º \text{ termo} \longrightarrow 10$$
$$2º \text{ termo} \longrightarrow 10 + 7 = 17$$
$$3º \text{ termo} \longrightarrow 17 + 7 = 24$$
$$4º \text{ termo} \longrightarrow 24 + 7 = 31$$
$$\vdots$$

3ª situação
Obtenha a sequência considerando que o n-ésimo termo é dado por $4 \cdot n - 1$.

Você deve substituir a letra n, que indica a posição do termo na sequência, para obter cada um dos referidos termos.
- Assim, temos:

$$n \longrightarrow 4 \cdot n - 1$$
$$1º \longrightarrow 4 \cdot 1 - 1 = 3$$
$$2º \longrightarrow 4 \cdot 2 - 1 = 7$$
$$3º \longrightarrow 4 \cdot 3 - 1 = 11$$
$$4º \longrightarrow 4 \cdot 4 - 1 = 15 \vdots$$

Podemos ainda classificar uma sequência como recursiva ou não recursiva.

> Uma sequência é **recursiva** quando é dado o seu primeiro termo, bem como um termo qualquer é definido a partir do anterior.
>
> Uma sequência é **não recursiva** quando ela é dada explicitamente ou por meio de uma lei de formação que permite encontrar cada um dos seus termos sem precisar conhecer o anterior.

A 2ª situação descreve uma sequência recursiva, enquanto as outras situações descrevem sequências não recursivas.

Atividades

1. Escreva a sequência formada pelos 10 primeiros números naturais:
   a) pares;
   b) ímpares.

2 Observe a sequência formada por triângulos.

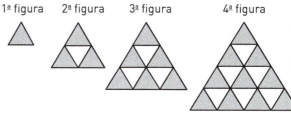

a) Desenhe a 5ª figura dessa sequência.

b) Escreva a sequência formada pelos números que indicam a quantidade de triângulos cinza nas figuras.

c) Escreva a sequência formada pelos números que indicam a quantidade de triângulos brancos nas figuras.

3 A expressão algébrica $2n + 5$ representa os termos de uma sequência numérica em que n indica a posição do termo na sequência. Assim, determine:

a) o 1º termo dessa sequência;

b) o 2º termo dessa sequência;

c) o 3º termo dessa sequência;

d) o 10º termo dessa sequência.

4 A expressão algébrica $3n^2 - 1$ representa os termos de uma sequência numérica em que n indica a posição do termo na sequência. Assim, determine:

a) o 1º termo dessa sequência;

b) o 2º termo dessa sequência;

c) o 3º termo dessa sequência;

d) o 9º termo dessa sequência.

5 Os quadrados da sequência a seguir são formados por quadradinhos de mesmo tamanho.

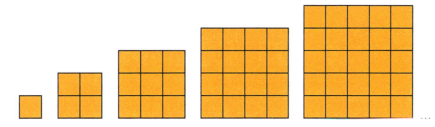

a) Escreva a sequência formada pelos números que indicam a quantidade de quadradinhos de cada figura.

b) Desenhe a próxima figura dessa sequência.

6 Considere as seguintes regras de formação de uma sequência: o 1º termo é 10; a partir do 2º termo, cada termo é igual ao anterior adicionado ao número 5.

a) Escreva o 2º termo da sequência.

b) Escreva o 3º termo da sequência.

c) Escreva os 10 primeiros termos da sequência.

d) Classifique a sequência em recursiva ou não recursiva.

7 Considere as seguintes regras de formação de uma sequência: o 1º termo é 1; a partir do 2º termo, cada termo é o triplo do anterior.

a) Escreva o 2º termo da sequência.

b) Escreva o 3º termo da sequência.

c) Escreva os 10 primeiros termos da sequência.

d) Classifique a sequência em recursiva ou não recursiva.

8 Invente uma sequência recursiva, informando as regras de formação, como na atividade anterior.
   a) O 1º termo é ▨.
   b) A partir do 2º termo, cada termo é ▨.

9 Depois, sobre a sequência que você criou na atividade 8, escreva:
   a) o 2º termo da sequência;
   b) o 3º termo da sequência;
   c) os 10 primeiros termos da sequência.

10 O diagrama a seguir representa duas sequências numéricas. Observe os padrões numéricos e responda às questões.

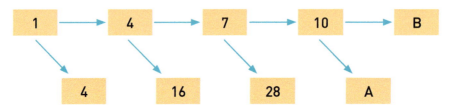

   a) Que número deve ser colocado no lugar da letra *B*?
   b) Que número deve ser colocado no lugar da letra *A*?

11 Observe a sequência de figuras abaixo. Cada figura é formada por quadradinhos com círculos dentro.

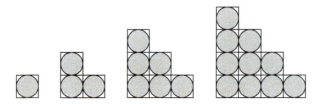

   a) Desenhe a próxima figura da sequência.
   b) Escreva os seis primeiros termos da sequência que correspondem à quantidade de círculos de cada figura.

12 Observe a sequência de figuras formadas pelo empilhamento de cubos.

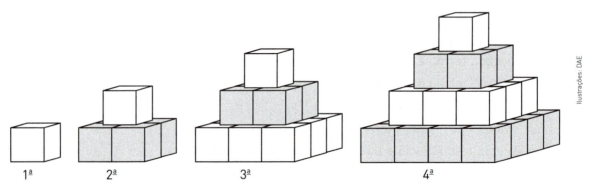

   a) Escreva a sequência formada pela quantidade de cubos nas quatro primeiras figuras.
   b) Qual será a quantidade de cubos da 5ª figura dessa sequência?

13 Classifique as sequências das atividades 3 e 4 da página anterior em recursivas ou não recursivas.

14 Dê dois exemplos de sequências recursivas e dois de sequências não recursivas.

Recursividade em foco

Recursividade na natureza e na literatura

Terrários.

A natureza é repleta de processos e acontecimentos fascinantes. É responsável por gerar oxigênio para todos os seres vivos de nosso planeta, seja em terra firme, seja no fundo do mar. A natureza também parece deter conhecimentos matemáticos por meio dos quais podemos ler e interpretar a realidade. Um desses conceitos é o de **recursividade**, que pode ser definido como um processo que se repete um número indefinido de vezes. Na natureza, essa repetição ocorre com o objetivo de manter o sistema funcionando ininterruptamente, algo perto da autossuficiência.

O terrário pode nos ajudar a entender a recursividade na natureza. Terrário é um recipiente aberto ou fechado no qual são cultivadas espécies de plantas simulando seu ambiente natural. O curioso é que, em um terrário fechado, no qual esse ambiente esteja representado em uma escala menor, podemos observar o ciclo da água – um fenômeno natural que ocorre em larga escala na natureza.

Quando a temperatura sobe, a água utilizada na rega, que ainda está na terra, evapora e se junta à da transpiração das plantas, formando uma concentração de vapor. Como o recipiente está totalmente vedado, esse vapor se condensa e forma pequenas gotas que ficam nas paredes e no lacre. É aí que ela retorna para irrigar o solo novamente.

Terrário para observar o ciclo da água. *Nova Escola*, 1º out. 2007. Disponível em: <https://novaescola.org.br/conteudo/1285/terrario-para-observar-o-ciclo-da-agua>. Acesso em: jul. 2018.

Outro exemplo de recursividade é encontrado na literatura e, de modo simplificado, significa a repetição de termos e ideias. Veja os exemplos a seguir.
- O amigo da amiga do amigo do meu irmão disse que é verdade.
- O gato que corria do cachorro que corria do outro cachorro que corria do rato escapou.

Essas frases são formadas por associações de termos e podem ser resumidas. Reescrevendo-as simplificadamente teríamos:
- Um amigo dos amigos do meu irmão disse que é verdade.
- O gato escapou.

Interessante, não acha?

Forme dupla com um colega para fazer as atividades a seguir.

1. Um exemplo matemático de recursividade pode ser encontrado no triângulo de Sierpinski. Pesquisem informações sobre esse triângulo, descubram como ele é construído e verifiquem se essa construção pode continuar ininterruptamente, como o ciclo da água no terrário.
2. Criem uma frase ou façam um desenho com base no conceito de recursividade. Compartilhem o resultado com o professor e vejam o resultado dos outros colegas também!

Algumas operações com letras

Considere que a base de um retângulo mede 10 cm, mas sua altura é desconhecida, por isso a substituímos pela letra *x*.

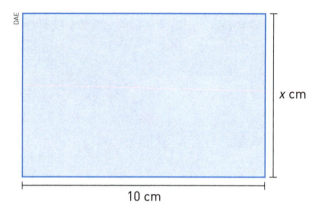

Podemos utilizar uma expressão algébrica para indicar a área desse retângulo.

Área do retângulo: 10 · *x* ou 10*x*.

Observando as medidas indicadas no retângulo, responda:
1. Qual é a expressão algébrica que representa o perímetro desse retângulo?
2. Qual é o perímetro do retângulo se *x* = 5?

A expressão algébrica **10x**, que indica a área do retângulo, representa um produto. Nela não há adição nem subtração. Quando isso ocorre, dizemos que essa expressão algébrica é um monômio ou, simplesmente, termo. Note que esse termo é formado por duas partes:

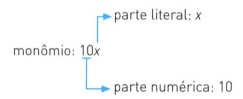

A parte numérica de um monômio (ou termo) é também conhecida como coeficiente do monômio. No quadro a seguir, observe, em alguns monômios, a parte literal e o coeficiente (parte numérica).

Monômio	Coeficiente	Parte literal
$91xy^2$	91	xy^2
$0,34a^3bc^2$	0,34	a^3bc^2
$-\dfrac{4}{5}x^3z^2$	$-\dfrac{4}{5}$	x^3z^2
$-abc$	-1	abc
r^3s	1	r^3s

> Observações
> - Qualquer número racional é também um monômio.
> - Quando um monômio é igual à sua parte literal, o coeficiente é 1.

Observe a medida dos lados de cada retângulo a seguir. Desejamos saber que expressão algébrica representa a soma das áreas desses dois retângulos.

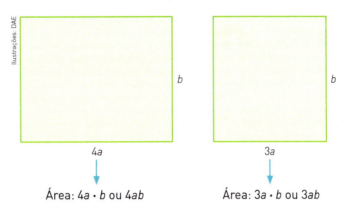

Área: $4a \cdot b$ ou $4ab$ Área: $3a \cdot b$ ou $3ab$

Note que os dois monômios que representam a área dos retângulos têm algo em comum: a mesma **parte literal** (ab).

> Termos ou monômios que têm a mesma parte literal são denominados termos semelhantes.

Vamos agora determinar a soma de suas áreas. Como elas estão representadas por dois termos semelhantes, podemos adicioná-los, isto é:

$$4ab + 3ab = ?$$

Como adicionar dois termos semelhantes?

Uma forma de responder a essa pergunta é considerar que, como os dois retângulos têm a mesma altura, eles formam um novo retângulo, ou seja:

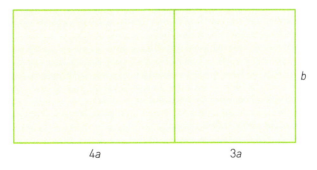

Observe que a medida da base desse retângulo é:

$$4a + 3a$$

Lembrando da propriedade distributiva da multiplicação em relação à adição, podemos dizer que a nova base é:

$$4a + 3a = (4 + 3) \cdot a = 7 \cdot a = 7a$$

Portanto, a soma das áreas dos dois retângulos pode ser representada por:

$$4ab + 3ab = (4a + 3a) \cdot b = 7a \cdot b = 7ab$$

> A adição de termos semelhantes é efetuada adicionando-se os coeficientes e conservando-se a parte literal.

No exemplo a seguir, vamos adicionar os termos semelhantes.

$$3ax + 7x + 12 + 5ax =$$
$$= 3ax + 5ax + 7x + 12 =$$
$$= 8ax + 7x + 12$$

Note que nessa soma algébrica, quando os termos não são semelhantes, deixamos a soma indicada.

Atividades

1. Complete o quadro.

Monômio	Coeficiente	Parte literal
99xy	99	xy
x^2y		
0,3n		
$-2y^3$		
$-10pq$		

2. Considere o retângulo a seguir com as medidas indicadas em função de x.

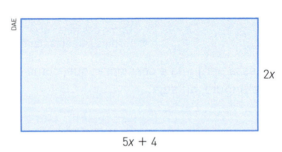

5x + 4

2x

a) Escreva uma expressão algébrica que indique o perímetro desse retângulo.

b) Qual é o valor dessa expressão algébrica para $x = 2$?

3. Efetue as somas algébricas indicadas a seguir.

a) $2a + 15a - 7a + a$

b) $13ab + 22ab - 25ab + 10ab$

c) $9x^2 - 5x^2 - 8x^2 + 2x^2$

d) $7mp - 2mp + 15mp + mp$

e) $0,2x + 1,5x - 0,3x + 2x$

f) $2xy + 4x - 10xy + 9x - 15$

g) $6a + 8ab - 4ab - a + 2b - 4a$

h) $4 + 13a - 6 + 8a + 14$

4. Calcule o valor numérico que a expressão algébrica $x^2 + 10x - 2$ assume quando:

a) $x = 1$ b) $x = 0$ c) $x = 20$

5 Considere o triângulo ao lado, com as medidas indicadas em função de x.

a) Escreva uma expressão algébrica que indique o perímetro desse triângulo.

b) Para $x = 5$, qual é o valor correspondente ao perímetro do triângulo?

6 Responda às questões.

a) Lembrando que a soma das medidas de ângulos complementares é igual a 90°, se representarmos a medida de um ângulo agudo por x, como poderemos representar a medida de seu complemento?

b) Obtemos 180° ao somarmos as medidas de dois ângulos suplementares. Se representarmos a medida de um ângulo por y, como poderemos representar a medida de seu suplemento?

7 A seguir está representado o quadrado ABCD formado por dois retângulos e outros dois quadrados. As medidas estão indicadas pelas letras x e y numa mesma unidade de medida de comprimento.

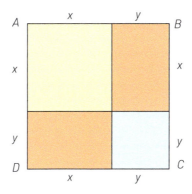

a) Escreva uma expressão algébrica que represente o perímetro do quadrado ABCD.

b) Escreva uma expressão algébrica que represente a área do quadrado ABCD.

8 A medida de um dos lados do retângulo abaixo está representada pela letra x (x representa uma medida em centímetros).

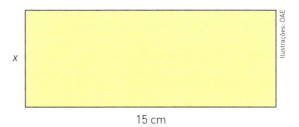

Responda:

a) O que indica a expressão algébrica $2x + 30$?

b) O que representa a expressão algébrica $15x$?

c) Copie e complete o quadro a seguir com os valores numéricos destas expressões:

	$x = 2$	$x = 2,5$	$x = 3$	$x = 4,5$	$x = 8,2$	$x = 12$
$2x + 30$						
$15x$						

CAPÍTULO 17
Resolução de equações do 1º grau

Ideias associadas à igualdade

No capítulo anterior, vimos que letras são utilizadas para representar números. Assim, é possível o emprego de expressões algébricas para expressar determinadas relações. Por exemplo, podemos representar com uma expressão algébrica as medidas dos lados de um retângulo, considerando que a base é o triplo da medida da altura.

- Como as medidas são desconhecidas, podemos utilizar a letra x para representar a altura. Se a base é o triplo da altura, então a base pode ser representada por $3x$.

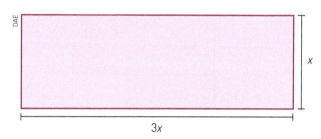

- Agora, vamos empregar outra expressão algébrica para representar a medida do perímetro (medida do contorno) do retângulo:

$$3x + x + 3x + x \text{ ou } 8x$$

Atribuindo valores para a variável x, podemos, por meio dessa expressão algébrica, determinar o perímetro do retângulo. Para isso, os valores devem ser positivos, pois x representa a medida de um comprimento.

Responda, em relação à situação geométrica acima:
1. Qual será o perímetro do retângulo se x for igual a 2,5?
2. Qual será o perímetro do retângulo se x for igual a 10?

Outra pergunta ainda pode ser feita em relação à situação apresentada:
- E se o perímetro for igual a 400, qual será o valor de x?
- Para respondê-la, igualamos a expressão algébrica que representa o perímetro a 400, isto é:

$$8x = 400$$

↳ Igualando uma expressão algébrica a um determinado número, temos uma equação.

Veremos neste capítulo como resolver uma equação desse tipo. Mas, antes, é preciso compreender melhor a ideia de igualdade.

Você já ouviu falar em balança de pratos?

Nesse tipo de balança, quando há equilíbrio – ou seja, os dois pratos estão nivelados na horizontal –, dizemos que as massas colocadas nos dois pratos são iguais.

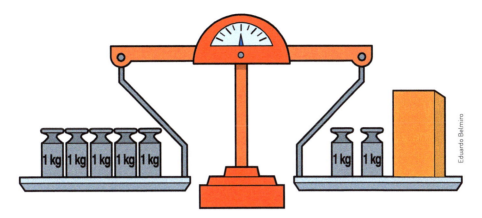

Considere, por exemplo, que em um dos pratos da balança foram colocados cinco pesos, cada um de 1 kg. No outro prato foram colocados uma caixa e dois pesos de 1 kg cada. Se a balança está em equilíbrio – como no esquema acima –, qual é a massa da caixa?

Para resolver essa situação, vamos indicar a massa da caixa por x. Como os dois pratos têm a mesma massa, escrevemos a seguinte igualdade:

$$5 = 2 + x$$

> **Equação** é uma sentença matemática representada por uma igualdade que contém um ou mais termos desconhecidos.

Na equação exemplificada, o termo desconhecido, indicado pela letra x, representa a **incógnita da equação**.

$$5 = 2 + x$$

Note que, se substituirmos a incógnita x pelo número 3, a igualdade será verificada, isto é, dizemos que a igualdade é verdadeira para $x = 3$:

$$5 = 2 + 3$$

> **Solução** ou **raiz de uma equação** é um número que torna verdadeira a igualdade.

Analise com os colegas as duas situações a seguir, que exemplificam o que foi dito acima.

1ª situação

Escreva uma equação correspondente a: dez mais o dobro de um número é igual ao triplo desse número.

Representando o número desconhecido por x, temos:
- o dobro do número: $2x$;
- dez mais o dobro de um número: $10 + 2x$;
- o triplo do número: $3x$.

Equação: $10 + 2x = 3x$.

Esse número é igual a 7? Para descobrir, vamos substituir a incógnita x por 7:

$$2x + 10 = 3x$$
$$2 \cdot 7 + 10 = 3 \cdot 7$$
$$24 = 21 \quad \text{FALSO}$$

Como o número 7 não tornou a igualdade verdadeira, $x = 7$ não é solução da equação.

2ª situação

Escreva uma equação correspondente à afirmação: o retângulo ao lado tem perímetro igual a 32 cm.

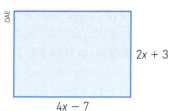

- O perímetro de uma figura geométrica plana é a medida de seu contorno. Assim, temos:

$$4x - 7 + 4x - 7 + 2x + 3 + 2x + 3 = 32$$
$$12x - 8 = 32$$

Vamos verificar se $x = \dfrac{10}{3}$ é a solução dessa equação.

Substituímos, na equação, a incógnita por $\dfrac{10}{3}$, isto é:

$$12x - 8 = 32$$
$$12 \cdot \dfrac{10}{3} - 8 = 32$$
$$40 - 8 = 32$$
$$32 = 32 \quad \text{VERDADEIRO}$$

Como $x = \dfrac{10}{3}$ torna a igualdade verdadeira, dizemos que $x = \dfrac{10}{3}$ é a solução da equação.

Atividades

1 Os pratos da balança ao lado estão em equilíbrio. A massa dos blocos está indicada em quilogramas, e a letra *x* indica quando a massa é desconhecida.

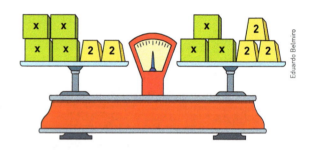

a) Escreva uma equação que represente a situação.

b) O equilíbrio da balança permanece se retirarmos 3 blocos de massa *x* de cada prato? Escreva a equação correspondente.

2 Observe a balança a seguir. No prato da esquerda foram colocadas 3 barras de chocolate com a mesma massa. Considerando que a balança está em equilíbrio, escreva uma equação que represente essa situação.

3 Escreva uma equação para as situações a seguir (utilize *x* como incógnita).

a) A soma do triplo de um número com 10 é igual a 25.

b) O produto de um número inteiro por seu antecessor resulta em 72.

c) O dobro de um número somado a 50% desse número é 36.

4. Abaixo estão indicadas as medidas dos lados de um quadrado e de um retângulo.

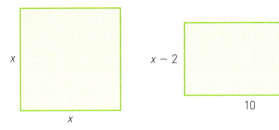

Escreva uma equação para cada situação.

a) O perímetro do quadrado é igual a 48 cm.

b) O perímetro do retângulo é igual a 32 cm.

c) A área do quadrado é igual a 100 cm².

d) A área do retângulo é igual a 144 cm².

e) O quadrado e o retângulo têm o mesmo perímetro.

f) O quadrado e o retângulo têm a mesma área.

5. Considere a equação $x - 10 = 25$ e responda:

a) $x = 35$ é a solução dessa equação?

b) $x = 45$ é a solução dessa equação?

6. Verifique se o número 6 é a raiz da equação $4(x - 1) - 6(x + 2) = -4(x + 1)$.

7. Dois ângulos complementares têm a soma de suas medidas igual a 90°.

a) Escreva uma equação considerando que, na figura ao lado, os ângulos são complementares.

b) Verifique se o número 10 é a solução dessa equação.

c) Verifique se o número $\dfrac{85}{3}$ é a solução da equação.

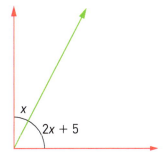

8. A soma das medidas de dois ângulos suplementares é igual a 180°.

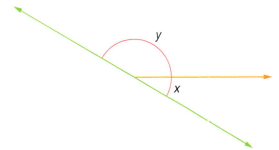

a) Elabore uma equação com duas incógnitas, de maneira que os dois ângulos indicados na figura acima sejam suplementares.

b) Se um dos ângulos tiver medida 30°, qual é a medida do outro ângulo?

c) Escreva uma equação considerando que um dos ângulos tem medida x e o outro 30° a mais do que o primeiro.

d) Escreva uma equação considerando que a medida de um dos ângulos é x e a do outro é igual a metade da medida do anterior.

155

Resolvendo equações

Vimos que determinado número é solução de uma equação quando torna a igualdade verdadeira, isto é, ao substituir a incógnita por esse número obtemos uma sentença verdadeira. Mas como se resolve uma equação? Observe duas situações envolvendo uma balança com dois pratos em equilíbrio.

1ª situação

- No prato da esquerda há um melão e um peso de 400 g. Já no prato da direita a massa total é de 2 450 g.

Se representarmos por x (incógnita) a massa do melão, considerando que a balança está em equilíbrio, podemos escrever a equação:

$$x + 400 = 2\,450$$

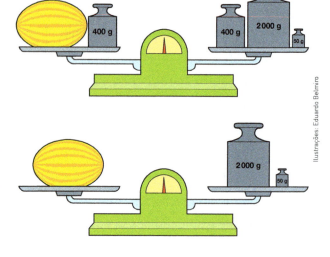

- Agora observe que, nessa situação, podemos tirar 400 g de cada prato e o equilíbrio se mantém, conforme ilustração a seguir.

Analogamente, podemos reescrever a igualdade diminuindo 400 de cada lado, isto é, dos dois membros da igualdade:

$x + 400 = 2\,450$

$x + 400 - 400 = 2\,450 - 400$

$x + 0 = 2\,050$

A massa do melão, representada por x, é 2 050g.

2ª situação

- Considere que no prato da esquerda há três maçãs aproximadamente iguais – isto é, com a mesma massa – e que a balança está em equilíbrio. Queremos determinar a massa de cada maçã. Se representarmos por x a massa de cada uma, podemos escrever a seguinte equação:

$$3x + 400 = 850$$

Vamos, inicialmente, subtrair 400 dos dois membros da igualdade.

$3x + 400 - 400 = 850 - 400$

$3x = 450$

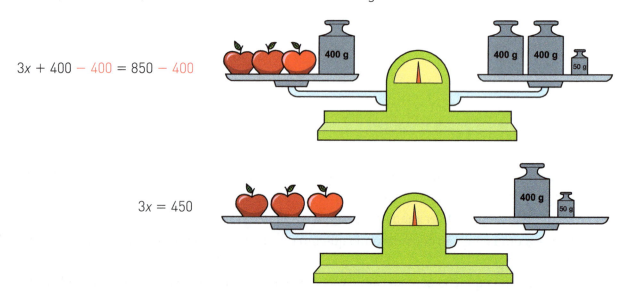

Pela igualdade resultante, vemos que o triplo da massa de cada maçã é igual a 450 g. Assim, cada maçã tem a massa igual a 150 g. Observe que podemos isolar a incógnita no primeiro membro, da seguinte maneira:

$$3x \cdot \frac{1}{3} = 450 \cdot \frac{1}{3}$$

$$\frac{3x}{3} = \frac{450}{3} \Rightarrow x = 150$$

As duas situações ilustram operações elementares que podem ser feitas numa equação, mantendo-se verdadeira a igualdade.

Veja a seguir alguns exemplos de equações e como podemos resolvê-las com base nas ideias vistas até aqui.

> Se **adicionarmos** um mesmo número aos dois membros de uma equação, ela permanece verdadeira.
>
> Se **subtrairmos** um mesmo número dos dois membros de uma equação, ela permanece verdadeira.
>
> Se **multiplicarmos** um mesmo número pelos dois membros de uma equação, ela permanece verdadeira.
>
> Se **dividirmos** cada membro de uma equação por um mesmo número diferente de zero, ela permanece verdadeira.

Exemplo 1

Resolva a seguinte equação: $4x - 15 = 2x + 7$.

Resolução

- Adicionamos 15 aos dois membros da igualdade:

$$4x - 15 = 2x + 7$$
$$4x - 15 + 15 = 2x + 7 + 15$$
$$4x = 2x + 22$$

- Para eliminar o termo em x do 2° membro, subtraímos $2x$ nos dois membros da igualdade:

$$4x = 2x + 22$$
$$4x - 2x = 2x + 22 - 2x$$
$$2x = 22$$

- Multiplicamos os dois membros da equação por $\frac{1}{2}$ (é o mesmo que dividir os dois membros por 2):

$$2x \cdot \frac{1}{2} = 22 \cdot \frac{1}{2}$$
$$x = \frac{22}{2} \Rightarrow x = 11$$

Assim, a solução da equação é $x = 11$.

Observe a resolução dessa equação de forma mais resumida:

$$4x - 15 = 2x + 7$$
$$4x = 2x + 7 + 15$$
$$4x = 2x + 22$$
$$4x - 2x = 22$$
$$2x = 22$$
$$x = \frac{22}{2} \Rightarrow x = 11$$

Exemplo 2

Resolva a equação: $2(2x - 5) + 3(x + 4) = 5(x - 1) + 10$.

Resolução

- Inicialmente, utilizamos a propriedade distributiva para eliminar os parênteses:

$$2(2x - 5) + 3(x + 4) = 5(x - 1) + 10$$
$$4x - 10 + 3x + 12 = 5x - 5 + 10$$
$$7x + 2 = 5x + 5$$

- Deixamos os termos sem a incógnita no 2° membro:

$$7x + 2 = 5x + 5$$
$$7x + 2 - 2 = 5x + 5 - 2$$
$$7x = 5x + 3$$

- Deixamos os termos com a incógnita no 1º membro da igualdade:
$$7x = 5x + 3$$
$$7x - 5x = 5x + 3 - 5x$$
$$2x = 3$$

- Multiplicamos os dois membros por $\frac{1}{2}$ para isolar a incógnita no 1º membro:
$$2x \cdot \frac{1}{2} = 3 \cdot \frac{1}{2}$$
$$x = \frac{3}{2}$$

Exemplo 3

Resolva a seguinte equação: $\frac{x}{2} + \frac{3-x}{4} = \frac{1}{3} - \frac{2x-5}{6}$

Resolução

- Multiplicamos os dois membros da igualdade por um múltiplo comum dos denominadores, eliminando assim as frações. O múltiplo comum pode ser o mmc (2, 4, 3, 6) = 12.
$$12 \cdot \frac{x}{2} + 12 \cdot \frac{3-x}{4} = 12 \cdot \frac{1}{3} - 12 \cdot \frac{2x-5}{6}$$
$$6x + 3(3-x) = 4 - 2(2x-5)$$

- Utilizamos então a propriedade distributiva para eliminar os parênteses. A partir daí, seguimos o procedimento dos exemplos anteriores: procurar deixar os termos com x no 1º membro e os termos sem incógnita no 2º membro.

$$6x + 3(3-x) = 4 - 2(2x-5)$$
$$6x + 9 - 3x = 4 - 4x + 10$$
$$3x + 9 = 14 - 4x$$
$$3x + 9 - 9 = 14 - 4x - 9$$
$$3x = 5 - 4x$$
$$3x + 4x = 5 - 4x + 4x$$
$$7x = 5 \Rightarrow x = \frac{5}{7}$$

> As equações trabalhadas neste capítulo são denominadas **equações do 1º grau**, porque a incógnita da equação tem expoente 1.

Atividades

1. Observe a ilustração a seguir, de uma balança com dois pratos em equilíbrio. A letra m indica a massa desconhecida de blocos iguais.

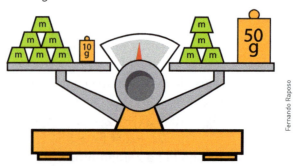

a) Escreva uma equação que represente a situação.

b) Resolva essa equação para obter a medida da massa m de cada bloco.

2 Na balança a seguir, os dois pratos estão em equilíbrio. No prato da esquerda, considere que os 3 sacos têm a mesma massa.

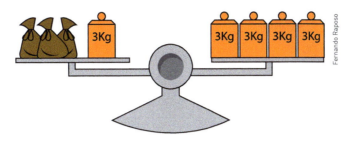

a) Escreva uma equação que represente a situação.
b) Obtenha a massa de cada saco.

3 A balança ilustrada abaixo está em equilíbrio.

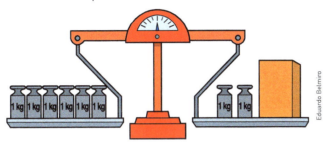

De acordo com as massas indicadas em quilogramas:
a) escreva uma equação que represente a situação, sendo x a massa do bloco;
b) determine a massa do bloco.

4 Resolva as equações utilizando uma operação elementar que mantenha verdadeira a igualdade correspondente.
a) $x + 10 = 25$
b) $4x = 200$
c) $\dfrac{x}{7} = 0{,}9$

5 O perímetro do retângulo a seguir é 40 cm e a medida de dois de seus lados, em centímetros, está indicada na figura.

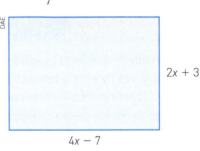

a) Escreva uma equação que represente a situação.
b) Resolva a equação.
c) Indique a medida dos lados desse retângulo.

6 Resolva as equações.
a) $4 \cdot (x - 5) + 10 = 5 \cdot (7 + 2x)$
b) $-5 \cdot (-2x - 1) = -14 + 7 \cdot (3 + x)$
c) $-2 \cdot (1 - x) - 2 = 3 \cdot (1 + x) - 5$
d) $\dfrac{x}{8} + \dfrac{x}{12} = -5$
e) $\dfrac{1 - 2x}{20} + \dfrac{x - 3}{5} = \dfrac{x - 1}{4}$
f) $\dfrac{3x - 1}{5} - \dfrac{2x - 1}{3} = \dfrac{5x - 10}{5} - \dfrac{3x - 6}{2}$

CAPÍTULO 18
Resolução de problemas

Procedimentos para a resolução de problemas

Vimos como resolver uma equação do 1º grau com uma incógnita. Em diversas circunstâncias, as equações não são claramente identificadas ou diretamente fornecidas. Nesses casos, é necessário interpretar adequadamente os dados da situação e relacionar ou descrever essas informações em uma equação. Só então a questão poderá ser solucionada.

Considere que uma pessoa retirou do caixa eletrônico a quantia de 950 reais em cédulas de 20 reais e 50 reais. No total, ela retirou 25 cédulas, entre as quais havia 5 cédulas de 50 reais a mais do que de 20 reais. Quantas cédulas de cada valor ela retirou?

Como resolver essa situação? Explique.

Você verá que, para solucionar problemas como esse, é preciso, inicialmente, organizar as informações conforme o enunciado apresentado. É a etapa chamada de **equacionamento**.

Equacionar uma situação significa relacionar as informações dadas identificando o termo desconhecido por meio de uma incógnita. Para isso, e também para a resolução da situação, há algumas etapas importantes que devem ser seguidas.

1. Ler o enunciado da situação com muita atenção.
2. Identificar a incógnita com uma letra.
3. Relacionar as informações do enunciado por uma equação.
4. Resolver a equação.
5. Verificar a adequação da solução encontrada à situação apresentada.

Observe agora como podemos, usando as estratégias mencionadas anteriormente, resolver a situação apresentada no início deste capítulo.

- Vamos identificar, pela incógnita x, a quantidade de cédulas de 20 reais. Assim, temos:

$$\text{Número de cédulas de 20 reais: } x \longrightarrow \text{Quantia: } x \cdot 20$$
$$\text{Número de cédulas de 50 reais: } x + 5 \longrightarrow \text{Quantia: } (x + 5) \cdot 50$$

- Como sabemos a quantia total que foi retirada, podemos equacionar o problema:

$$x \cdot 20 + (x + 5) \cdot 50 = 950$$

- Agora resolvemos a equação conforme estudamos no capítulo anterior:

$$x \cdot 20 + (x + 5) \cdot 50 = 950$$
$$20x + 50x + 250 = 950$$
$$70x + 250 - 250 = 950 - 250$$
$$70x = 700$$
$$x = \frac{700}{70} \Rightarrow x = 10$$

- Como x representa o número de cédulas de 20 reais, concluímos que foram retiradas 10 cédulas de 20 reais e 15 (5 a mais) de 50 reais.

Conferimos o resultado: $10 \cdot 20 + 15 \cdot 50 = 200 + 750 = 950$.

Apresentamos a seguir duas situações envolvendo resolução de problemas. Observe os procedimentos e as etapas das resoluções indicadas.

1ª situação

Se adicionarmos a idade de Bruno e a de Bianca, obtemos 15 anos. Qual é a idade de cada um, considerando que o dobro da idade de Bruno é igual ao triplo da idade de Bianca?

Resolução

- Sabemos que a soma da idade dos dois é 15 anos. Assim, se representarmos a idade de Bruno com a letra x, a idade de Bianca corresponde ao que falta para 15, ou seja:

$$\text{Idade de Bruno: } x.$$
$$\text{Idade de Bianca: } 15 - x.$$

- Como o dobro da idade de Bruno é igual ao triplo da idade de Bianca, escrevemos a seguinte equação:

$$2 \cdot x = 3 \cdot (15 - x)$$

- Resolvemos, então, a equação como vimos no capítulo anterior:

$$2 \cdot x = 3 \cdot (15 - x)$$
$$2x = 45 - 3x$$
$$2x + 3x = 45 - 3x + 3x$$
$$5x = 45$$
$$x = \frac{45}{5} \Rightarrow x = 9$$

Como x representa a idade de Bruno, concluímos que Bruno tem 9 anos e Bianca, 6 anos (o que falta para 15).

Conferimos o resultado: $2 \cdot 9 = 18$ e $3 \cdot 6 = 18$.

2ª situação

A soma de dois números naturais e consecutivos é igual a 421. Determine esses números.

Resolução

- Representamos por x o menor número. Assim, temos:

$$\text{Menor número: } x$$
$$\text{Maior número: } x + 1 \text{ (o consecutivo é 1 a mais)}$$

- Escrevemos então a equação, considerando que conhecemos a soma dos dois números:

$$x + (x + 1) = 421$$

- Resolvemos a equação:

$$x + (x + 1) = 421$$
$$2x + 1 = 421$$
$$2x + 1 - 1 = 421 - 1$$
$$2x = 420$$
$$x = \frac{420}{2} \Rightarrow x = 210$$

Como 210 é o menor número, concluímos que o maior é 211.

Observação:
Conferimos o resultado: 210 + 211 = 421.
Essa situação também pode ser resolvida considerando apenas um raciocínio aritmético:

$$421 : 2 = 210{,}5$$

Logo, teremos os números 210 e 211.

Atividades

1. Na balança a seguir, os dois blocos colocados no prato da esquerda têm a mesma massa. Determine a massa de cada bloco escrevendo e resolvendo a equação.

2. Considere que, na balança em equilíbrio a seguir, os dois tijolos têm a mesma massa.

a) Escreva uma equação que represente a situação apresentada.

b) Qual é a massa de cada tijolo?

3 Leia com atenção cada problema a seguir e escreva a equação correspondente.

a) O triplo de um número é igual a 99.

b) A soma de um número com sua metade é 25.

c) Se um número for aumentado em 5 unidades, o resultado é o quádruplo do número inicial.

d) Se multiplicarmos 4 por determinado número e acrescentarmos 6, o resultado é 34.

e) A soma de um número com 30 é igual ao seu quádruplo.

4 Se subtrairmos 3 do dobro do antecessor de um número, obtemos 25. Qual é esse número?

5 Um terreno retangular tem 36 m a menos de largura do que de comprimento. O perímetro do terreno é 168 m. Quais são as medidas desse terreno?

6 A soma de um número natural com o dobro de seu sucessor resulta em 104. Qual é esse número?

7 Uma conta de R$ 720,00 foi paga com notas de R$ 10,00 e de R$ 5,00. O número de notas de R$ 5,00 era o dobro do número de notas de R$ 10,00. Quantas eram as notas de cada valor?

8 A idade de Sônia é o quíntuplo da idade de Antônia. Considerando que, juntas, elas têm 78 anos, faça o que se pede a seguir.

a) Escreva uma equação que represente a situação, utilizando a letra *x* para a idade de Antônia.

b) Determine a idade de cada uma.

9 Na turma de Mariana, sabe-se que, com a terça parte dos alunos, podem ser formadas duas equipes de voleibol com 6 jogadores cada.

a) Sendo *x* o número de alunos da turma de Mariana, escreva uma equação que represente adequadamente a situação apresentada.

b) Quantos alunos há na turma de Mariana?

10 Forme dupla com um colega. Escrevam a equação de cada problema a seguir para resolvê-lo.

a) Sabe-se que dois números inteiros e consecutivos somam 159. Qual é o maior desses números?

b) A soma de dois números naturais pares e consecutivos é igual a 206. Quais são esses números?

c) Subtraindo-se 2 da terça parte de um número, o resultado é 8. Determine qual é esse número.

d) A soma de um número natural com o dobro de seu sucessor resulta em 206. Qual é esse número?

11 Elabore outros quatro problemas similares aos da atividade 10. Resolva-os e apresente-os à outra dupla para verificar a resolução.

Retomar

1 Observe a seguir as várias adições e seus resultados. Descubra o segredo dessas adições para responder à pergunta no final.

1 = 1

1 + 3 = 4

1 + 3 + 5 = 9

1 + 3 + 5 + 7 = 16

1 + 3 + 5 + 7 + 9 = 25

1 + 3 + 5 + 7 + 9 + 11 = 36

1 + 3 + 5 + 7 + 9 + 11 + 13 = 49

1 + 3 + 5 + 7 + 9 + 11 + 13 + 15 = 64

Qual é o valor da soma?

1 + 3 + 5 + 7 + 9 + 11 + 13 + 15 + ⋯ + 21

2 Assinale a alternativa que indica corretamente a situação: o dobro de um número mais o triplo de seu quadrado.

a) $2x - x^2$

b) $2x + x^2$

c) $2x + 3x^2$

d) $x + 3 \cdot 2^2$

3 A equação que representa o equilíbrio observado na balança é:

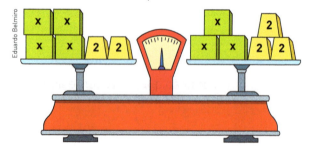

a) $x^4 + 4 = x^3 + 6$

b) $4x + 4 = 3x + 6$

c) $x^4 - 4 = x^3 + 6$

d) $3x + 4 = 4x + 6$

4 Considerando as medidas mostradas no retângulo a seguir, a equação que indica corretamente suas 200 unidades de área é:

(retângulo com lados $2x + 3$ e 4)

a) $8x = 200$

b) $8x + 3 = 200$

c) $8x + 12 = 200$

d) $8x - 12 = 200$

5 Assinale a alternativa que indica a equação que representa o retângulo da atividade anterior cujo perímetro é 64 unidades de comprimento.

a) $2(2x + 3) + 8 = 64$

b) $2(2x + 3) + 16 = 64$

c) $2(2x + 3) + 4 = 64$

d) $2x + 3 + 8 = 64$

6 Em um terreno retangular, a medida do perímetro é 80 metros. A medida de um lado é o triplo da medida do outro lado. Então, a área desse terreno, em metros quadrados, é igual a:

a) 200   c) 400

b) 300   d) 500

7 Conforme as medidas indicadas na figura a seguir, faça o que se pede.

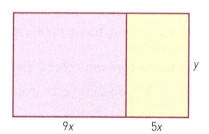

a) Obtenha, na forma reduzida, a expressão algébrica que representa o perímetro do retângulo maior, obtido pela justaposição de outros dois retângulos.

b) Na forma reduzida, obtenha a expressão algébrica que representa a área do retângulo maior.

8 Se adicionarmos um número natural a seu sucessor, obteremos 127. Qual é esse número natural?

a) 53

b) 57

c) 59

d) 63

9 Resolvendo a equação $\frac{3x}{8} - \frac{5}{6} = \frac{x}{3} - \frac{5}{2}$, obtemos como solução:

a) um número natural.

b) um número entre 1 e 10.

c) um número negativo.

d) um número racional não inteiro.

10 Marcos comprou um livro por 80 reais. Deu 20 reais de entrada e pagou o saldo em três parcelas iguais sem juros. Qual é o valor de cada parcela?

a) 20 reais

b) 25 reais

c) 30 reais

d) 40 reais

11 Numa folha de papel, Renata escreveu um número, multiplicou-o por 3, adicionou 12 ao produto e, depois, dividiu o resultado por 7, obtendo o número 15. A equação correspondente é:

a) $\frac{3x + 12}{7} = 15$

b) $\frac{3(x + 12)}{7} = 15$

c) $3x + \frac{12}{7} = 15$

d) $3(x + 12 : 7) = 15$

12 Em relação à situação apresentada na questão anterior, a solução é:

a) 21   c) 41

b) 31   d) 51

13 O preço de um sanduíche é o triplo do preço de um suco. Se os dois juntos custam 24 reais, qual é o preço do suco?

a) 18 reais

b) 12 reais

c) 10 reais

d) 6 reais

14 Em uma grande loja, por ocasião das festas de fim de ano, houve uma promoção para compras à vista. Os descontos eram dados conforme o valor da compra, representado na tabela a seguir pela letra C.

Valor da compra	Desconto à vista
$C < 200$	zero
$200 \leq C < 400$	2%
$400 \leq C < 800$	3%
$C \geq 800$	4%

Para cada valor de C, indique o percentual de desconto que deve ser dado.

a) $C = 190$

b) $C = 290$

c) $C = 399$

d) $C = 210$

e) $C = 400$

f) $C = 650$

g) $C = 900$

15 No quadro a seguir está representada uma sequência numérica. Assinale a alternativa que indica corretamente o número que deve ser colocado na última coluna.

1º	2º	3º	4º	5º
11	21	31	41	

a) 51

b) 61

c) 71

d) 81

16 Qual é o termo da sequência numérica que falta?

1º	2º	3º	4º	5º
1	2	4	8	

a) 10
b) 12
c) 14
d) 16

17 Ao escrever a sequência dos números naturais ímpares, qual é o 10º termo dessa sequência?

a) 11
b) 19
c) 21
d) 23

18 Do dobro de um número, subtraímos 20 e obtemos 100 como resultado. Qual é esse número?

a) 40
b) 50
c) 60
d) −60

19 O dobro do antecessor de um número menos 3 resulta em 29. Qual é esse número?

a) 15
b) 16
c) 17
d) 18

20 Sabe-se que os 44 alunos da turma de Marcos representam 40% do total de alunos da escola. Quantos alunos há nessa escola?

a) 100 alunos
b) 110 alunos
c) 121 alunos
d) 130 alunos

21 A ilustração abaixo indica alguns tipos de mesa e a quantidade de lugares em cada uma.

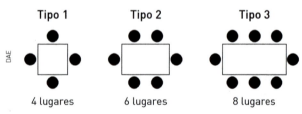

Se essa sequência continuar, quantos lugares haverá na mesa tipo 5?

a) 9 lugares
b) 10 lugares
c) 11 lugares
d) 12 lugares

22 (OBM) Esmeralda está caminhando numa pista ao redor de um lago. Faltam 300 metros para chegar à metade do comprimento da pista e 200 metros atrás ela havia andado um terço do comprimento da pista. Cada volta nessa pista corresponde a quantos quilômetros?

a) 3
b) 4
c) 5
d) 6
e) 8

23 (Obmep) Nas balanças da figura, objetos iguais têm pesos iguais. Qual dos objetos é o mais pesado?

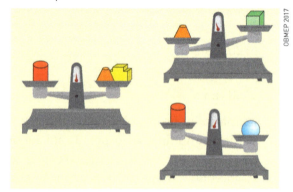

a)
b)
c)
d)
e)

24 (**Obmep**) A metade e o dobro do número 26 são números naturais de dois algarismos. Quantos são os números naturais que possuem essas mesmas propriedades?

a) 15
b) 18
c) 20
d) 22
e) 25

25 (**Obmep**) Na figura vemos três cartelas com quatro adesivos e seus respectivos preços. O preço de uma cartela é a soma dos preços de seus adesivos.

R$ 16,00   R$ 12,00   R$ 10,00

Qual é o preço da cartela abaixo com seis adesivos?

a) R$ 18,00
b) R$ 20,00
c) R$ 21,00
d) R$ 22,00
e) R$ 23,00

Ampliar

Contando a história da Matemática. Equação: o idioma da Álgebra, de Oscar Guelli (Ática).

Neste livro, você vai descobrir como se desenvolveu o idioma da Álgebra em diversas épocas e culturas e como ele contribuiu para o surgimento de conceitos matemáticos importantes.

UNIDADE 6

Quando um arquiteto ou um engenheiro elabora a planta baixa de uma construção, ele usa o conceito de proporção.

1. O que uma planta baixa representa?

Proporções

2 Como descobrir as medidas reais de uma casa analisando sua planta baixa?

CAPÍTULO 19

Razões e proporções

Conceito de razão

Ao viajar de carro por uma rodovia, podemos observar e estabelecer diversas relações que envolvem grandezas, como a velocidade do veículo e a distância que ele percorrerá. Considerando, por exemplo, que essa velocidade é constante, podemos calcular o tempo que ele levará para percorrer o trajeto.

Assim, se um carro viaja a uma velocidade média de 60 quilômetros por hora (escrevemos **60 km/h**) podemos construir a tabela a seguir, relacionando o tempo com a distância percorrida:

Veículo trafega na Rodovia BR-226, em Santa Cruz (RN).

Velocidade média de 60 km/h	
Tempo (h)	Distância percorrida (km)
1	60
2	120
3	180
4	240

zoom: Em Física, definimos velocidade média como a **razão** entre a distância percorrida por um corpo (veículo, por exemplo) e o tempo gasto para percorrer essa distância.

Com base nesses valores, podemos escrever:

$$\frac{\text{distância}}{\text{tempo}} = \frac{60}{1} = \frac{120}{2} = \frac{180}{3} = \frac{240}{4} = 60 \longrightarrow \text{velocidade}$$

Responda:
1. Quantos quilômetros esse carro percorreria em 6 horas de viagem (sem paradas) a uma velocidade média de 60 km/h?
2. Quanto tempo levaria para fazer uma viagem de 300 km (sem paradas) com a velocidade média de 60 km/h?

Neste capítulo, abordaremos dois conceitos extremamente importantes para a Matemática e também para outras áreas: **razão** e **proporção**. São ideias matemáticas usadas na elaboração de escalas de mapas, no cálculo do consumo de combustível de um veículo, na redução e na ampliação de fotografias, na construção de plantas e maquetes de casas e edifícios, entre outras aplicações.

Vamos iniciar com o conceito de razão.

Esta é a planta do escritório da mãe de Lucas. Ela foi elaborada na escala 1 : 100 (lemos: escala "um para cem"). Assim, cada 1 cm do desenho corresponde a 100 cm da medida real do escritório.

Essa escala também pode ser escrita na forma de fração: $\frac{1}{100}$.

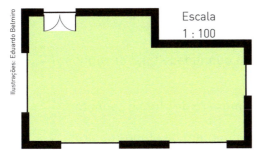

Denominamos razão entre dois números a e b, nessa ordem, com $b \neq 0$, o quociente $\frac{a}{b}$.

Nessa situação, temos um exemplo de razão.

Considerando as medidas indicadas na planta do escritório da mãe de Lucas, vamos determinar, em metros, o perímetro e a área desse escritório.

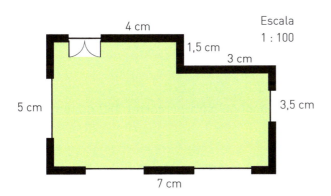

- Primeiramente, é preciso considerar a **razão** estabelecida. Nesse caso, cada 1 cm na planta equivale a 100 cm ou 1 m da medida real do escritório. Assim, por exemplo, a medida 4 cm na planta corresponde a 4 m da medida real, e a medida 7 cm corresponde a 7 m da medida real.

Considerando que os traços mais finos representam portas e janelas e que as medidas delas devem ser incluídas no perímetro do cômodo, temos:

$$4\text{ m} + 5\text{ m} + 1{,}5\text{ m} + 3\text{ m} + 3{,}5\text{ m} + 7\text{ m} = 24\text{ m}$$

Portanto, o perímetro é 24 m.

- Para o cálculo da área, podemos dividir a figura em duas partes, como a seguir:

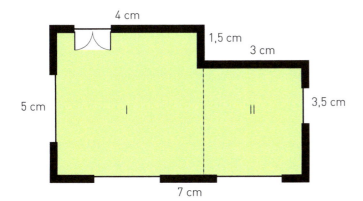

Área da figura I ⟶ 5 m · 4 m = 20 m²
Área da figura II ⟶ 3 m · 3,5 m = 10,5 m²
Área total = 30,5 m²

Veja a seguir outras situações que envolvem a ideia de razão. Procure observar atentamente cada uma delas. Você pode usar a calculadora para verificar as razões representadas por números racionais.

1ª situação

Em uma turma do 7º ano com 50 alunos, 28 são destros (escrevem com a mão direita) e 22 são canhotos (escrevem com a mão esquerda). Considerando esses dados, podemos obter as razões a seguir.

- Razão entre o número de alunos destros e a quantidade total de alunos: $\frac{28}{50} = 0{,}56$.

- Razão entre o número de alunos canhotos e a quantidade total de alunos: $\frac{22}{50} = 0{,}44$.

- Razão entre o número de alunos destros e o número de alunos canhotos: $\frac{28}{22} = 1{,}272727\ldots$

- Razão entre o número de alunos canhotos e o número de alunos destros:

$$\frac{22}{28} = 0{,}78571428571428571428\ldots$$

Responda:
1. Em sua turma, qual é a razão entre o número de alunos destros e o número de alunos canhotos?

2ª situação

Em uma viagem, um automóvel consome 16 litros de gasolina para percorrer 160 quilômetros. Determine o consumo de combustível desse automóvel.

Resolução

Calculando a razão de litros de gasolina para quilômetros percorridos temos:

$$\frac{16}{160} = \frac{1}{10}$$

Essa razão indica que, com 1 litro de combustível, o automóvel percorre 10 quilômetros.

3ª situação

Em uma cidade com 2 500 000 habitantes há 5 000 médicos. Calcule a razão do número de médicos por habitante.

Resolução

- Dividindo o número de médicos pelo número de habitantes e simplificando a fração, temos:

$$\frac{5000}{2500000} = \frac{5}{2500} = \frac{1}{500}$$

Há 1 médico para cada 500 habitantes.

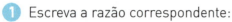

1. Escreva a razão correspondente:
   a) de 18 para 9;
   b) de 9 para 18;
   c) de 3 para 36;
   d) de 0,5 para 0,25;
   e) de 0,25 para 0,5;
   f) de 4 para 36;

2 Observando os valores de *x* e de *y* no quadro, complete-o com a razão correspondente a cada caso.

x	25	32	0,625	−44	−81	$\frac{1}{4}$	1 024
y	10	8	0,25	−22	9	$\frac{1}{2}$	32
x/y							
y/x							

3 Responda às questões.

a) A razão entre dois números positivos é um número positivo ou negativo? Explique sua resposta.

b) A razão entre dois números negativos é um número positivo ou negativo? Explique sua resposta.

c) A razão entre dois números de sinais contrários é um número positivo ou negativo? Explique sua resposta.

4 Reúna-se com um colega e, juntos, respondam às questões a seguir.

a) Qual é a razão entre a capacidade de uma garrafa de suco de 1 litro para uma latinha do mesmo suco, com capacidade de 350 mililitros?

b) Em um município com 25 000 habitantes há apenas 4 médicos. Qual é a razão que indica o número de médicos por habitante?

c) A medida da base de um retângulo é 30 cm, e a medida de sua altura é 5 cm. Qual é a razão da medida da altura para a medida da base?

d) Em um concurso da Polícia Federal, 4 500 candidatos concorreram a 25 vagas. Que razão indica o número de vagas para o número de candidatos?

e) Um automóvel gasta 8 litros de combustível para percorrer 100 quilômetros. Qual é a razão do número de litros por quilômetro?

5 Na festa junina da escola, a razão do número de saquinhos de pipoca para o número de espigas de milho era 3. Sabendo que, ao todo, havia 45 espigas de milho, quantos saquinhos de pipoca havia na festa?

6 Após levantamento feito num município, descobriu-se que a razão do número de médicos para o número de habitantes era $\frac{1}{2500}$. Havia 7 médicos no município. Qual é a população do município?

7 Maurício observou, em uma viagem, que com 1 litro de combustível, seu carro percorria 11 quilômetros, isto é, o consumo era $\frac{1}{11}$. Sabendo que ele percorreu, ao todo, 330 quilômetros, quantos litros de combustível gastou?

8 Uma papelaria fez o seguinte anúncio:

a) Calcule a razão entre o preço e o número de canetas.

b) O que indica essa razão?

 **Conviver**

Razões

Reúna-se a três colegas para fazer esta atividade e, juntos, sigam as orientações.

1 Em uma folha quadriculada, desenhem cinco retângulos com as medidas indicadas abaixo. Depois, recortem os retângulos e os sobreponham, como na imagem.

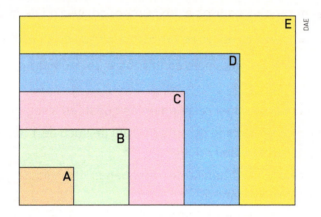

Medidas dos retângulos:

A: 1,5 cm × 1 cm
B: 3 cm × 2 cm
C: 4,5 cm × 3 cm
D: 6 cm × 4 cm
E: 7,5 cm × 5 cm

a) Calculem a razão entre as medidas dos lados maior e menor de cada retângulo.

b) As razões são iguais?

c) Posicione uma régua no vértice inferior esquerdo do retângulo A e no superior direito do retângulo E. Os vértices estão alinhados?

2 A densidade demográfica de uma região é a razão entre o número de habitantes e a área da região em quilômetros quadrados, ou seja, o número de habitantes por quilômetro quadrado.

Censo demográfico
É um levantamento de dados sobre a população – quanto à idade, grau de instrução, condições econômicas etc. Também pode estudar a situação demográfica de uma região. No Brasil, é feito a cada 10 anos.

a) Pesquisem, de acordo com o último Censo Demográfico:
- a população e a área, em quilômetros quadrados, do estado onde vocês moram;
- a população e a área, em quilômetros quadrados, do Brasil.

b) Calculem a densidade demográfica do estado onde vocês moram e a densidade demográfica do Brasil. Qual é maior? O que você pode concluir?

174

Conceito de proporção

Observe a seguir uma situação que envolve escala.

Uma arquiteta projetou a planta de um pequeno apartamento. Ela desenhou a planta na escala 1 : 200. Se na planta a largura de determinada parede é de 3 cm, qual é a medida real correspondente a esses 3 cm?

Como a planta está na escala 1 : 200, cada 1 cm na planta corresponde a 200 cm de medida real. Assim, temos:

$$\frac{1}{200} = \frac{3 \text{ cm}}{x \text{ cm}} \text{ ou } \frac{1}{200} = \frac{3}{x} \longrightarrow \text{proporção}$$

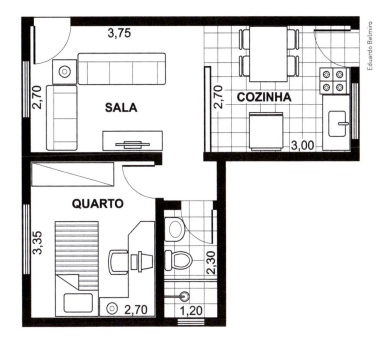

Responda:
1. Qual é o valor de x na proporção acima?
2. Como você obteve esse valor?

Na situação acima, obtivemos a igualdade entre duas razões, isto é, uma **proporção**. Fique atento às três observações a seguir sobre proporção.

- A igualdade de duas razões constitui uma proporção; logo, quatro números não nulos – a, b, c e d –, nessa ordem, formam uma proporção quando:

$$\frac{a}{b} = \frac{c}{d}$$

> A igualdade de duas razões constitui uma **proporção**.

Dizemos que a está para b na mesma razão em que c está para d.
- Os quatro termos de uma razão recebem denominações especiais:

$$\text{extremo} \leftarrow \frac{a}{b} = \frac{c}{d} \rightarrow \text{extremo}$$
$$\text{meio} \qquad \text{meio}$$

- Em uma proporção, há uma propriedade importante que auxilia na resolução de problemas como o da planta do apartamento: Essa propriedade pode ser assim justificada:

> Em qualquer proporção, o produto dos extremos é igual ao produto dos meios.

$$\frac{a}{b} = \frac{c}{d} \longrightarrow \frac{a}{b} \cdot bd = \frac{c}{d} \cdot bd \text{ (multiplicamos os dois membros por } bd\text{)}$$

$$a \cdot d = b \cdot c$$

Nas situações a seguir, utilizaremos o conceito de proporção e também essa propriedade.

1ª situação

Uma fotografia 3 × 4 (3 cm de base por 4 cm de altura) foi ampliada de tal forma que sua base ficou com 5 cm. Determine a nova altura.

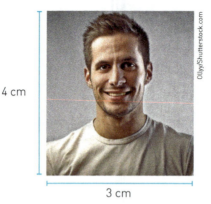

Resolução

Como é uma ampliação, vamos representar por x a nova altura da fotografia na seguinte proporção:

$$\frac{3}{4} = \frac{5}{x}$$

$$3 \cdot x = 4 \cdot 5$$

$$3x = 20 \longrightarrow x = \frac{20}{3} = 6{,}666\ldots$$

Logo, podemos concluir que a altura da fotografia depois de ampliada é, aproximadamente, 6,67 cm.

2ª situação

Se um automóvel percorre 13 km com 1 litro de combustível, quantos quilômetros percorrerá com o tanque cheio, considerando que a capacidade do tanque é de 54 litros?

Resolução

Esse é um exemplo de proporção que envolve o consumo de combustível de um carro. Considerando que x representa a distância que o carro percorrerá com 54 litros, temos:

$$\frac{13}{1} = \frac{x}{54}$$

$$1 \cdot x = 13 \cdot 54 \longrightarrow x = 702$$

Portanto, nessas condições, o carro percorrerá 702 quilômetros.

3ª situação

Utilizando uma régua, Caio mediu a distância, em linha reta, entre as cidades de Canguçu e Pelotas, ambas no Rio Grande do Sul, conforme vemos no mapa ao lado. Utilizando a escala do mapa, determine a distância real entre essas cidades.

Resolução

$$\frac{1}{1\,400\,000} = \frac{4{,}5}{x}$$

$x = 4{,}5 \cdot 1\,400\,000$

$x = 6\,300\,000$ cm ou $63\,000$ m ou 63 km

Rio Grande do Sul (RS): político

Fonte: *Atlas geográfico escolar*. 7. ed. Rio de Janeiro: IBGE, 2016. p. 177.

Atividades

no caderno

1 Verifique se as igualdades indicadas constituem proporções considerando a propriedade a seguir.

O produto dos extremos é igual ao produto dos meios.

a) $\dfrac{3}{25} = \dfrac{1}{8}$

b) $\dfrac{1}{25} = \dfrac{10}{250}$

c) $\dfrac{1,5}{2} = \dfrac{30}{40}$

d) $\dfrac{7}{3} = \dfrac{49}{9}$

e) $\dfrac{4}{15} = \dfrac{2}{7}$

f) $\dfrac{2}{7} = \dfrac{14}{49}$

g) $\dfrac{2,5}{20} = \dfrac{1}{8}$

h) $\dfrac{5}{4} = \dfrac{125}{64}$

2 Determine o valor do termo desconhecido nas proporções a seguir.

a) $\dfrac{2}{x} = \dfrac{25}{10}$

b) $\dfrac{y}{32} = \dfrac{2}{15}$

c) $\dfrac{1}{13} = \dfrac{9}{z}$

d) $\dfrac{2,1}{x} = \dfrac{420}{620}$

e) $\dfrac{1}{x} = \dfrac{25}{200}$

f) $\dfrac{y}{90} = \dfrac{1}{15}$

g) $\dfrac{2,1}{10} = \dfrac{42}{z}$

h) $\dfrac{0,005}{z} = \dfrac{1}{64}$

3 Resolva as equações considerando a propriedade da proporção.

a) $\dfrac{x-1}{3} = \dfrac{16}{24}$

b) $\dfrac{2}{x+2} = \dfrac{4}{2-x}$

c) $\dfrac{x-1}{x+1} = \dfrac{2}{6}$

d) $\dfrac{2x+1}{2x-1} = \dfrac{10}{9}$

4 A razão entre a altura de um poste fixado verticalmente no chão e a medida de sua sombra, em determinada hora do dia, é 10 para 3. Se a sombra mede 6 metros, qual é a altura do poste nessa hora?

5 Numa escala de 1 para 25, determine a medida real correspondente ao comprimento de 14 cm.

6 Em uma viagem, um automóvel, em velocidade média de 92 km/h, levou cerca de 5 horas para percorrer certa distância. Determine a distância percorrida pelo automóvel.

7 Elabore um problema que envolva velocidade média, tempo de duração de uma viagem e distância total percorrida. Apresente-o a um colega para ele resolver enquanto você resolve o problema que ele elaborou.

8 O retângulo em azul, cujos lados medem 10 cm e 6 cm, foi ampliado como na figura ao lado. Considerando que o menor lado do retângulo ampliado mede 10 cm, qual é a medida do lado maior?

Culinária em foco

Proporção

A Matemática também é aplicada na culinária. O conceito de proporção, por exemplo, é muito utilizado na elaboração de receitas. Cada receita rende determinada quantidade de porções. Assim, se for preciso aumentar a quantidade de porções para que mais pessoas saboreiem a comida, utilizamos proporção. Veja a receita a seguir.

Bolo de coco

Ingredientes:
Massa

- 4 ovos;
- 1 e $\frac{1}{2}$ xícara de açúcar;
- 1 e $\frac{1}{2}$ xícara de farinha de trigo;
- 10 colheres (de sopa) de água;
- 1 colher (de sopa) de fermento em pó;
- 1 pacote de coco ralado de 100 g;
- gotas de baunilha.

Cobertura

- 1 lata de leite condensado;
- 1 lata de creme de leite sem soro;
- 2 latas de leite (medir pela lata de leite condensado);
- 2 colheres de sopa de amido de milho.

Paulo e Marina pediram ajuda aos pais deles para fazer o bolo a fim de recepcionar os novos alunos da escola. No entanto, eles se esqueceram de que a receita original só rende 20 fatias de bolo. Vamos ajudá-los a aumentar a quantidade de porções? Para isso, devemos respeitar a **proporção** de cada ingrediente.

Sabe-se que 40 alunos participarão dessa confraternização, incluindo Paulo e Marina, e que cada um receberá um pedaço de bolo. Assim, eles precisam preparar um bolo com 40 fatias, que é o dobro do rendimento da receita original.

1. Reescreva essa receita considerando que o bolo deverá render 40 fatias.
2. Traga para a sala de aula a receita de um prato de que você goste. Descubra quantas porções essa receita rende. Depois calcule a quantidade de ingredientes necessários para que ela sirva o triplo de porções.

CAPÍTULO 20 — Grandezas proporcionais

A ideia de grandeza

O que é uma grandeza?
Podemos entender como grandeza tudo o que pode ser medido, contado. Como vimos em unidades anteriores, as grandezas podem ter suas medidas aumentadas ou diminuídas, e é comum encontrarmos, no dia a dia, situações em que duas ou mais grandezas estejam relacionadas. Por exemplo, você já ouviu a expressão "Preciso correr contra o tempo"? Nesse caso, as grandezas velocidade e tempo estão relacionadas de alguma maneira.

Se considerarmos uma máquina de costura, por exemplo, podemos relacionar as grandezas tempo de funcionamento e produção: quanto mais tempo a máquina estiver em funcionamento, maior será a produção.

Para entendermos um pouco melhor como as grandezas fazem parte de nossa vida, vamos imaginar a rotina de Paulo.

Ele acorda e toma **200 mL** de leite com **50 mL** de café e come **2 pães** de aproximadamente **50 g** cada. Para chegar ao trabalho, gasta **15 minutos** no trânsito e sobe **9 m** de escada. Às **12 horas e 50 minutos**, ele sai do trabalho e dirige cerca de **12 km, por 1 hora**, até o local em que estuda. Antes de iniciar os estudos, almoça em um restaurante que vende comida por quilo, onde come, em média, **650 g** de comida e uma fruta.

Ao sair do local de estudo, às **16 horas e 30 minutos**, retorna para casa, dirigindo por **40 minutos**.

Ao chegar em casa, toma um banho de **7 minutos**, com uma vazão de água de **2 litros por minuto**.

Responda:
1. Mencione outra grandeza que poderia fazer parte da rotina de uma pessoa qualquer, como as citadas no texto.
2. Elabore uma frase com base na sua rotina diária e cite pelo menos três grandezas. Leia a frase para os colegas.

No texto sobre a rotina de Paulo, todos os valores em destaque representam grandezas. Em nosso cotidiano, temos contato com outras situações que também envolvem grandezas, como a verificação da capacidade de um computador em *gigabytes*, o consumo em **kWh** de energia elétrica em sua casa, a distância, em **metros** ou **quilômetros**, que você percorre todos os dias de casa até a escola etc.

Grandezas que fazem parte do nosso cotidiano

Reúna-se com três colegas para fazer as atividades a seguir.

Instruções

1. Cada integrante da equipe deve trazer, de casa, uma conta de energia elétrica e uma conta de água correspondentes ao mês anterior.

   Observem as contas e respondam às questões.

   a) Que grandezas aparecem nas contas de energia elétrica e água?

   b) Quais são as unidades de medida das grandezas relacionadas no item anterior?

2. Agora, vocês devem pesquisar grandezas usadas na escola. Escolham um dia da semana e anotem todas as grandezas que observarem no período em que permanecerem na escola. Observem atentamente todas as atividades das quais participarem.

   Em seguida, comparem as grandezas coletadas com aquelas obtidas pelas outras equipes e escrevam um texto com o tema "Grandezas que fazem parte do cotidiano escolar". Entreguem ao professor o texto e também os registros feitos.

Grandezas direta ou inversamente proporcionais

Vamos analisar agora duas situações que envolvem grandezas.
Você verá como o conceito de grandezas diretamente proporcionais e o de grandezas inversamente proporcionais são empregados.

1ª situação

- Em uma panificadora foi feito um levantamento que relaciona o consumo de farinha à quantidade de pães produzidos, chegando-se ao seguinte resultado:

Quantidade de farinha (kg)	Número de pães
1	24

Observe que é possível continuar a tabela escrevendo outros valores para as duas grandezas.

Quantidade de farinha (kg)	Número de pães
1	24
1,5	36
2	48
3	72
4	96
10	240
25	600

multiplicando por 25 → ← multiplicando por 25

180

Note que, se uma das grandezas é multiplicada por 25, por exemplo, a outra também é. Tais grandezas são diretamente proporcionais. Podemos escrever, assim, a seguinte proporção:

$$\frac{1}{24} = \frac{25}{600}$$

> Duas grandezas variáveis são **diretamente proporcionais** quando a razão entre cada valor da primeira grandeza e o valor correspondente da segunda grandeza é a mesma.

Responda:
1. As grandezas perímetro de um quadrado e medida do lado correspondente são diretamente proporcionais?
2. As grandezas área de um quadrado e medida do lado correspondente são diretamente proporcionais?

2ª situação

Um prêmio de loteria no valor de R$ 400.000,00 deve ser dividido igualmente entre certo número de ganhadores. Quanto maior o número de ganhadores, menor será o valor que cada um receberá. Na tabela a seguir, observe algumas possibilidades.

Número de ganhadores	1	2	4	5	8	10
Quantia para cada ganhador (em reais)	400 000	200 000	100 000	80 000	50 000	40 000

Note que, em cada caso, se multiplicarmos o número de ganhadores pela quantia que cada um receberá, o produto será o mesmo.
$$1 \cdot 400\,000 = 2 \cdot 200\,000 = 4 \cdot 100\,000 =$$
$$= 5 \cdot 80\,000 = 8 \cdot 50\,000 = 10 \cdot 40\,000$$

Quando isso ocorre, temos grandezas inversamente proporcionais.

> Duas grandezas variáveis são **inversamente proporcionais** quando o produto entre cada valor da primeira grandeza e o valor correspondente da segunda grandeza é o mesmo.

Atenção!
Duas grandezas podem estar relacionadas sem que sejam direta ou inversamente proporcionais.

Um exemplo é a altura de uma pessoa em relaçnao à sua idade. Se essas grandezas fossem diretamente proporcionais, chegaríamos a resultados absurdos. Imagine que uma criança com 1 ano de idade tenha a altura de 80 cm. Com 10 anos de vida, qual seria a altura dela? Se considerássemos as duas grandezas diretamente proporcionais, chegaríamos à altura absurda de 800 cm, isto é, a criança mediria 8 metros aos 10 anos.

Observe atentamente os exemplos a seguir.

Exemplo 1

Uma herança de R$ 300.000,00 será dividida entre três pessoas, em **partes diretamente proporcionais** aos números 2, 3 e 5, respectivamente. Quanto cada uma delas receberá?

Resolução

- Como essa divisão é proporcional aos números considerados, podemos escrever a proporção a seguir, sendo A, B e C os valores que essas pessoas receberão e k a constante de proporcionalidade:

$$\frac{A}{2} = \frac{B}{3} = \frac{C}{5} = k$$

- Igualando cada fração a k, podemos escrever: $\frac{A}{2} = \frac{B}{3} = \frac{C}{5} = k \longrightarrow \begin{cases} A = 2k \\ B = 3k \\ C = 5k \end{cases}$

- Como a soma dos valores que cada um deverá receber é R$ 300.000,00, temos:

A + B + C = 300 000

$2k + 3k + 5k = 300\,000 \longrightarrow 10k = 300\,000$

$$k = 30\,000 \begin{cases} A = 2 \cdot 30\,000 = 60\,000 \\ B = 3 \cdot 30\,000 = 90\,000 \\ C = 5 \cdot 30\,000 = 150\,000 \end{cases}$$

Vamos considerar agora um exemplo um pouco diferente, no qual as grandezas envolvidas são **inversamente proporcionais**.

Exemplo 2

Três sócios de uma empresa resolveram dividir o lucro de R$ 66.000,00 obtido durante os anos de funcionamento da sociedade em partes inversamente proporcionais aos meses de férias que cada um tirou no período. Maurício tirou 2 meses de férias; Juliana, 5 meses; e Mônica, 8 meses. Quanto cada um recebeu?

Resolução

- Como a divisão é em partes inversamente proporcionais aos meses de férias que cada um tirou, vamos representar por x a quantia que coube a Maurício, por y a quantidade destinada a Juliana e por z a correspondente a Mônica. Chamaremos novamente de k a constante de proporcionalidade. Assim, temos:

$$x \cdot 2 = y \cdot 5 = z \cdot 8 = k \text{ (} k \text{ é a constante de proporcionalidade)}$$

- Expressando x, y e z em função de k e considerando que a soma dos valores recebidos é R$ 66.000,00, temos:

$$x = \frac{k}{2}, y = \frac{k}{5} \text{ e } z = \frac{k}{8} \text{ e } x + y + z = 66\,000$$

$$\frac{k}{2} + \frac{k}{5} + \frac{k}{8} = 66\,000$$

$$\frac{20k + 8k + 5k}{40} = 66\,000 \longrightarrow 33k = 2\,640\,000$$

$$k = 80\,000 \longrightarrow \begin{cases} x = \dfrac{80\,000}{2} = 40\,000 \\ y = \dfrac{80\,000}{5} = 16\,000 \\ z = \dfrac{80\,000}{8} = 10\,000 \end{cases}$$

Portanto, Maurício recebeu R$ 40.000,00, Juliana, R$ 16.000,00 e Mônica, R$ 10.000,00.

Atividades

1. Se os números 2, 3 e 5 são diretamente proporcionais aos números 6, 9 e 15, nessa ordem, escreva:
   a) a proporção correspondente;
   b) a constante de proporcionalidade.

2. Na proporção a seguir, determine os valores dos termos desconhecidos.
$$\frac{x}{2} = \frac{y}{3} = \frac{z}{4} = 12$$

3. Os números x, y e z são inversamente proporcionais aos números 2, 3 e 4, nessa ordem:
$$x \cdot 2 = y \cdot 3 = z \cdot 4 = 120$$
Determine o valor de cada termo desconhecido.

4. Responda:
   a) Se 1 automóvel tem 4 pneus, quantos pneus 5 automóveis terão, nas mesmas condições?
   b) Se 2 cédulas de 5 reais correspondem a 10 reais, quantos reais corresponderão a 4 cédulas de 5 reais?
   c) Se 1 caixa de fósforos tem 40 palitos, quantos palitos há, no total, em 8 caixas iguais?
   d) Se duplicarmos o lado de um quadrado, o que acontece com a medida do perímetro desse quadrado?

5. Se com velocidade de 40 km/h um automóvel faz um percurso em 2 horas, quanto tempo levará para fazer o mesmo percurso se a velocidade duplicar, mantidas as mesmas condições?

6. Considere que uma grandeza é representada pela letra x e outra grandeza é representada pela letra y. Considerando que elas são inversamente proporcionais, tem-se que:
$$x \cdot y = 100$$
Responda:
   a) Qual é o valor de x quando $y = 5$?
   b) Qual é o valor de y quando $x = 50$?
   c) Duplicando o valor de x, o que acontece com o valor de y?
   d) Triplicando o valor de y, o que acontece com o valor de x?

7. Uma corda de 120 metros de comprimento é dividida em partes diretamente proporcionais aos números 3, 4 e 5. Determine o comprimento de cada parte.

8. Elabore e resolva dois problemas com as situações descritas a seguir. Depois, apresente-os a um colega para que ele também os resolva.

   1º problema
   Uma quantia em reais deve ser dividida por 3 pessoas em partes diretamente proporcionais aos números 2, 5 e 8.

   2º problema
   Uma quantia em reais deve ser dividida por 3 pessoas em partes inversamente proporcionais aos números 2, 5 e 8.

9. Os números 6, x e y são diretamente proporcionais aos números 4, 8 e 20, nessa ordem. Determine os valores de x e y.

Problemas que envolvem a regra de três

Ao relacionar duas grandezas que são direta ou inversamente proporcionais, podemos utilizar uma estratégia conhecida como "regra de três". Essa denominação é dada pelo fato de ser necessário conhecer três informações para determinar a quarta que falta.

Vamos considerar, a seguir, algumas situações que envolvem grandezas direta ou inversamente proporcionais. Analise cada uma delas e tente responder às questões.

1ª situação

Na sala de aula há um relógio que adianta 30 segundos a cada 5 dias. Quantos segundos ele adiantará, por exemplo em 365 dias?

Resolução

- As grandezas envolvidas são diretamente proporcionais, pois, caso uma delas duplique, a outra também duplicará, por exemplo. Assim, podemos escrever:

segundos adiantados	número de dias
30	5
x	365

- Como as grandezas são diretamente proporcionais, temos a seguinte proporção:

$$\frac{30}{x} = \frac{5}{365}$$

$$5 \cdot x = 30 \cdot 365$$

$$5x = 10950 \longrightarrow x = 2190$$

Assim, em 365 dias, o relógio adiantará 2 190 segundos.

> Responda:
> 1. O tempo de 2 190 segundos corresponde a quantos minutos?
> 2. Quanto tempo ficaria adiantado esse relógio em 30 dias?

2ª situação

Um trem-bala, à velocidade de 300 km/h, leva 26 minutos para ir de uma cidade a outra. Se a velocidade fosse de 400 km/h, em quanto tempo ele faria o mesmo percurso? Dê a resposta em minutos.

Resolução

- Observe que, se aumentarmos a velocidade do trem, ele levará menos tempo para fazer o percurso. Imaginando que a velocidade duplique, o tempo de percurso será a metade do anterior. Assim, as grandezas envolvidas são inversamente proporcionais. Representando por x o tempo que precisamos determinar:

Velocidade (km/h)	Tempo (min)
300	26
400	x

- Como tais grandezas são inversamente proporcionais, o produto dos correspondentes valores delas é constante. Então, escrevemos:

$$300 \cdot 26 = 400 \cdot x$$

$$x = \frac{300 \cdot 26}{400} \longrightarrow x = 19,5$$

Portanto, o trem-bala levará 19,5 minutos para fazer o mesmo percurso a uma velocidade de 400 km/h.

> Responda:
> 1. Com a velocidade de 300 km/h, qual é a distância que esse trem percorre em 30 minutos?
> 2. A distância percorrida e a velocidade do trem são diretamente ou inversamente proporcionais?

3ª situação

Em determinada região brasileira, a densidade demográfica é de 45 habitantes por quilômetro quadrado. Determine o número de habitantes dessa região, considerando que a área total é de 3 400 km².

Resolução

- Essas grandezas são diretamente proporcionais. Portanto, sendo x o número de habitantes que queremos determinar:

Área (km²)	Número de habitantes
1	45
3 400	x

$$\frac{1}{3400} = \frac{45}{x} \longrightarrow x = 3400 \cdot 45 = 153\,000;$$

Portanto, nessa região, há 153 000 habitantes.

Fonte: *Atlas geográfico escolar*. 7. ed. Rio de Janeiro: IBGE, 2016. p. 90.

4ª situação

Para reaproveitar a água da chuva, Pedro criou um sistema de coleta. Veja a imagem ao lado.

Pedro observou que eram necessários 45 minutos de chuva constante para encher a caixa-d'água. Para otimizar o processo, ele decidiu instalar mais 2 pontos de coleta e aguardou a primeira chuva para averiguar o que aconteceria. Após 45 minutos de observação, descobriu que cada ponto coletava o mesmo volume de água.

- Em quanto tempo a caixa-d'água estará cheia se houver 3 pontos de coleta?

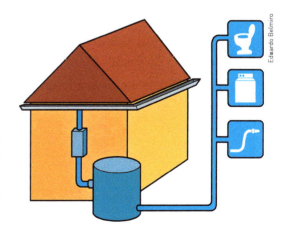

Resolução

Ao triplicarmos o número de pontos de coleta para essa caixa-d'água, diminuímos pela terça parte o tempo necessário para enchê-la.

ponto	minutos
1	45
3	x

Logo, como o produto das grandezas envolvidas é constante, fazemos:

$$1 \cdot 45 = 3x \Rightarrow 15 = x$$

Portanto, a caixa-d'água encherá em 15 minutos.

Responda:
1. As unidades de medida metros cúbicos e litros são direta ou inversamente proporcionais?

Atividades

1. Responda às questões.
   a) Em grandezas que são diretamente proporcionais, ao triplicarmos o valor de uma delas, o que ocorre com o valor da outra?
   b) Em grandezas que são inversamente proporcionais, ao triplicarmos o valor de uma delas, o que ocorre com o valor da outra?

2. Em uma loja especializada em venda de tecidos, cada 8 metros de tecido são vendidos por R$ 50,00.
   a) Determine o valor do metro de tecido.
   b) Uma pessoa que compra 16 metros de tecido deve pagar que quantia?
   c) As grandezas "metro de tecido" e "valor a pagar" são direta ou inversamente proporcionais?

3. Em uma viagem de motocicleta, Rubens observou que, a cada 18 quilômetros percorridos, era gasto 1 litro de gasolina.
   a) Que distância ele pode percorrer com 45 litros de gasolina?
   b) Quantos litros de gasolina são necessários para percorrer 405 km com a motocicleta?
   c) As grandezas "litro de gasolina" e "distância percorrida" são direta ou inversamente proporcionais?

4. Uma panificadora produz 800 pães com 20 kg de farinha de trigo. Para produzir 2 400 pães, serão necessários quantos quilogramas de farinha?

5. Um relógio atrasa 5 minutos a cada dia. Em 30 dias, qual será o atraso desse relógio?

6 Uma torneira fornece 48 litros de água por minuto e leva 90 minutos para encher determinado tanque. Duas torneiras iguais a essa levariam quantos minutos para encher o mesmo tanque?

7 Para revestir um piso de 6 metros de comprimento por 5 metros de largura, são necessárias 300 peças de determinada cerâmica. Quantas dessas peças seriam necessárias para revestir um piso de 10 metros de comprimento por 9 metros de largura?

8 Rosângela lê um livro em 4 dias, com uma média de 60 páginas lidas por dia.

a) Se ela conseguisse ler 120 páginas todos os dias, quanto tempo levaria para ler o livro todo?

b) Se ela desejasse ler o livro em 8 dias, quantas páginas teria de ler, em média, por dia?

c) As grandezas "número de páginas por dia" e "tempo" são direta ou inversamente proporcionais?

9 A tabela a seguir mostra as medidas da base e da altura de retângulos cujas áreas são iguais a 360 cm². Copie a tabela e complete-a.

Base (cm)		60	45			48	100	
Altura (cm)	4			10	15			2

Responda:

As grandezas "medida da base" e "medida da altura" de um retângulo de área constante são direta ou inversamente proporcionais?

10 O professor de Geografia levou para a sala de aula um mapa do Brasil com escala 1 : 55 800 000. Para explicar o significado da escala, ele marcou a distância entre duas cidades, em linha reta, com um pedaço de barbante de comprimento de 5 cm. Responda:

a) Cada 1 cm no mapa corresponde a quantos centímetros na distância real?

b) Qual é a distância entre as duas cidades indicadas pelo professor?

Fonte: *Atlas geográfico escolar*. 7. ed. Rio de Janeiro: IBGE, 2016. p. 90.

11 Uma gravura de formato retangular, com 20 cm de largura por 35 cm de comprimento, deve ser ampliada para 1,2 m de largura. Qual será o comprimento para que não haja distorção na imagem?

Ampliação, redução e deformação de imagens

Agora que você conheceu um pouco melhor os conceitos de razão e proporção, veja como reconhecer quando uma imagem foi ampliada, reduzida ou até mesmo deformada.

Se você já utilizou um computador e alterou ilustrações ou fotografias, deve ter observado que, dependendo do ponto em que se clica com o *mouse* e o arrasta, pode-se ampliar, reduzir ou deformar a imagem.

Observe ao lado a fotografia em forma de retângulo.

Se você usar o *mouse* para clicar em qualquer um dos lados e arrastá-lo na direção indicada pelas setas, a imagem resultante será uma "deformação" da original. Observe abaixo como fica a aparência dela se arrastarmos o *mouse*, por exemplo, para a direita ou para a esquerda.

Para ampliar corretamente, basta clicar com o *mouse* em um dos cantos da imagem, como indicam as setas no desenho ao lado, e arrastá-lo até a imagem atingir o tamanho pretendido.

Quando uma imagem é ampliada ou reduzida, as medidas correspondentes formam uma proporção. Para verificar se, de fato, foi feita a ampliação ou redução, coloque uma imagem em cima da outra de maneira que dois dos lados coincidam. Se as diagonais (veja a linha tracejada ao lado) estiverem alinhadas, é porque houve ampliação ou redução. Caso contrário, o que ocorreu foi uma deformação.

1. Uma fotografia 3 × 4 cm foi ampliada, de maneira que o menor lado ficou com 17,5 cm. Para que a imagem não fique deformada, qual deverá ser a medida aproximada do lado maior?
2. Uma fotografia que mede 9 × 12 cm foi reduzida, de maneira que o lado maior ficou com a metade de seu tamanho original. Qual é a porcentagem de redução de área dessa fotografia?

CAPÍTULO 21

Razões e porcentagens

Cálculo com porcentagem

Em revistas e jornais, as informações são apresentadas de diversas maneiras, e uma delas é com o uso de porcentagem. A porcentagem é um recurso que visa facilitar o entendimento da informação e do contexto no qual está inserida, pois possibilita a comparação com o todo.

Observe no gráfico do exemplo a seguir a evolução da taxa de desemprego no Brasil ao longo de alguns anos.

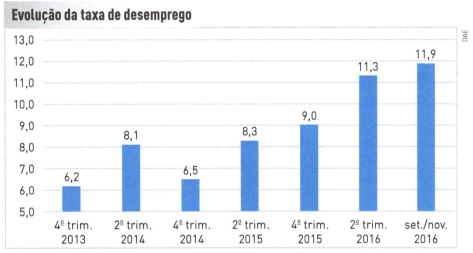

Fonte: PNAD Contínua.

De acordo com as informações do gráfico, responda às questões.
1. É correto afirmar que no período de 2014 a 2016 a taxa de desemprego só aumentou?
2. Se considerarmos que um grupo de 100 pessoas estava trabalhando, quantas dessas pessoas ficaram sem emprego se a taxa de desemprego foi de 9% no 4º trimestre de 2015?

No gráfico, a porcentagem foi utilizada para abordar a questão do desemprego.

A porcentagem também pode ser utilizada para discutir descontos e acréscimos em valores, por exemplo. Veja o caso da conta de água em São Paulo. Entre 2014 e 2015, quando houve uma grande seca nos reservatórios do Sistema Cantareira, para evitar o desabastecimento, o governo do Estado de São Paulo tomou algumas medidas:
- desconto de 10% no valor da conta de água para quem reduzisse o consumo de 10% a 14,99%;
- desconto de 20% no valor da conta de água para quem reduzisse o consumo de 15% a 19,99%;
- desconto de 30% no valor da conta de água para quem reduzisse 20% do consumo.

Fonte: Sabesp. Disponível em: <http://site.sabesp.com.br/site/imprensa/noticias-detalhe.aspx?secaold=65&id=6392> . Acesso em: jul. 2018.

Ou seja, se uma família que pagava em média R$ 150,00 de conta de água fizesse uma economia de 25% no consumo, conseguiria um bom desconto:
$$25\% \text{ de } 150 = 0,25 \cdot 150 = 37,5$$
Dessa forma, o valor da conta após o desconto seria de R$ 112,50. Entretanto, seguindo a regra apresentada acima, essa família teria também direito a um abatimento de 30% no valor da conta; logo:
$$30\% \text{ de } 112,50 = 0,30 \cdot 112,50 = 33,75$$
Portanto, o valor final a ser pago seria de R$ 112,50 − R$ 33,75 = R$ 78,75, quase a metade do valor pago anteriormente.

> A expressão **por cento** originou-se do latim *per centum* e significa "por um cento". Dessa forma, quando escrevemos 5%, lemos como "5 em cada 100" ou "5 centésimos".
>
> $$5\% = \frac{5}{100} = 0,05$$
>
> → número decimal
> → fração centesimal
> → porcentagem

Vamos considerar a seguir algumas situações que envolvem o cálculo de porcentagens. Observe atentamente cada uma delas e o procedimento utilizado nos cálculos efetuados.

1ª situação

Vamos representar o número racional $\frac{3}{5}$ utilizando porcentagem.

- Escrevemos, inicialmente, a fração equivalente com o denominador 100, isto é:

$$\frac{3}{5} = \frac{60}{100} \quad (\times 20)$$

Assim, temos:

$$\frac{3}{5} = \frac{60}{100} = 60\%$$

- Fazendo a divisão de 3 por 5, podemos obter inicialmente a forma decimal e, então, também chegamos ao resultado na forma de porcentagem, ou seja:

$$\frac{3}{5} = 0,6 = 0,60 = \frac{60}{100} \longrightarrow 60\%$$

2ª situação

Escreva a porcentagem 6,25% na forma decimal e na fracionária.

Resolução

A porcentagem é transformada, inicialmente, na forma decimal e, depois, na forma fracionária, em que o denominador é múltiplo de 100. Utilizamos, então, a equivalência de frações, ou seja:

$$6,25\% = 0,0625 = \frac{625}{10000} = \frac{1}{16}$$

3ª situação

Calcule 32% da quantia R$ 2.500,00.

Resolução

- Observe que calcular 32% de R$ 2.500,00 é o mesmo que efetuar uma das seguintes multiplicações:

$$32\% \text{ de } 2\,500 = 0,32 \cdot 2\,500 = 800 \text{ ou } 32\% \text{ de } 2\,500 = \frac{32}{100} \cdot 2\,500 = 32 \cdot 25 = 800$$

- Utilizando a regra de três, como visto nos capítulos anteriores, temos:

Porcentagem (%)	Quantia (R$)
100	2 500
32	x

Assim, por serem grandezas diretamente proporcionais:

$$\frac{100}{32} = \frac{2500}{x}$$

$$100 \cdot x = 32 \cdot 2\,500$$

$$x = \frac{80\,000}{100} \longrightarrow x = 800; \text{ R\$ } 800,00$$

4ª situação

Um computador no valor de R$ 1.350,00 será vendido com um desconto de 12% para pagamento à vista. Qual é o preço à vista do computador?

Resolução

- Uma maneira de calcular é considerar que, se o desconto é de 12%, o computador será vendido por 88% do valor. Assim, temos:

$$88\% \text{ de } 1\,350 = 0,88 \cdot 1\,350 = \frac{88}{100} \cdot 1\,350 = 1188$$

- Outra maneira é calcular 12% de R$ 1.350,00 e subtrair esse valor de R$ 1.350,00:

$$12\% \text{ de } 1\,350 = 0,12 \cdot 1\,350 - \frac{12}{100} \cdot 1\,350 = 162$$

Portanto, o preço do computador será R$ 1.188,00, pois $1\,350 - 162 = 1188$.

5ª situação

Em uma prova, determinado aluno acertou 39 das 50 questões propostas. Qual foi o percentual de acertos desse aluno?

Resolução

- Por meio de regra de três, podemos determinar o percentual correspondente ao número de acertos, isto é:

Porcentagem (%)	Número de questões
100	50
x	39

$$\frac{100}{x} = \frac{50}{39} \longrightarrow 50 \cdot x = 39 \cdot 100 \longrightarrow x = \frac{3\,900}{50} \longrightarrow x = 78$$

Portanto, esse aluno acertou 78% das questões propostas. Pense em outra maneira de resolver a situação e apresente-a aos colegas.

6ª situação

O preço de um automóvel sofreu um aumento de 6,5%, devido à inflação. Considerando que antes do aumento seu valor era de R$ 32.380,00, qual passou a ser o novo preço do automóvel?

- Calcularemos inicialmente o valor do aumento, que foi de 6,5%. Para isso, transformaremos o valor percentual em decimal:

$$0{,}065 \cdot 32\,380 = 2.104{,}70$$

Logo, o aumento foi de R$ 2.104,70, que, somado ao valor anterior do automóvel, nos dará o novo preço.

- Preço do automóvel após o aumento:

R$ 32.380,00 + R$ 2.104,70 = R$ 34.484,70

Portanto, após o aumento, o automóvel passou a custar R$ 34.484,70.

- Outra maneira de resolver é considerar que, com o aumento de 6,5%, o novo valor do automóvel passou a ser 106,5% do valor inicial.

Logo, 106,5% de 32 380 = 1,065 · 32 380 = 34 487,70

Portanto, o automóvel passou a ser vendido por R$ 34.487,70.

Atividades

1. Calcule os percentuais.
   a) 5% de R$ 1.200,00
   b) 1% de 3 000 metros
   c) 7% de R$ 4.500,00
   d) 1,2% de 8 000 metros

2. Responda às questões.
   a) Multiplicar determinado número por 0,2 é o mesmo que obter qual porcentagem desse número?
   b) Calcular o produto 0,75 · x significa aumentar ou diminuir o valor de x? Em quantos por cento?
   c) De 1 000 para 1 200 houve um aumento de quantos por cento?
   d) De 4 000 para 3 000 houve uma redução de quantos por cento?

3. O retângulo está dividido em quadrados menores de mesmo tamanho. A parte colorida ocupa que porcentagem da figura?

4. Em uma palestra estavam presentes 250 pessoas. Após algum tempo, outras 50 pessoas entraram. De quantos por cento foi o aumento no número de pessoas?

5. Em um parque havia 300 pessoas passeando. Após alguns minutos, 50 pessoas saíram para almoçar. De quantos por cento foi a redução no número de pessoas no parque naquele momento?

6. Determinado produto era vendido a R$ 12,00 e sofreu um aumento de R$ 1,80. De quantos por cento foi o aumento?

7. Elabore um problema como o anterior, porém mude os dados. Em seguida, resolva-o no caderno e apresente-o aos colegas.

8. Em um concurso, dos 480 candidatos participantes, 312 foram aprovados. Qual foi o percentual dos reprovados?

9. Sabe-se que 212 pessoas que estão em uma festa correspondem a 20% do total. Qual é o total de pessoas na festa?

10. Em uma liquidação, um vestido de R$ 550,00 foi vendido por R$ 440,00. De quantos por cento foi o desconto?

11. Em uma parede de 40 m² de área, 30% está pintada de azul, e metade dessa parte pintada está ocupada por um quadro. Qual é a área ocupada pelo quadro?

12. Sobre o valor R$ 4.500,00 será cobrado um juro de 2%.
    a) Qual é o valor do juro?
    b) Qual é o valor a ser pago?

13. Fernando teve de pagar R$ 3.400,00 de juro pelo empréstimo que tomou para comprar um carro. Considerando que o valor do empréstimo foi de R$ 68.000,00, calcule:
    a) a quantia total que Fernando gastou na compra do carro;
    b) o percentual que foi cobrado de juro pelo empréstimo que ele fez.

ZOOM
Juro de um empréstimo é uma remuneração paga a um credor por quem toma emprestado certa quantia em dinheiro, durante algum tempo.

Educação financeira em foco

O Banco Central e a Educação Financeira

O que é educação financeira?

A Educação Financeira é o processo mediante o qual os indivíduos e as sociedades melhoram sua compreensão dos conceitos e produtos financeiros. Com informação, formação e orientação claras, as pessoas adquirem os valores e as competências necessários para se tornarem conscientes das oportunidades e dos riscos a elas associados e, então, façam escolhas bem embasadas, saibam onde procurar ajuda e adotem outras ações que melhorem o seu bem-estar. Assim, a Educação Financeira é um processo que contribui, de modo consistente, para a formação de indivíduos e sociedades responsáveis, comprometidos com o futuro.

Por que promover a educação financeira do brasileiro?

A crescente sofisticação dos produtos oferecidos aos consumidores de serviços financeiros aumenta o leque de opções à disposição do cidadão brasileiro, ao mesmo tempo que lhe atribui maior responsabilidade pelas escolhas realizadas.

A recente ascensão econômica de milhões de brasileiros defronta o novo consumidor com instrumentos e operações financeiras complexas e variadas, sem que o cliente ou usuário do Sistema Financeiro Nacional esteja preparado para compreender os produtos e serviços financeiros disponíveis e lidar com eles no dia a dia. Não apenas é difícil o acesso a informações, mas também falta conhecimento para compreender as características, os riscos e as oportunidades envolvidos em cada decisão. A necessidade de educar o cidadão brasileiro para atuar no meio financeiro determinou a instituição de uma estratégia conjunta do Estado e da sociedade.

[...]

Banco Central do Brasil. Disponível em: <www.bcb.gov.br/?BCEDFIN>. Acesso em: jul. 2018.

[...]

Assim, foi instituída a Estratégia Nacional de Educação Financeira (Enef), com a finalidade de promover a educação financeira e contribuir para o fortalecimento da cidadania, para a eficiência e a solidez do Sistema Financeiro Nacional (SFN) e para a tomada de decisões conscientes por parte dos consumidores.

Os principais propósitos da Educação Financeira são ampliar a compreensão do cidadão quanto ao consumo, poupança e crédito, para que o indivíduo seja capaz de fazer escolhas conscientes quanto à administração de seus recursos financeiros. [...]

Alfredo Meneguetti Neto et al. *Educação financeira*. Porto Alegre: EdiPUCRS, 2014. Disponível em: <www.pucrs.br/edipucrs>. Acesso em: jul. 2018.

Responda:

1. O que você achou da iniciativa de criar a Estratégia Nacional de Educação Financeira?
2. Que ações você acha que poderiam ser desenvolvidas pela Enef?

Porcentagem

Junte-se a dois colegas e, com o auxílio da calculadora, sigam as instruções abaixo.

Instruções

1) No comércio, usualmente, vendedores utilizam calculadoras em seu trabalho. Quando é necessário, por exemplo, dar um desconto, o vendedor utiliza uma tecla muito popular da calculadora: %. Essa é a tecla de porcentagem.

Veja como resolver o problema a seguir.

Quanto é 23% de R$ 160,00?

Na calculadora, faremos: 160 · 23% = 36,8.

2) E se as calculadoras não tivessem essa tecla, como seria possível calcular os descontos ou acréscimos?

Tente resolver as duas situações a seguir com a calculadora, mas sem utilizar a tecla %.

1ª situação

Um par de tênis foi anunciado numa loja por R$ 230,00. Entretanto, se o comprador pagar à vista, terá um desconto de 5%. Como calcular o valor desse desconto? E como obter diretamente, com uma só operação na calculadora, o valor a ser pago à vista?

2ª situação

Vamos ainda considerar que houve um aumento de 7% no preço do par de tênis que era vendido a R$ 230,00. Como calcular o novo preço?

3) Faça o que se pede a seguir.

a) Além da aplicação no comércio, em que outras áreas a porcentagem é utilizada com frequência?

b) Crie um problema que envolva porcentagem.

Retomar

1) Em um hotel à beira-mar, o valor da diária por pessoa é único. Sabe-se que 4 pessoas pagam R$ 600,00 para permanecer 5 dias. Para 3 pessoas ficarem 7 dias, nesse mesmo hotel, deverão pagar:

a) R$ 730,00.
b) R$ 630,00.
c) R$ 430,00.
d) R$ 830,00.

2) Um piloto de testes faz determinado circuito a uma velocidade média de 180 km/h. Quantos metros por segundo representa essa velocidade média?

a) 50 m/s
b) 80 m/s
c) 180 m/s
d) 40 m/s

3) Em uma papelaria, uma dúzia de cadernos universitários é vendida a R$ 48,00. O preço de 18 desses cadernos é:

a) R$ 52,00.
b) R$ 62,00.
c) R$ 72,00.
d) R$ 82,00.

4) Ângela leu, em média, 15 páginas por dia de determinado livro e acabou a leitura em 4 dias. Para ler esse mesmo livro em 10 dias, uma pessoa deve ler, em média:

a) 18 páginas por dia.
b) 20 páginas por dia.
c) 14 páginas por dia.
d) 6 páginas por dia.

5) A soma das idades de Pedro, Paulo e Lucas é 132 anos. Considerando que as idades dos três são diretamente proporcionais aos números 18, 36 e 12, respectivamente, a idade de cada um deles é:

a) 36, 32 e 34.
b) 36, 72 e 24.
c) 32, 36 e 36.
d) 40, 42 e 45.

6) Em uma prova de 40 questões, acertei 16. Qual é a razão do número de questões certas para o número de questões erradas?

a) $\frac{16}{40}$
b) $\frac{24}{40}$
c) $\frac{16}{24}$
d) $\frac{24}{16}$

7) A escala de 1 para 200 de uma planta indica que cada 1 centímetro no desenho representa quantos metros na realidade?

a) 200 m
b) 2 m
c) 1 m
d) 3 m

8) No mapa de uma cidade, a distância de 18 cm representa uma distância real de 18 km. Essa escala é:

a) 1 : 100.
b) 1 : 1 000.
c) 1 : 10 000.
d) 1 : 100 000.

9) Num retângulo de 20 cm de largura e 32 cm de comprimento, a razão da menor medida para a maior medida é:

a) $\frac{2}{8}$.
b) $\frac{3}{8}$.
c) $\frac{4}{8}$.
d) $\frac{5}{8}$.

10 Se dividirmos R$ 60.000,00 em partes proporcionais aos números 3, 4 e 5, é correto afirmar que uma das partes é igual a:
a) R$ 5.000,00.
b) R$ 15.000,00.
c) R$ 30.000,00.
d) R$ 40.000,00.

11 Ao dividirmos R$ 45.000,00 em partes inversamente proporcionais a $\frac{1}{2}$ e $\frac{1}{3}$, é correto afirmar que uma das partes é igual a:
a) R$ 27.000,00.
b) R$ 9.000,00.
c) R$ 40.000,00.
d) R$ 5.000,00.

12 Um avião consome 400 litros de um combustível especial a cada hora quando está em voo. Quantos litros de combustível esse avião consome durante um voo que dura 2 horas, 10 minutos e 3 segundos?
a) 850 litros
b) 857 litros
c) 867 litros
d) 880 litros

13 Considere os quadrados A e B com as medidas indicadas a seguir.

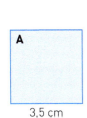 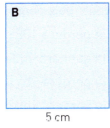

3,5 cm   5 cm

a) Escreva a razão entre as medidas dos lados dos quadrados A e B, nessa ordem.
b) Determine a razão entre as medidas dos perímetros dos quadrados A e B, nessa ordem.
c) As razões entre os lados e os perímetros obtidos anteriormente formam uma proporção?

14 Assinale o número decimal que indica corretamente o mesmo que 25% de certo valor.
a) 0,2
b) 0,25
c) 0,3
d) 0,35

15 Quando determinado valor é duplicado, dizemos que ele aumentou:
a) 100%.
b) 50%.
c) 200%.
d) 150%.

16 Multiplicar determinado número por 1,4 significa:
a) acrescentar 14% ao número.
b) diminuir 14% do número.
c) aumentar o número em 40%.
d) reduzir o número em 40%.

17 Em uma turma havia 40 alunos. Certo dia, faltaram 4 alunos. É correto afirmar que o percentual dos alunos que compareceram à aula foi:
a) 90%.
b) 35%.
c) 45%.
d) 60%.

18 Considerando que cada retângulo representa 100%, assinale a alternativa em que a parte colorida indica 75% do retângulo.

a)    c)

b) 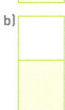   d)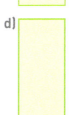

19 Qual é o valor correspondente a 30% da metade de R$ 1.500,00?

a) R$ 325,00.
b) R$ 315,00.
c) R$ 225,00.
d) R$ 245,00.

20 Márcia comprou um aparelho de DVD com um desconto de 10% sobre o preço que estava na vitrine; pagou, então, R$ 360,00. Assinale a alternativa que indica corretamente o preço que estava na vitrine.

a) R$ 400,00
b) R$ 420,00
c) R$ 430,00
d) R$ 480,00

21 Na escola de Esmeralda, neste ano, o aumento do número de alunos em relação ao ano passado foi de 10% para os alunos do 6º ano e de 20% para os alunos do 7º ano. Há atualmente 230 alunos, exatamente 30 a mais do que no ano passado. Quantos alunos há no 7º ano?

22 Em uma festa, o número de crianças era quatro vezes o número de adultos. Assim, é correto afirmar que o percentual de crianças nessa festa, em relação ao número total de pessoas, é de:

a) 80%
b) 25%
c) 10%
d) 5%

23 (Saresp) A área plantada na Chácara Oliveiras está assim dividida: 30%: alface e rúcula; 25%: tomates; 18%: temperos; 22%: couve e escarola. Há ainda 80 m² de área onde se produz adubo e não se planta nada. Quantos m² de área tem essa chácara?

a) 800
b) 1 600
c) 2 400
d) 3 200

24 (Prova Brasil) No pátio de uma escola, a professora de matemática pediu que Júlio, que mede 1,60 m de altura, se colocasse em pé, próximo de uma estaca vertical. Em seguida, a professora pediu a seus alunos que medissem a sombra de Júlio e a da estaca. Os alunos encontraram as medidas de 2 m e 5 m, respectivamente, conforme ilustram as figuras abaixo.

A altura da estaca media:

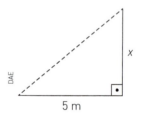

a) 3,6 m
b) 4 m
c) 5 m
d) 8,6 m

25 (OBM) Se Joana comprar hoje um computador de 2000 reais, ela conseguirá um desconto de 5%. Se ela deixar para amanhã, irá conseguir o mesmo desconto de 5%, mas o computador irá aumentar 5%. Se ela esperar, o que acontecerá?

a) Nada, pois pagará a mesma quantia.
b) Ela perderá 100 reais.
c) Ela ganhará 105 reais.
d) Ela perderá 95 reais.
e) Ela perderá 105 reais.

26 (Obmep) Para obter tinta de cor laranja, devem-se misturar 3 partes de tinta vermelha com 2 partes de tinta amarela. Para obter tinta de cor verde, devem-se misturar 2 partes de tinta azul com 1 parte de tinta amarela. Para obter tinta de cor marrom, deve-se misturar a mesma quantidade de tintas laranja e verde.

Quantos litros de tinta amarela são necessários para obter 30 litros de tinta marrom?

a) 7
b) 8
c) 9
d) 10
e) 11

27 **(Obmep)** Pedrinho colocou 1 copo de suco em uma jarra e, em seguida, acrescentou 4 copos de água. Depois decidiu acrescentar mais água até dobrar o volume que havia na jarra, ao final, qual é o percentual de suco na jarra?

a) 5%
b) 10%
c) 15%
d) 20%
e) 25%

Ampliar

Semelhança não é mera coincidência, de Nílson José Machado (Scipione).

Esta obra apresenta a ideia de semelhança por meio de situações do cotidiano. De maneira bastante divertida, você poderá relembrar e aprofundar alguns conceitos já estudados, como as escalas.

Uma proporção ecológica, de Luzia Faraco Ramos (Ática).

Ao participar da Semana Mundial do Meio Ambiente, alguns amigos viajam para uma cidade do interior para divulgar a necessidade e a importância da coleta seletiva do lixo. Nesse contexto, acabam abordando a questão da proporção em diversos momentos.

UNIDADE 7

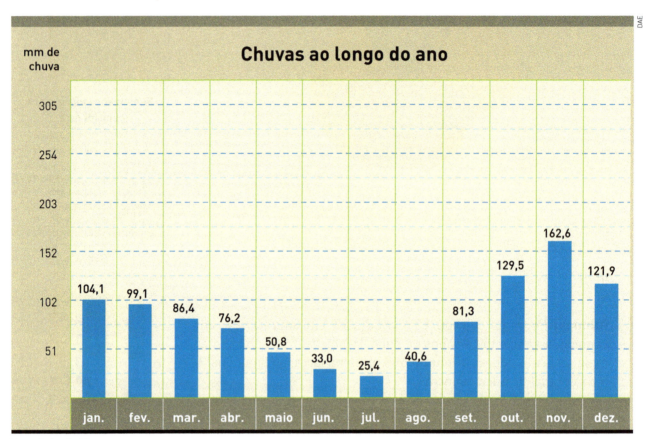

Fonte: Dados fictícios.

 Os gráficos estatísticos são utilizados para organizar diversas informações – por exemplo, resultados de pesquisas divulgados pelos jornais e revistas. Existem diversos tipos de gráficos. Você sabe interpretá-los?

Considerando que as informações do gráfico acima indicam as chuvas ao longo do ano numa cidade brasileira, responda:

1. Em qual mês do ano houve mais chuvas?

2. Como você pode calcular a média mensal das precipitações, em milímetros, dessa cidade?

Probabilidade e Estatística

CAPÍTULO 22

Probabilidade

Retomando conceitos iniciais

No volume anterior foram abordadas ideias de probabilidade em diversas atividades. Aqui vamos recordar algumas delas e, depois, abordar situações em que devemos calcular a probabilidade de ocorrer determinado evento aleatório. Para iniciar, reflita sobre as situações a seguir.

- **Lançamento de um dado**

O lançamento de um dado e a observação do número da face voltada para cima é um evento aleatório. Os resultados que podem ocorrer são os seguintes:

São 6 resultados possíveis. Cada um deles tem a mesma **probabilidade** de ocorrer, isto é, cada um tem a mesma chance de acontecer.

- **Cara ou coroa**

O lançamento de uma moeda e a observação da face voltada para cima também é um evento aleatório. Os resultados que podem ocorrer são:

coroa   cara

São 2 resultados possíveis, cada um com a mesma probabilidade de acontecer.

Responda:
1. Considerando todos os professores de sua escola, responda:
   Se um professor for escolhido ao acaso, é mais provável que seja sorteado um professor de Matemática ou um professor de Português?
2. Agora, pense em um colega da turma. Se um aluno da sala for escolhido ao acaso, é mais provável que seja você ou o colega no qual pensou?

O lançamento de um dado ou de uma moeda são exemplos de experimentos aleatórios. São experimentos cujos resultados não são possíveis de prever com total certeza, pois ocorrem ao acaso. Assim, mesmo que o experimento seja repetido diversas vezes em condições semelhantes, os resultados podem ser diferentes em cada uma delas.

Conviver

Sorteando cartas

Junte-se a mais dois colegas para fazer essa atividade. Siga as instruções!

1. Confeccione 10 cartas em papel cartolina de mesmo tamanho. Numere essas cartas de 1 até 10, conforme indicado a seguir.

2. Embaralhe essas cartas e, depois, empilhe-as uma sobre a outra, sem que seja possível ver o número em cada uma delas.

3. Escolha aleatoriamente uma dessas cartas e anote o resultado.

4. Devolva a carta à pilha, embaralhe novamente as 10 cartas, retire aleatoriamente uma delas e anote o resultado.

5. Proceda dessa maneira 20 vezes.

6. Elabore um quadro (como este a seguir) e anote quantas vezes cada carta foi sorteada.

Carta	1	2	3	4	5	6	7	8	9	10
Quantidade de vezes										

Responda:

a) Qual carta foi a mais sorteada? Quantas vezes?

b) Qual carta foi a menos sorteada? Quantas vezes?

7. Observe, em relação ao item anterior, os resultados obtidos pelas demais equipes e verifique se houve coincidência ou não.

Atividades

1. No quadro a seguir estão os números de 1 a 30 e os números primos estão destacados. Imagine que um desses números será sorteado ao acaso.

1	2	3	4	5	6	7	8	9	10
11	12	13	14	15	16	17	18	19	20
21	22	23	24	25	26	27	28	29	30

a) Quantos são os resultados possíveis?

b) Você acha que é mais provável ser sorteado um número par ou um número primo?

2 Reflita sobre o lançamento de um dado e a verificação do número da face voltada para cima. Responda:

a) Pode ocorrer a face com o número 5?

b) Pode ocorrer a face com um número maior que 6?

c) É mais provável que ocorra a face com o número 6 ou 1?

3 As 10 fichas representadas ao lado têm a mesma forma e o mesmo tamanho. Elas são colocadas dentro de uma caixa sem que seja possível observar a cor. Uma dessas fichas é retirada aleatoriamente dessa caixa.

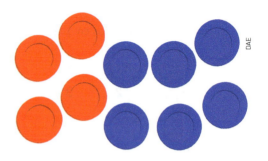

a) De qual cor será a ficha retirada?

b) É mais provável que a ficha sorteada tenha qual cor?

c) É menos provável que a ficha sorteada tenha qual cor?

4 Junte-se a um colega e consiga 5 tampinhas de garrafa PET do mesmo tamanho, sendo 2 de uma cor e 3 de outra cor, como na ilustração a seguir.

Sigam as instruções.

1. Coloquem essas cinco tampinhas dentro de uma sacola ou caixa sem que seja possível ver a cor delas.

2. Retirem aleatoriamente uma tampinha e anotem a cor.

3. Devolvam a tampinha retirada para a sacola ou caixa.

4. Repitam os passos 1 e 2 até que 50 retiradas sejam feitas.

Respondam:

Quantas vezes saiu cada cor?

Cálculo de probabilidade

Como podemos calcular a probabilidade da ocorrência de um evento?

Bernardo e Carolina estão participando de um sorteio. Eles deveriam escolher alguns números de 1 a 20. Bernardo escolheu os múltiplos de 3 e Carolina, os múltiplos de 4 e os múltiplos de 5. Apenas um número foi sorteado. Observe a seguir as cartelas de cada um.

Bernardo:

1	2	③	4	5	⑥	7	8	⑨	10
11	⑫	13	14	⑮	16	17	⑱	19	20

Carolina:

1	2	3	④	⑤	6	7	⑧	9	⑩
11	⑫	13	14	⑮	⑯	17	18	19	⑳

Considerando que apenas um número entre 1 e 20 seja sorteado aleatoriamente, responda:
1. Quem tem maior chance de ganhar, Bernardo ou Carolina? Por quê?

A probabilidade da ocorrência de um evento aleatório pode ser representada por uma fração.

$$\text{Probabilidade de um evento ocorrer (p)} = \frac{\text{número de situações favoráveis}}{\text{número de resultados possíveis}}$$

Assim, retornando à situação anterior, vamos calcular a probabilidade de Bernardo ganhar e a probabilidade de Carolina ganhar. Como o total de resultados possíveis é 20, temos:

- Bernardo ganha se ocorrer qualquer um dos seguintes resultados:

  $\underbrace{3, 6, 9, 12, 15, 18}_{\text{6 situações favoráveis}}$ Probabilidade de Bernardo ganhar $= \frac{6}{20}$

Observe que também podemos representar essa probabilidade na forma decimal ou com a utilização de porcentagem.

Probabilidade de Bernardo ganhar $= \frac{6}{20} = 0{,}3 = 0{,}30 = \frac{30}{100} = 30\%$.

- Carolina ganha se ocorrer qualquer um dos seguintes resultados:

  $\underbrace{4, 5, 8, 10, 12, 15, 16, 20}_{\text{8 situações favoráveis}}$ Probabilidade de Carolina ganhar $= \frac{8}{20}$

Representando essa probabilidade na forma decimal e com porcentagem, temos:

probabilidade de Carolina ganhar $= \frac{8}{20} = 0{,}4 = 0{,}40 = \frac{40}{100} = 40\%$.

A seguir, apresentamos algumas situações que envolvem probabilidades. Leia cada uma com atenção e troque ideias com os colegas.

1ª situação

A figura ao lado ilustra um tipo de dado diferente, formado por 12 faces. As faces estão numeradas de 1 a 12. Calcule a probabilidade de sair um número maior que 4.

- Como são 12 faces, os resultados possíveis são: 1, 2, 3, 4, 5, 6, 7, 8, 9, 10, 11 e 12.
- Queremos que o resultado seja um número maior que 4. Então, são 8 resultados favoráveis: 5, 6, 7, 8, 9, 10, 11 ou 12.
- Cálculo da probabilidade (p):

  $$p = \frac{8}{12}$$

Responda:
1. Qual é a probabilidade de sair a face com o número 5?
2. Qual é a probabilidade de não sair a face com o número 5?

2ª situação

As 10 fichas ao lado, numeradas de 1 a 10, têm a mesma forma e o mesmo tamanho. Após serem colocadas dentro de uma sacola, sem que fosse possível ver o número delas, uma é extraída ao acaso.

Vamos calcular a probabilidade de retirarmos uma ficha em que o número seja múltiplo de 3.

O número de resultados possíveis é 10 (qualquer uma das fichas).

O número de resultados favoráveis é 3 (no caso, as fichas com número múltiplo de 3): 3, 6 ou 9.

Cálculo da probabilidade:

$$p = \frac{3}{10} = 0,3 = 0,30 = 30\%$$

Responda:

1. Se a probabilidade de sair uma ficha com número múltiplo de 3 é igual a 30%, qual é a probabilidade de não sair uma ficha com um número múltiplo de 3?
2. Adicionando, em porcentagem, a probabilidade de obtermos uma ficha com um número múltiplo de 3 à probabilidade de não obtermos uma ficha com um número múltiplo de 3 obtemos qual resultado?

Atividades

1. Abaixo estão quatro tampinhas coloridas: 2 vermelhas e 2 azuis. Essas tampinhas são colocadas numa caixa sem que seja possível ver a cor delas. Uma é extraída ao acaso. Calcule:

a) a probabilidade de sair uma tampinha com a cor vermelha;

b) a probabilidade de sair uma tampinha com a cor azul.

2. O quadro ao lado apresenta os dias do mês de maio de 2020. Considere que você deve adivinhar qual é o dia da semana do aniversário do professor de Matemática.

Analise a veracidade de cada afirmação a seguir.

MAIO						
Domingo	Segunda	Terça	Quarta	Quinta	Sexta	Sábado
					1	2
3	4	5	6	7	8	9
10	11	12	13	14	15	16
17	18	19	20	21	22	23
24	25	26	27	28	29	30
31						

I. Escolhendo domingo, a chance de acertar é maior do que escolhendo sexta.

II. Escolhendo segunda, a chance de acertar é maior do que escolhendo quarta.

III. Escolhendo sábado, a chance de acertar é maior do que escolhendo quinta.

IV. Escolhendo terça, a chance de acertar é maior do que escolhendo sábado.

Responda:

Qual(is) é(são) verdadeira(s)?

3 Responda:

a) Se em determinado dia a probabilidade de chover numa cidade é de 40%, qual é a probabilidade de não chover?

b) Se a probabilidade de você ganhar um jogo é de 10%, qual é a probabilidade de você não ganhar esse jogo?

4 O cadeado ao lado só abre se você acertar a sequência de três algarismos de 0 a 9. Imagine que você já saiba que os dois primeiros algarismos são 3 e 4, mas precisa descobrir qual é o terceiro algarismo.

Você deve escolher, aleatoriamente, um algarismo entre os 10 para tentar abrir esse cadeado. Calcule:

a) a probabilidade, em porcentagem, de você acertar na primeira tentativa;

b) a probabilidade, em porcentagem, de você não acertar na primeira tentativa.

5 Utilizando três cartões de mesmo tamanho, Ari escreveu as letras de seu nome apenas num dos lados de cada cartão, conforme representado a seguir.

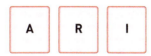

Logo depois, ele virou e embaralhou esses cartões. Aleatoriamente, virou uma carta, virou a segunda carta e, finalmente, virou a terceira carta.

Responda:

a) Quais são as possíveis sequências que ele pode formar com essas letras?

b) Qual é a probabilidade de ele, na primeira virada das três cartas, obter a ordem das letras de seu nome?

6 A imagem abaixo mostra a organização dos lápis de Márcia dentro de uma caixa. Ela retirou um deles aleatoriamente. Pensando nisso e considerando que não há lápis com a mesma cor, responda:

a) Qual é a probabilidade de ela ter extraído o lápis de cor amarela?

b) Qual é a probabilidade de ela não ter extraído o lápis de cor marrom?

7 Considere ainda a situação anterior e suponha que Márcia, em vez de retirar o lápis de cor amarela, retirou um lápis de outra cor. Sem o devolver para a caixa, ela retirou outro lápis em seguida. Responda:

a) Qual é a probabilidade de ela retirar, na segunda tentativa, o lápis de cor amarela?

b) E qual é a probabilidade de ela não retirar, na segunda tentativa, o lápis de cor amarela?

8 Na ilustração ao lado existem 5 chaves, porém somente uma delas abre a porta de uma sala na qual você quer entrar.

Responda a estas perguntas supondo que você não saiba qual é a chave correta.

a) Qual é a probabilidade de você abrir a porta na 1ª tentativa?

b) E qual é a probabilidade de você não conseguir abrir a porta na 1ª tentativa?

9 O quadro a seguir contém a soma dos resultados possíveis após o lançamento simultâneo de dois dados.

	⚀	⚁	⚂	⚃	⚄	⚅
⚀	2	3	4	5	6	7
⚁	3	4	5	6	7	8
⚂	4	5	6	7	8	9
⚃	5	6	7	8	9	10
⚄	6	7	8	9	10	11
⚅	7	8	9	10	11	12

Responda:

a) Qual é a probabilidade de que a soma dos resultados seja igual a 2?

b) Qual é a probabilidade de que a soma dos resultados seja igual a 1?

c) Qual é a probabilidade de que a soma dos resultados seja menor que 13?

d) Qual é a soma cuja probabilidade é $\dfrac{6}{36}$?

e) O que é mais provável: soma 6 ou soma 10?

10 Elabore uma pergunta sobre os resultados apresentados no quadro anterior. Apresente essa pergunta para a turma toda responder.

11 Junte-se a um colega e elaborem um experimento de tentativas de retirada de bolas de uma urna. Em seguida, escrevam duas perguntas e compartilhem com a turma para que resolvam juntos.

CAPÍTULO 23
Média aritmética

O cálculo da média aritmética

Quantos anos, em média, vive uma pessoa?

Essa não é uma pergunta simples de responder. Uma pesquisa feita pelo Instituto Brasileiro de Geografia e Estatística (IBGE) constatou que os brasileiros nascidos em 2016 viveriam, em média, 75,8 anos (disponível em: <ftp://ftp.ibge.gov.br/Tabuas_Completas_de_Mortalidade/Tabuas_Completas_de_Mortalidade_2016/tabua_de_mortalidade_2016_analise.pdf>; acesso em: ago. 2018).

Isso não significa que todos os brasileiros viverão essa quantidade de tempo. A expressão "em média" indica que é uma ideia aproximada, pois alguns brasileiros podem viver mais e outros podem viver menos do que isso.

A média pode ser utilizada para analisar um conjunto de dados numéricos, dando uma ideia aproximada de determinada informação. Em sua turma, por exemplo, pode-se levantar a altura média, a massa média, a quantidade média de horas que cada um dorme diariamente, a quantidade média de irmãos que os alunos têm etc.

Neste capítulo, estudaremos com mais profundidade a utilização da chamada **média aritmética**.

> Responda:
> 1. Dê um exemplo da utilização de média aritmética.
> 2. Andar em média 2 km por dia significa andar todos os dias exatamente 2 km?

Para compreendermos melhor o que é média aritmética e como obtê-la, vamos considerar a seguinte situação.

Em um acampamento, um instrutor precisou calcular a média aritmética da altura das cinco crianças de seu grupo. Para isso, chamou as crianças e, com o auxílio de uma fita métrica, mediu a altura de cada uma delas, registrando os dados em uma tabela.

Nome	Pedro	Marcos	Roseli	Roberta	Ana
Altura (cm)	115	110	95	98	102

Em seguida, ele somou as alturas e, como eram cinco crianças, dividiu o resultado por cinco:

$$\text{altura média} = \frac{115 + 110 + 95 + 98 + 102}{5} = \frac{520}{5} = 104 \longrightarrow 104 \text{ cm}$$

> A média aritmética de **n** números representa a soma de todos esses números dividida por *n*.

Duas observações importantes:
- a média aritmética de um grupo de valores representa, de forma aproximada, esse grupo;
- na figura a seguir, a linha tracejada indica a posição da média aritmética do grupo de valores, no caso, a altura média que foi calculada.

Em relação à situação apresentada, responda:
1. Qual é a altura máxima e a altura mínima das pessoas do grupo?
2. Quantas crianças estão acima da altura média? E abaixo da altura média?

Junte-se a um colega e analisem as seguintes situações que envolvem o cálculo de média aritmética. Em cada uma delas, observem o valor máximo e o valor mínimo para compará-los com o valor médio obtido.

1ª situação

Suponha que, de acordo com a previsão do tempo, a temperatura máxima de amanhã alcançará 34 °C no estado do Amazonas. Já a temperatura mínima será de 23 °C. Qual é, nessa previsão, a temperatura média?

Resolução

Adicionamos os valores e dividimos o resultado por dois:

$$\text{temperatura média} = \frac{34 + 23}{2}$$

$$\text{temperatura média} = \frac{57}{2} = 28{,}5$$

Assim, a temperatura média será de 28,5 °C.

2ª situação

Numa empresa, a média aritmética dos salários de seus 15 funcionários é R$ 1.640,00. Calcule o total que essa empresa gasta com os salários.

Resolução

Note que, nesse exemplo, conhecemos a média aritmética dos salários, mas não conhecemos a soma deles. Representando a soma dos salários pela letra S, temos que:

média dos salários = $\frac{S}{15}$

$$1\,640 = \frac{S}{15}$$

$$S = 15 \cdot 1\,640 \longrightarrow S = 24\,600$$

Portanto, essa empresa gasta R$ 24.600,00 com os salários.

Atividades

1. A tabela a seguir mostra as notas bimestrais de Mateus na disciplina de História. Para ser aprovado, sua média deve ser superior a 5,4. Responda: Mateus foi aprovado?

Notas em História	
Bimestre	Nota
1º	6,0
2º	4,0
3º	5,0
4º	7,0

Fonte: Dados fictícios.

2. Responda:

   a) Se você tem 12 anos de idade e seu pai tem 38 anos de idade, a média aritmética dessas idades estará mais próxima da sua idade ou da idade de seu pai?

   b) Se você tem 12 anos de idade, seu pai tem 38 anos de idade e sua mãe tem 35 anos de idade, a média dessas três idades está mais próxima de quem?

3. A tabela ao lado apresenta os valores arrecadados para uma campanha solidária. O dinheiro será utilizado para comprar cobertores que serão doados a pessoas em situação de rua.

   Calcule a média dos valores arrecadados nesses quatro meses.

Campanha solidária	
Mês	Quantia arrecadada (R$)
março	250,00
abril	300,00
maio	400,00
junho	150,00

Fonte: Dados fictícios.

4. Em relação à situação anterior, responda:

   a) Em quais meses a arrecadação foi superior à média dos valores arrecadados nos quatro meses?

   b) Qual é a soma dos valores arrecadados nos quatro meses?

   c) Se multiplicarmos o valor da arrecadação média pelo número de meses, obteremos qual informação?

5) A tabela abaixo apresenta o faturamento de uma empresa durante os cinco primeiros meses do ano.

Mês	Faturamento (R$)
janeiro	220.000,00
fevereiro	180.000,00
março	380.000,00
abril	440.000,00
maio	300.000,00

Fonte: Dados fictícios.

a) Qual foi o faturamento total no final dos cinco meses?

b) Qual foi o faturamento mensal médio nesse período?

6) Elabore uma situação sobre o faturamento de uma empresa. Depois, apresente duas questões sobre os dados para que um colega resolva.

O cálculo da média ponderada

Há um tipo particular de média aritmética que é conhecido como **média aritmética ponderada** (ou **média ponderada**). Para compreender como calcular uma média ponderada, vamos considerar a situação a seguir.

Num concurso público, os candidatos precisavam fazer três provas, com os seguintes pesos:

Prova	Peso
Conhecimentos gerais	2
Conhecimentos específicos	3
Redação	5

A nota final dos candidatos foi calculada pela média ponderada das provas, de acordo com o peso de cada uma delas.

Observe a seguir as notas de dois candidatos e como as médias finais foram determinadas.

- Candidato A:

Prova	Peso	Nota
Conhecimentos gerais	2	6
Conhecimentos específicos	3	7
Redação	5	6,5

Note que a soma dos pesos é igual a 10. Assim, é como se tivéssemos 10 provas e a nota fosse considerada, em cada tipo de prova, tantas vezes quanto o peso. Então, a nota final foi dada pelo cálculo da média dessas 10 provas, isto é:

$$\text{média A} = \frac{6 + 6 + 7 + 7 + 7 + 6,5 + 6,5 + 6,5 + 6,5 + 6,5}{2 + 3 + 5}$$

$$\text{média A} = \frac{2 \cdot 6 + 3 \cdot 7 + 5 \cdot 6,5}{10} \longrightarrow \text{média A} = \frac{65,5}{10} = 6,55$$

- Candidato B:

Prova	Peso	Nota
Conhecimentos gerais	2	6,5
Conhecimentos específicos	3	4
Redação	5	7,2

De acordo com o procedimento anterior, vamos determinar a média do candidato B:

$$\text{média B} = \frac{6,5 + 6,5 + 4 + 4 + 4 + 7,2 + 7,2 + 7,2 + 7,2 + 7,2}{2 + 3 + 5}$$

$$\text{média B} = \frac{2 \cdot 6,5 + 3 \cdot 4 + 5 \cdot 7,2}{10} \longrightarrow \text{média A} = \frac{61}{10} = 6,1$$

Em relação à média ponderada, conforme a situação apresentada, observe que:
- o cálculo da média ponderada é feito de forma análoga ao cálculo da média aritmética. O peso de cada valor, quando representado por um número natural, indica o número de vezes que esse valor deve ser considerado.

Atividades

1. No quadro a seguir estão as notas obtidas por um aluno numa gincana escolar de duas modalidades: conhecimentos gerais e raciocínio lógico. Observe os pesos dados para cada uma das modalidades.

Modalidade	Notas	Peso
Conhecimentos gerais	7,0	1
Raciocínio lógico	8,0	2

a) Calcule a média obtida por esse aluno na gincana.
b) Responda: Qual seria a média se os pesos fossem iguais?

2. O resultado de três provas feitas por Euclides está indicado no quadro. Observando que cada prova tem um peso, calcule a média dessas notas.

Prova	Peso	Nota
1ª	1	6
2ª	2	5
3ª	3	8

3. Ainda em relação à atividade anterior, responda:

Qual seria a média das notas se os pesos fossem iguais?

4) O gráfico a seguir apresenta as notas bimestrais de Luana na disciplina de Ciências.

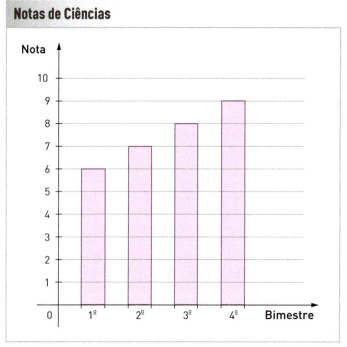

Fonte: Escola da Luana.

a) Qual é a média de Luana em Ciências?

b) Determine a média de Luana considerando que as notas têm pesos conforme o bimestre: 1º bimestre – peso 1; 2º bimestre – peso 2; 3º bimestre – peso 3; 4º bimestre – peso 4.

5) O gráfico ao lado apresenta a distribuição das idades de uma turma do 7º ano.

a) Determine o número de alunos dessa turma.

b) Utilizando o conceito de média ponderada, obtenha a idade média dos alunos.

6) Junte-se a um colega e resolva os problemas a seguir, que envolvem o cálculo com médias.

a) Em três turmas do Ensino Médio, os alunos têm alturas que variam de 130 cm até 163 cm. Sabe-se que a média aritmética das alturas de todos os alunos é 150 cm e que 8 alunos têm altura de 163 cm. Desconsiderando esses 8 alunos, a média da altura dos demais alunos é 148 cm. Qual é o total de alunos nessa turma?

b) A média das notas dos 50 alunos de duas turmas do 7º ano na prova de Matemática foi 7,7. Considerando apenas as notas de 15 alunos, a média das notas é 7. Determine a média das notas desconsiderando esses alunos.

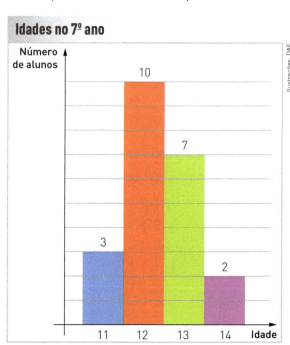

Fonte: Dados da Escola Aprender.

7) Ainda com um colega, elabore dois problemas similares aos anteriores e apresente-os para outra dupla resolver.

CAPÍTULO 24
Gráficos estatísticos e pesquisas

Analisando informações em gráficos

A cada dez anos, o Instituto Brasileiro de Geografia e Estatística (IBGE) realiza o censo: um levantamento minucioso não apenas do contingente populacional como também de diversas questões relacionadas aos hábitos e costumes da população do país. Para a realização do censo são entrevistados todos os domicílios brasileiros. Os resultados possibilitam conhecer as características e necessidades da população, auxiliando no planejamento de políticas públicas. As informações levantadas nessa pesquisa são organizadas e apresentadas na forma de tabelas e gráficos estatísticos. Em uma pesquisa estatística, a etapa de organização dos dados é chamada de **tratamento da informação**.

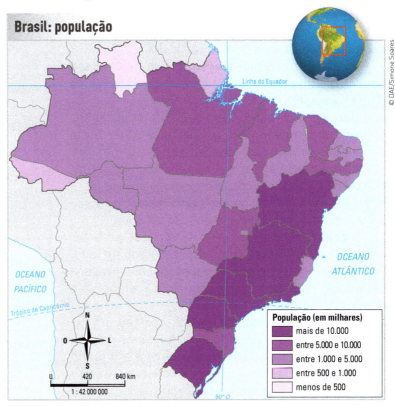

Fonte: *Atlas geográfico escolar*. 6. ed. Rio de Janeiro: IBGE, 2012. p. 4.

> Consulte o *site* do IBGE e atualize as informações da tabela abaixo com a estimativa mais recente da população brasileira conforme as regiões. Depois, responda:
> 1. Em qual região houve maior crescimento do número de pessoas?
> 2. Em qual região houve maior crescimento em percentual?

Por meio de recursos gráficos, é possível evidenciar, no próprio mapa do Brasil, como a população está distribuída. Uma tabela possibilita, por exemplo, observar a população brasileira por região.

Para apresentar as informações levantadas em pesquisas de forma organizada, utilizamos recursos visuais como tabelas e gráficos. Existem diferentes tipos de gráficos, que podem ser empregados de acordo com a necessidade e o objetivo a que se destinam.

Região	População
Sudeste	81 565 983
Nordeste	53 907 144
Sul	27 731 644
Norte	16 318 163
Centro-Oeste	14 423 952

Fonte: IBGE. estimativa de 2012. Disponível em: <https://ww2.ibge.gov.br/home/estatistica/populacao/estimativa2012/estimativa_tcu.shtm>. Acesso em: ago. 2018.

Gráfico de barras

Observe com atenção o gráfico "Vendas do 1º semestre", ilustrado ao lado. Nesse tipo de gráfico, as informações são inseridas em um plano formado por duas retas perpendiculares, uma horizontal e outra vertical, que recebem o nome de eixos. Neste caso, no eixo horizontal temos os meses do primeiro semestre e, no eixo vertical, o valor vendido em milhões de reais nos meses de janeiro a junho. As barras são retângulos cuja base tem a mesma medida. A altura desses retângulos tem maior importância no gráfico, pois indica os valores ou porcentagens que devem ser apresentados, de acordo com os dados do eixo vertical.

Lembre-se: na elaboração de um gráfico não podemos esquecer o título e a informação sobre os dados que estão em cada eixo.

Uma simples leitura desse gráfico propicia observar o desempenho das vendas no período, além de evidenciar aspectos diversos, como o mês em que houve mais vendas e o mês em que houve menos vendas. Ele ainda possibilita que se projete, para os próximos meses, a chamada **tendência**: a previsão do crescimento ou decrescimento de vendas.

O **gráfico de barras**, além da **vertical**, pode ter orientação **horizontal**, como representado ao lado. Veja que as informações, neste caso, são apresentadas com relação ao comprimento do retângulo e não à sua altura.

Perceba que o pico de vendas ocorreu em janeiro e fevereiro; o mês de março foi o pior mês de vendas; abril e maio ficaram próximos e em junho houve novo decrescimento. Você consegue imaginar um produto que tenha esta rotina de vendas?

O gráfico abaixo também é de barras, só que o eixo vertical foi suprimido. Isso não muda a maneira de analisar a informação: a altura das barras também deve ser proporcional à porcentagem descrita em cada topo.

Observe ao lado o mesmo gráfico com orientação horizontal.

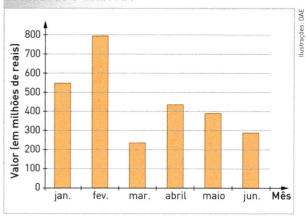

Fonte: Dados fictícios.

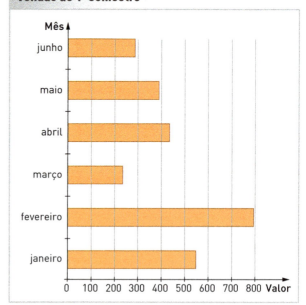

Fonte: Dados fictícios.

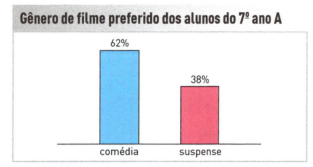

Fonte: Dados fictícios.

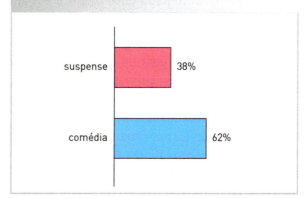

Fonte: Dados fictícios.

Em algumas situações podemos utilizar os **gráficos de barras agrupadas**. Veja o gráfico a seguir, com base em uma pesquisa publicada em 2010.

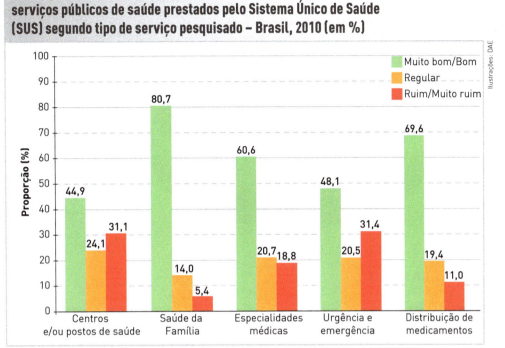

Fonte: Ipea. Disponível em: <www.ipea.gov.br/portal/index.php?option5com_content&view5article&id57165:ipea-divulga-percepcao-social-sobre-a-saude-no-brasil&catid54:presidencia&Itemid52>. Acesso em: set. 2018.

Essa pesquisa compara alguns serviços de saúde, que foram classificados em três categorias: muito bom/bom; regular; e ruim/muito ruim.

Gráfico de linhas

O **gráfico de linhas**, também chamado **gráfico de segmentos**, é bastante empregado quando se deseja acompanhar a evolução de determinada informação ao longo do tempo. As linhas ou segmentos que unem os dados possibilitam uma leitura imediata quanto ao crescimento ou decrescimento.

O último censo da população brasileira foi feito em 2010. As informações sobre a evolução da população brasileira ao longo dos anos podem ser observadas no gráfico de linhas ao lado.

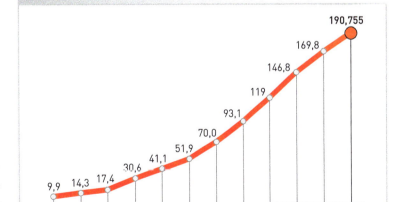

Fonte: IBGE. *Censo 2010.*

Acesse o *site* do IBGE, veja a última projeção da população e responda:
1. Qual é a população brasileira atual?
2. Qual foi o aumento, em milhões, em relação ao *Censo 2010*?

217

Gráfico de setores

O pai de Marta tem uma lanchonete e fez um levantamento sobre as vendas do último mês. Para isso elaborou o seguinte gráfico de setores.

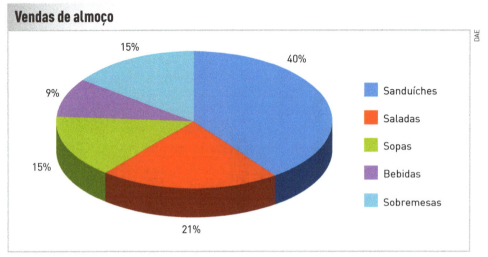

Fonte: Dados das vendas mensais.

O **gráfico de setores** é utilizado quando se deseja representar partes de um todo. No caso acima, é possível observar a contribuição de cada tipo de produto em relação ao todo vendido na lanchonete do pai de Marta.

> Observando as informações do gráfico, responda:
> 1. Quais foram os dois itens mais vendidos?
> 2. Se o círculo corresponde a um ângulo de 360°, qual ângulo corresponde a 40% desse círculo?

 **Conviver**

Leitura de gráficos

Em grupos de 3 ou 4 componentes, façam as atividades a seguir.

Instruções:

1. Tragam para a sala de aula um gráfico de barras, um de linha ou segmentos e um de setores, extraídos de uma revista, jornal ou *site*.
2. Observem atentamente as informações dos gráficos e escrevam:
   a) o título dos gráficos;
   b) quais são as variáveis que aparecem em seus eixos.
3. Elaborem uma frase que resuma as informações apresentadas em cada gráfico.
4. Mostrem essas frases, acompanhadas dos gráficos, para os demais colegas.

Construção de gráficos

Agora que você já observou como os gráficos estatísticos são utilizados, veja como podemos fazer cada um deles.

Existem *softwares* de planilhas eletrônicas que possibilitam a elaboração de gráficos com recursos que permitem alterar cores, tamanho de fonte, formas de apresentação etc. Vamos explorar algumas situações e elaborar gráficos estatísticos utilizando instrumentos como régua e compasso.

1ª situação

O professor de Educação Física de uma escola fez o levantamento das faltas dos alunos ao longo de uma semana e organizou as informações em um quadro.

Dia da semana	segunda-feira	terça-feira	quarta-feira	quinta-feira	sexta-feira
Número de alunos	12	10	4	5	9

Com base nessas informações, ele fez um gráfico de barras. Veja os passos que o professor seguiu.

- Primeiro, traçou dois eixos numa folha de papel quadriculado: no eixo vertical, marcou a quantidade de alunos; no horizontal, os cinco dias de aula da semana. Ele também deu um título para o gráfico: "Faltas na semana".
- Depois, decidiu que cada barra vertical do gráfico seria um retângulo com três quadradinhos de largura. A altura de cada uma delas corresponderia a tantos quadradinhos quantos os alunos que faltaram no respectivo dia da semana. O gráfico ficou da seguinte maneira:

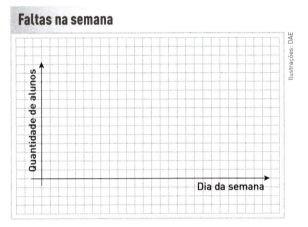

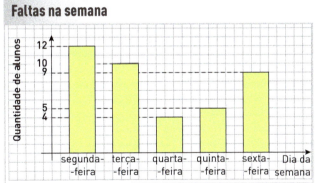

- Para fazer o gráfico de barras horizontais, basta inverter os eixos, isto é, colocar os retângulos com as informações numéricas na horizontal, como mostrado ao lado.

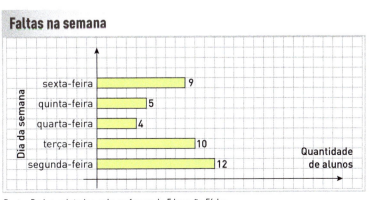

Fonte: Dados coletados pelo professor de Educação Física.

2ª situação

A bibliotecária da escola percebeu que, conforme os dias passavam, a procura de livros diminuía. Após comentar suas preocupações com o diretor, este pediu que ela fizesse um levantamento dos empréstimos de livros realizados durante o 2º semestre, para que tivesse uma ideia melhor da situação. A bibliotecária resolveu, mediante informações prévias, elaborar uma tabela e, depois, um gráfico de linhas.

- A tabela foi elaborada com os números que ela havia registrado ao longo dos cinco meses de aula do 2º semestre, ou seja:

Mês de aulas	agosto	setembro	outubro	novembro	dezembro
Número de livros emprestados	48	34	26	15	10

- Para evidenciar que o número de empréstimos de livros estava diminuindo mês a mês, a bibliotecária elaborou um gráfico de linhas para representar esses dados. Numa folha de papel, ela fez os dois eixos: indicou os meses no eixo horizontal e o número de livros emprestados no eixo vertical. Depois, colocou um quadradinho associando à quantidade emprestada de livros a cada mês. Por fim, ligou um quadradinho ao outro utilizando linhas.

Fonte: Dados coletados pela bibliotecária da escola.

3ª situação

Na avaliação de um trabalho de Ciências, foram atribuídos conceitos. No levantamento final, a quantidade de alunos que obteve cada conceito foi organizada no quadro abaixo:

Conceito	Regular	Bom	Ótimo
Número de alunos	10	15	25

Podemos elaborar um gráfico de setores para observar a distribuição dos 50 alunos. Veja as etapas de construção do gráfico a seguir.

- Calculamos inicialmente os percentuais correspondentes:

$$\text{regular: 10 alunos em 50} = \frac{10}{50} = 0{,}20 = 20\%;$$

$$\text{bom: 15 alunos em 50} = \frac{15}{50} = 0{,}30 = 30\%;$$

$$\text{ótimo: 25 alunos em 50} = \frac{25}{50} = 0{,}50 = 50\%.$$

- Determinamos a medida do ângulo de cada setor com base nos percentuais anteriores:

$$\text{regular: } 20\% \text{ de } 360° = \frac{20}{100} \cdot 360° = 72°;$$

$$\text{bom: } 30\% \text{ de } 360° = \frac{30}{100} \cdot 360° = 108°;$$

$$\text{ótimo: } 50\% \text{ de } 360° = \frac{50}{100} \cdot 360° = 180°.$$

- Com o auxílio de um compasso, desenhamos uma circunferência. Utilizando o transferidor, marcamos os ângulos correspondentes e inserimos as porcentagens:

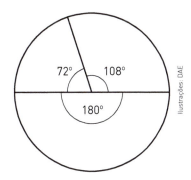

- O passo seguinte é escolher uma cor para cada setor e colocar a legenda ao lado, indicando o que cada cor representa. Também é preciso criar um título para o gráfico.

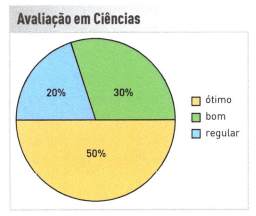

Fonte: Dados obtidos pelo professor de Ciências.

Atividades

1. Esta é uma atividade para ser feita em grupos com até três alunos.

Instruções

1. Observando as três situações apresentadas anteriormente e alterando os dados numéricos, cada grupo deve fazer:

a) um gráfico de colunas;

b) um gráfico de linhas;

c) um gráfico de setores.

2. Agora, cada grupo deve apresentar os gráficos para os demais alunos.

2 O gráfico a seguir apresenta um levantamento do número de árvores plantadas num município brasileiro durante a campanha denominada "Plante uma árvore". Observe os dados desse gráfico e faça o que se pede.

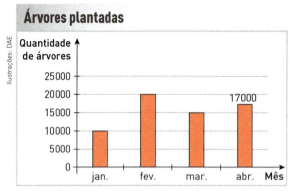

Fonte: Dados fictícios.

a) Quantas árvores foram plantadas em março?
b) Elabore uma tabela com os dados do gráfico.
c) Com essas informações, elabore um gráfico de barras horizontais.

3 No gráfico a seguir há informações sobre a produção de calçados de uma pequena indústria ao longo do primeiro semestre de 2018.

a) Elabore uma tabela com as informações do gráfico.

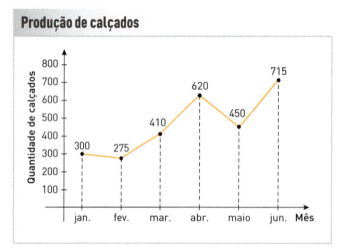

Fonte: Dados fictícios.

b) Durante o primeiro semestre, em quais períodos a produção diminuiu?
c) Em quais períodos houve crescimento?
d) Em qual período o crescimento foi mais acentuado?

4 Numa grande gincana da escola, a turma do 7º ano foi dividida em cinco equipes. A quantidade de pontos que cada equipe obteve na competição foi organizada em um quadro. Observe:

Equipe	Os intocáveis	Amigos	Os impossíveis	Quinteto	Monstros e companhia
Número de pontos	75	70	45	30	30

Elabore um gráfico de barras para representar os dados desse quadro.

5 De acordo com os percentuais mostrados no gráfico de setores abaixo, indique a medida do ângulo correspondente a cada setor.

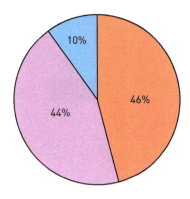

6 Determinada loja fez um levantamento sobre a satisfação de seus clientes. O resultado está expresso no gráfico ao lado, em que o total corresponde a um setor de 180°.

Calcule a medida do ângulo correspondente ao setor que indica a avaliação:

a) excelente;
b) boa;
c) regular;
d) ruim;
e) não sabe.

7 O gráfico de setores a seguir apresenta os conceitos dados, numa atividade esportiva, para os 200 alunos de uma escola na disciplina de Educação Física.

Fonte: Dados fictícios.

a) Calcule o número de alunos correspondente a cada conceito.
b) Determine a medida do ângulo correspondente a cada setor.
c) Elabore uma tabela com os conceitos, os percentuais e o número de alunos.
d) Elabore um gráfico de barras com base na tabela.

Conviver

Construção de gráfico com *software*

Junte-se a dois colegas para fazer esta atividade.

Ao elaborarem um gráfico, quais são as etapas para construí-lo? Nesta seção veremos como criar um gráfico em uma planilha eletrônica.

Vamos trabalhar com o seguinte dado: "Quantidade de alunos do 6º ano da Escola Alto-Astral".

Na aba superior da planilha, cliquem na opção **Inserir**. Nela, localizem no grupo **Gráficos** o tipo de gráfico que desejam usar. Sugerimos que iniciem pelo gráfico de colunas. Vejam que abaixo de cada tipo de gráfico há uma seta que possibilita abrir os subtipos desses gráficos.

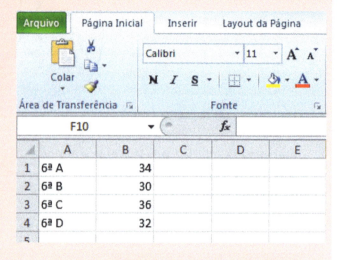

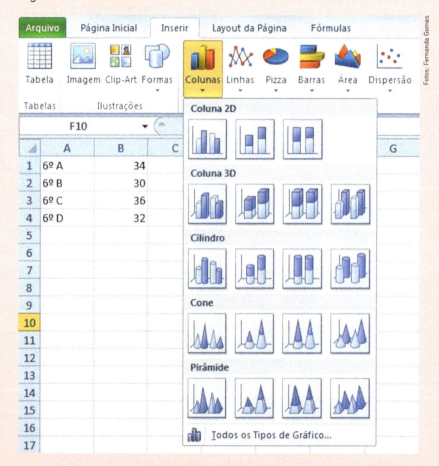

Ao selecionar o tipo do gráfico, observem que existe um item chamado "selecionar dados". Cliquem nesse botão para selecionar as células correspondentes às salas e à quantidade de alunos. Cliquem em **Ok** para gerar o gráfico.

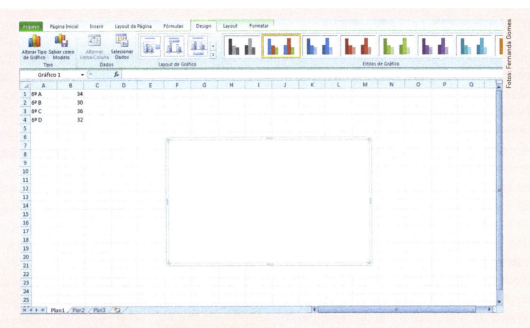

É importante dar nome ao gráfico e aos dados das coordenadas. Para isso, localizem o grupo chamado **Layout de Gráfico** e cliquem em cada uma das opções para fazer essas alterações. Para inserir o título, cliquem em cima da expressão "Título do Gráfico" e façam a alteração.

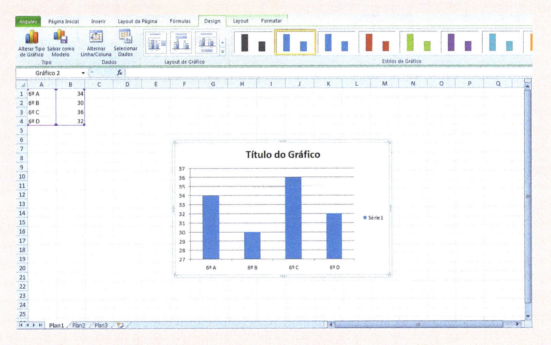

Utilizando uma planilha eletrônica, elaborem um gráfico para verificar como está a distribuição do tempo de vocês durante o dia. Primeiro façam uma tabela da rotina diária de cada um, com a quantidade de tempo que vocês gastam nas principais atividades do dia.

Usem o intervalo que acharem mais adequado, por exemplo, anotar hora a hora a atividade realizada ou anotar as atividades que fazem no dia e, ao lado, a quantidade de horas necessárias para cada uma etc.

Feito isso, respondam às questões com base no gráfico elaborado.
- Como vocês avaliam a distribuição do tempo de cada um durante o dia?
- O tempo que vocês dedicam aos estudos em relação ao tempo de lazer está adequado?

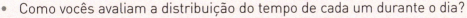

Pesquisas estatísticas

Gráficos estatísticos são frequentemente utilizados para apresentar resultados de pesquisas importantes para a sociedade, como a intenção de voto dos eleitores do país e as condições de vida da população. Pesquisas como essas necessitam de grande planejamento e investimento. Para compreender isso, vamos comparar duas situações.

Suponha que você queira conhecer a quantidade de alunos de sua turma que nasceram em cada um dos meses do ano. Para isso, é possível perguntar o mês de nascimento de cada colega e registrar a resposta.

Agora imagine fazer essa mesma pesquisa com toda a população brasileira. Seria necessário bastante tempo para concluí-la. Em casos como esse, é adequado realizar uma **pesquisa por amostragem**.

Existem empresas que são especializadas em fazer pesquisas estatísticas. Elas utilizam uma **amostra da população** que representa as características de todo o povo – por isso, a escolha dessa amostra deve ser feita com muito critério. Para conhecer a intenção de voto dos eleitores na próxima eleição para presidente do Brasil, por exemplo, a amostra deve conter pessoas de todas as regiões do país, de todas as faixas etárias com direito de votar, de todas as classes econômicas e de ambos os sexos.

Responda:
1. A amostra de uma pesquisa sobre a intenção de voto nas próximas eleições para presidente deve conter a mesma quantidade de moradores da cidade e do campo?
2. A amostra deve conter mais habitantes de qual região do país?

 Atividades

1) Uma pesquisa amostral foi feita com o objetivo de conhecer o esporte preferido dos moradores de uma cidade. Para isso, foram entrevistadas pessoas que assistiram ao jogo de futebol no estádio municipal no último fim de semana.

   Responda:
   Essa pesquisa tem uma amostra que representa a população da cidade? Justifique.

2) Em sua escola, faça uma pesquisa rápida sobre o lazer preferido dos alunos. Ela deve ser elaborada em duas etapas:

   a) apenas entre os alunos dos 6º e 7º anos;
   b) apenas entre os alunos dos 8º e 9º anos.

   O resultado foi o mesmo?

3. Observe abaixo tipos diferentes de lixo e os recipientes em que são colocados.

PLÁSTICO

LIXO ORGÂNICO

VIDRO

LIXO ELETRÔNICO

PAPEL

METAL

Elabore uma pesquisa que tenha três perguntas sobre a separação do lixo.

Apresente as perguntas para os colegas e, depois, informe:

1. Quantas pessoas pretende pesquisar?
2. Qual será a faixa etária dos entrevistados?

4. Aproveitando as questões elaboradas na atividade anterior, cada aluno deve fazer a própria pesquisa, seguindo as instruções abaixo.

1. Preparar os formulários com todas as questões a serem respondidas.
2. Definir o número de pessoas a serem entrevistadas.
3. Definir as características das pessoas que serão entrevistadas, ou seja, as características da amostra: idade, ocupação/profissão e sexo.
4. Realizar a pesquisa.
5. Organizar as respostas em tabelas.
6. Representar o resultado da pesquisa por meio de um gráfico estatístico.
7. Redigir um pequeno texto que explique o resultado da pesquisa.

5. Interprete a imagem a seguir e escreva uma frase a respeito do que você pensa sobre o tema.

6. Você já sofreu algum tipo de *bullying*?

Forme uma dupla com um colega e, juntos, elaborem três questões sobre *bullying* na escola para apresentar à turma.

Retomar

1. O que é mais provável: obter o número 5 ao lançar um dado ou cara ao lançar uma moeda? Justifique.

2. A probabilidade de sair um número par no lançamento de um dado é:
   a) 10%.
   b) 40%.
   c) 25%.
   d) 50%.

3. Lança-se uma moeda para cima. A probabilidade de sair cara é:
   a) maior que a de sair coroa.
   b) menor que a de sair coroa.
   c) 25%.
   d) 50%.

4. No lançamento de um dado, a quantidade de resultados possíveis é:
   a) 6.
   b) 7.
   c) 8.
   d) 9.

5. A média aritmética entre cinco números é igual a 8. Acrescentando 1 unidade a cada valor, o que acontece com a nova média aritmética?
   a) Continua sendo 8.
   b) Diminui 1 unidade.
   c) Não podemos calcular.
   d) Aumenta 1 unidade.

6. Num sorteio, a probabilidade de você ser escolhido é de 18%. Então, nesse mesmo sorteio, a probabilidade de você não ser escolhido é de:
   a) 18%.
   b) 36%.
   c) 72%.
   d) 82%.

7. No quadro a seguir está indicada a quantidade de pontos feitos por Marcos em três etapas de uma gincana escolar.

Etapa	1ª etapa	2ª etapa	3ª etapa
Número de pontos	20	20	50

Em média, quantos pontos Marcos fez por etapa?
   a) 30 pontos
   b) 20 pontos
   c) 40 pontos
   d) 50 pontos

8) Ainda em relação à questão anterior, considere que na 1ª etapa o peso é 1, na 2ª etapa o peso é 2 e na 3ª etapa o peso é 3. Assim, a média de pontos de Marcos é igual a:

a) 30 pontos.

b) 35 pontos.

c) 40 pontos.

d) 45 pontos.

9) O gráfico a seguir indica o faturamento de uma empresa em **milhões de reais** nos três primeiros meses do ano.

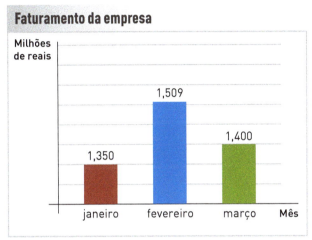

Fonte: Dados fictícios.

É correto afirmar que:

a) houve um crescimento de menos de 10% de janeiro para fevereiro.

b) houve um crescimento de mais de 10% de fevereiro para março.

c) houve um decrescimento de mais de 100 mil reais de fevereiro para março.

d) houve um decrescimento de menos de 100 mil reais de fevereiro para março.

10) Ainda em relação aos dados da atividade anterior, é correto afirmar que o faturamento médio mensal foi de aproximadamente:

a) 1,4 milhão de reais.

b) 1,8 milhão de reais.

c) 2 milhões de reais.

d) 1 milhão de reais.

11) Observe o gráfico de setores ao lado.

O ângulo correspondente ao setor que indica 50% é de:

a) 90°.

b) 135°.

c) 180°.

d) 225°.

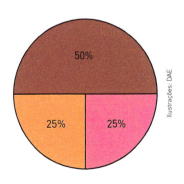

12 Ainda em relação ao gráfico de setores da atividade anterior, o setor que indica 25% tem um ângulo de:

a) 90°.

b) 135°.

c) 180°.

d) 225°.

13 As vendas da empresa de Paulo (em mil reais) estão indicadas no gráfico a seguir.

Fonte: Dados fictícios.

Em qual mês a venda foi de 16 mil reais?

a) Em julho.

b) Em agosto.

c) Em setembro.

d) Em outubro.

14 Ainda em relação à questão anterior, pode-se dizer que a venda mensal média ao longo desses meses foi de:

a) 11 mil reais.

b) 12 mil reais.

c) 13 mil reais.

d) 14 mil reais.

15 Júlia desenhou o seguinte gráfico de setores numa atividade de Matemática:

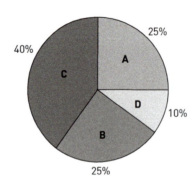

Quanto mede o ângulo correspondente ao setor D?

a) 72°

b) 36°

c) 44°

d) 60°

16 Utilizando uma embalagem grande de ovos, a turma do 7º ano resolveu fazer um alvo colorido para brincar de tiro ao alvo, como mostra a figura a seguir. Observe que a embalagem foi pintada com três cores.

Ampliar

Atividades e jogos com Estatística,
de Marion Smoothey (Scipione).

Por meio de atividades diversas, com linguagem simples e direta, você vai aprender os principais conceitos de Estatística.

Nessa brincadeira, o alvo era posicionado no chão e cada participante lançava uma tampinha de garrafa. Quem acertava na região vermelha ganhava 10 pontos, quem acertava na região amarela ganhava 6 pontos e quem acertava na região azul, apenas 2 pontos.

a) Em qual região é mais provável acertar?

b) Em qual região é menos provável acertar?

17 (**Obmep**) Os 1 641 alunos de uma escola devem ser distribuídos em salas de aula para a prova da Obmep. As capacidades das salas disponíveis e suas respectivas quantidades estão informadas na tabela abaixo:

Capacidade máxima de cada sala	Quantidade de salas disponíveis
30 alunos	30
40 alunos	12
50 alunos	7
55 alunos	4

Qual é a quantidade mínima de salas que devem ser utilizadas para essa prova?

a) 41

b) 43

c) 44

d) 45

e) 47

UNIDADE 8

Composição 8, de Wassily Kandinsky (1923). Óleo sobre a tela, 140 cm × 201 cm.

A Matemática e a Arte parecem caminhar juntas. Muitas obras de arte utilizam conceitos matemáticos para criar efeitos visuais. Observe novamente os quadros apresentados. Você reconhece algum elemento relacionado à Matemática?

1 Indique um objeto cujo formato lembra uma circunferência.

Geometria

Serpentina, de Beatriz Milhazes (2003). Serigrafia, 130 cm × 130 cm.

2 Você sabe o que significa diâmetro de uma circunferência?

CAPÍTULO 25

Circunferência

Construção de uma circunferência

Podemos desenhar uma circunferência contornando a base de algum objeto de forma cilíndrica, por exemplo. Entretanto, quando desejamos obter uma circunferência com determinada medida de raio, o mais comum é utilizarmos um compasso.

O compasso é um instrumento de desenho geométrico que tem duas pontas: uma ponta seca, em forma de agulha, com a qual se marca um ponto fixo numa folha de papel, e uma ponta com grafite ou lápis, utilizada para traçar a circunferência.

Observe nas três ilustrações a seguir como traçar uma circunferência com esse instrumento. O raio da circunferência obtida equivale à abertura entre as duas pontas do compasso, ou seja, o segmento de reta AB.

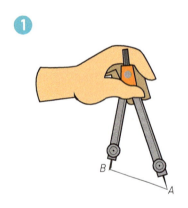

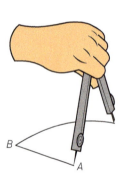

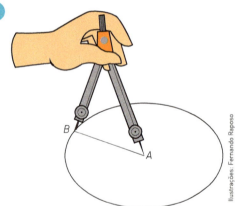

1. Qual ponto da figura 1 indica a posição da ponta seca do compasso?
2. O comprimento do segmento AB indica que elemento da circunferência?

Experimente desenhar uma circunferência utilizando um compasso:
- ao ajustar a abertura do compasso, você estará definindo a medida do raio da circunferência;
- fixando a ponta seca do compasso em determinado ponto da folha de papel, você estará indicando o centro da circunferência.

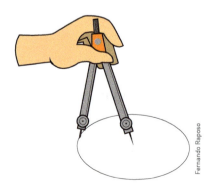

Circunferência é o conjunto de pontos de um plano que estão situados a uma mesma distância de um ponto fixo desse plano.

Veja a seguir os elementos de uma circunferência.
- O ponto fixo é o **centro** da circunferência.
- A distância de um ponto da circunferência a seu centro é denominada **raio** da circunferência.
- O dobro da medida do raio é conhecido como **diâmetro** da circunferência.
- O segmento de reta formado por dois pontos quaisquer de uma circunferência é conhecido como **corda**.

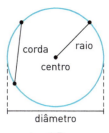

No desenho abaixo, temos representadas três cordas: AB, CD e EF. Note que a corda CD passa pelo centro da circunferência.

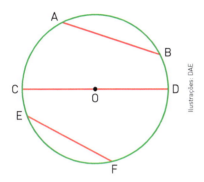

Quando a corda de uma circunferência passa por seu centro, é denominada **diâmetro** da circunferência.

 Atividades

1. Utilizando um compasso desenhe:
   a) uma circunferência com raio de 4 cm;
   b) uma circunferência com diâmetro de 6 cm.

2. Trace a representação de uma reta. Depois fixe a abertura do compasso para fazer diversas circunferências, conforme a figura a seguir. Você deve interpretar o desenho para, somente então, fazer as circunferências. Ao final, pinte-as da maneira que achar mais interessante e mostre-as aos colegas.

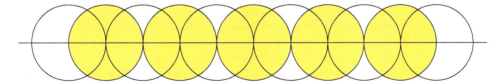

3. Utilizando um mesmo raio, faça três circunferências que são tangentes duas a duas, conforme a figura a seguir.

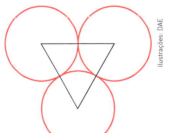

Quando duas circunferências têm apenas um ponto em comum, elas são denominadas **tangentes** entre si.

Após traçar as três circunferências, ligue os centros delas por meio de segmentos e forme um triângulo equilátero.

4 O desenho a seguir foi feito apenas utilizando um compasso. Para desenhá-lo, siga as instruções abaixo.

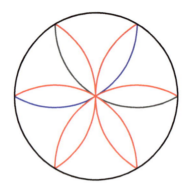

Instruções

1. Trace uma circunferência com o auxílio de um compasso.
2. Posicione a ponta seca do compasso sobre um ponto qualquer da circunferência e, com a mesma abertura, trace um arco de um lado ao outro da circunferência (como a linha que está em azul).
3. Posicione a ponta seca sobre um dos dois pontos onde o arco azul intersectou a circunferência. Trace mais um arco (como o que está em cinza).
4. Repita esse processo até retornar ao ponto inicial.

5 Utilizando a construção geométrica da atividade anterior, você poderá, com a mesma abertura do compasso, traçar outras seis circunferências, como representado a seguir.

Após fazer o desenho, pinte-o utilizando diversas cores. Apresente-o aos colegas quando concluído.

6 Em uma folha de papel, faça o desenho a seguir, em que $OA = 3$ cm, $OB = 4$ cm, $OC = 5$ cm, $OD = 6$ cm, $OE = 7$ cm e $OF = 8$ cm.

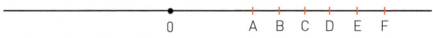

Após marcar esses pontos na folha, utilize um compasso e desenhe as circunferências com centro no ponto O e raios OA, OB, OC, OD, OE e OF. Essas circunferências são denominadas concêntricas.

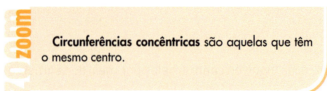

Circunferências concêntricas são aquelas que têm o mesmo centro.

7 A circunferência a seguir tem raio de 5 cm. Nela foram traçados três segmentos.

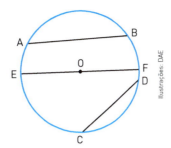

Responda:

a) Quais desses segmentos representam cordas da circunferência?

b) Qual desses segmentos representa um diâmetro da circunferência?

c) Os pontos A, B, C, D, E e F pertencem à circunferência. Qual é a distância de cada um deles ao ponto O?

8 Na circunferência representada a seguir, o raio mede 3 cm e o centro é o ponto O.

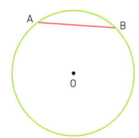

Analise cada uma das afirmações a seguir e indique quais são verdadeiras e quais são falsas.

a) O segmento AB é denominado corda da circunferência.

b) O comprimento do segmento AB é maior que o diâmetro da circunferência.

c) O comprimento do segmento AB é igual ao diâmetro da circunferência.

d) A distância do ponto A ao ponto O é igual a 3 cm.

e) A distância do ponto B ao ponto O é menor que 3 cm.

f) O triângulo AOB é equilátero.

g) O triângulo AOB é isósceles.

9 No desenho ao lado estão representadas três circunferências que têm, duas a duas, apenas um ponto em comum.

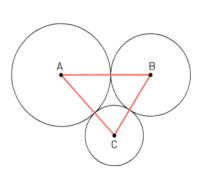

Considerando que os raios das circunferências de centros A, B e C são, respectivamente, 5 cm, 4 cm e 3 cm, determine:

a) a medida do diâmetro da circunferência de centro no ponto A;

b) a medida do diâmetro da circunferência de centro no ponto B;

c) a medida do diâmetro da circunferência de centro no ponto C;

d) a medida do segmento AB;

e) a medida do segmento AC;

f) a medida do segmento BC.

g) o perímetro do triângulo ABC.

O comprimento de uma circunferência

Patrícia utilizou um barbante e uma régua para medir o contorno de três tampas: a tampa A com diâmetro de 8 cm, a tampa B com diâmetro de 12 cm e a tampa C com diâmetro de 16 cm.

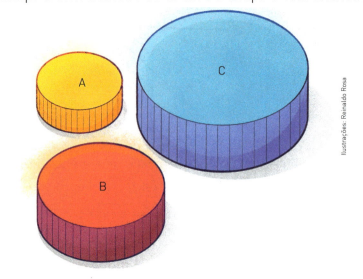

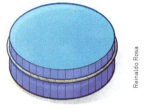

As imagens não estão na proporção real.

Ela anotou as medidas obtidas no quadro a seguir.

Tampa	Comprimento da circunferência	Medida do diâmetro
A	24,9 cm	8 cm
B	37,6 cm	12 cm
C	49,5 cm	16 cm

Utilizando uma calculadora, Patrícia dividiu o comprimento de cada circunferência pela medida do diâmetro a ele correspondente e obteve valores próximos a 3,1. Então, concluiu que:

$$\frac{\text{comprimento da circunferência}}{\text{diâmetro}} \cong 3,1$$

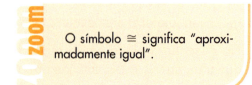

O símbolo ≅ significa "aproximadamente igual".

1. Utilize uma calculadora e calcule o quociente entre o comprimento de cada circunferência acima e a medida do diâmetro a ele correspondente.
2. É correto afirmar que os quocientes entre essas medidas são aproximadamente 3,1?

Patrícia concluiu que o quociente entre a medida do comprimento de uma circunferência e a medida do diâmetro é aproximadamente 3,1. De acordo com a determinação do final da volta do barbante e a precisão da régua utilizada, ela poderia obter outros valores, como 3 ou 3,2. Entretanto, o valor obtido sempre será próximo de 3.

O quociente entre a medida do comprimento de uma circunferência e seu diâmetro é um número não racional com infinitas casas decimais, que não apresenta um período. Representamos esse número pela letra grega π:

$$\frac{\text{comprimento da circunferência}}{\text{diâmetro}} \cong 3{,}14159265$$

Em símbolos:

$$\frac{C}{2 \cdot r} = \pi \text{ ou } C = 2 \cdot \pi \cdot r$$

Para efetuarmos cálculos que envolvam a medida do comprimento de uma circunferência, normalmente utilizamos o número racional 3,14 como aproximação para π, isto é:

$$\pi \cong 3{,}14$$

Observe que, com base na relação estabelecida anteriormente e utilizando uma aproximação para o número π, podemos calcular o comprimento de circunferências conhecendo apenas a medida do raio ou a medida do diâmetro.

Exemplo:

Considere que a janela representada abaixo tenha 1,20 m de diâmetro. Qual será a medida aproximada do comprimento da moldura que representa seu contorno?

- Utilizando a relação entre o comprimento e a medida do diâmetro, temos:

$$C = 2 \cdot \pi \cdot r$$
$$C = \pi \cdot d$$
$$C \cong 3{,}14 \cdot 1{,}20$$
$$C \cong 3{,}768 \text{ m}$$

Atividades

1) A circunferência representada abaixo tem 10 cm de diâmetro e centro no ponto O.

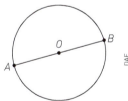

a) Qual é a medida do raio dessa circunferência?

b) Se utilizarmos a aproximação para o π de 3,14, qual será o comprimento dessa circunferência?

2) Utilize uma calculadora e considere que $\pi \cong 3{,}14$. Copie e complete o quadro com as medidas de circunferências a seguir.

Circunferência	Medida do raio	Medida do diâmetro	Comprimento da circunferência
A	2 cm		
B	5,5 cm		
C	9 cm		
D	10,4 cm		

3 Considere que você tenha desenhado duas circunferências, a primeira com raio de 3,4 cm e a segunda com raio igual ao dobro do raio da primeira. Responda:

a) Duplicando a medida do raio de uma circunferência, o que ocorre com a medida do diâmetro?

b) Duplicando a medida do raio de uma circunferência, o que ocorre com o comprimento da circunferência?

4 A circunferência maior tem diâmetro AB = 8 cm, enquanto as duas circunferências menores têm diâmetro de 4 cm cada uma.

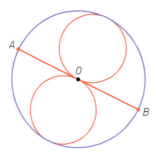

O que é maior: o comprimento da circunferência grande ou a soma dos comprimentos das duas circunferências menores?

5 A circunferência a seguir tangencia o quadrado em quatro pontos.

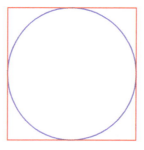

Considerando que o lado do quadrado mede 9 cm, responda:

a) Qual é a medida do diâmetro da circunferência?

b) Qual é o perímetro do quadrado?

c) Qual é o comprimento da circunferência, aproximadamente?

6 A diagonal do quadrado ilustrado a seguir corresponde ao diâmetro da circunferência.

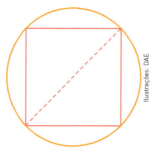

a) Utilize uma régua para obter a medida aproximada do lado do quadrado.

b) Utilize uma régua para obter a medida aproximada do diâmetro da circunferência.

c) Calcule o perímetro aproximado do quadrado.

d) Calcule o comprimento aproximado da circunferência.

7 Junte-se a um colega e, com uma trena, obtenha a medida do comprimento da parte externa de um pneu de bicicleta. Você poderá fazer isso de três maneiras.

1ª maneira

Como ilustra a figura a seguir, com um barbante contorne o pneu de bicicleta e utilize uma régua para determinar o comprimento obtido.

2ª maneira

Obtenha o diâmetro da circunferência utilizando uma trena. Meça esse diâmetro desde o contato da roda com o chão até a parte de cima do pneu. Como o comprimento da circunferência pode ser calculado por π · d, multiplique 3,14, valor aproximado de π, pela medida do diâmetro.

3ª maneira

Marque com tinta fresca um ponto na linha central do pneu, como indicado abaixo. Empurre a bicicleta em linha reta até que o ponto seja marcado duas vezes no chão. A distância entre essas duas marcas representa o comprimento do pneu da bicicleta.

Ilustrações: Reinaldo Rosa

Escreva uma conclusão sobre a medida do comprimento do pneu da bicicleta com base em um ou mais métodos escolhidos, comparando os valores obtidos, e apresente-a aos colegas.

De olho no legado

O número mais famoso do mundo

[...]

Inúmeros povos andaram à sua procura – antes mesmo que chegassem a ter consciência matemática. Quanto maior o número de caminhos que se pretendiam haver encontrado, quanto mais valores para ele se determinavam – tanto mais se evidenciava que nenhum deles era o verdadeiro. Muitos matemáticos sagazes e leigos fanatizados tomaram parte na sua pesquisa.

[...]

A circunferência, como figura mais regular e perfeita que era, dentro do grandioso jogo de linhas da geometria, tinha forçosamente que chamar a atenção desde muito cedo. Além do mais, o problema apresentava-se a cada passo na prática. Que perímetro possui uma roda de um dado diâmetro? Que quantidade de vinho cabe num cântaro de seção circular? Que comprimento deve ter uma grinalda a fim de cingir determinada coluna? Ou – em nossa época – que tamanho terá um pneu, para uma dada roda? Que distância percorre uma roda, ao dar uma volta? Quantos metros de corda podem ser enrolados num tambor cilíndrico?

Egípcios, hindus, babilônios, chineses, todos mediram suas forças com o problema em questão. As opiniões pendiam ora para um lado, ora para outro, formando uma pequena história dos enganos da humanidade. A mente humana girou sem cessar em torno deste problema e conceitos errados foram ensinados e aceitos durante séculos. Assim, os judeus diziam que a circunferência era o triplo do número – afirmação que é refutada por qualquer verificação experimental. Até mesmo o quádruplo era citado, e entre estes dois limites toda uma gama de aproximações, boas e más. Arquimedes foi o primeiro que conseguiu domar o número π. Hoje, conhece-se seu valor com aproximação superior a mil casas decimais; com absoluta exatidão, porém, jamais será conhecido.

Parece ser intuitivo, até certo ponto, que o número π deva ter caráter universal, isto é, que possua o mesmo valor para todas as circunferências do mundo. Pois todas as circunferências, sejam elas microscópicas ou gigantescas, ou ainda situadas numa escala intermediária – todas elas são figuras semelhantes. Dessa maneira, parece ser mais do que razoável o fato de dar-se nome próprio e designação abreviada à relação entre circunferência e diâmetro, batizando-a de "π, número da circunferência".

Estátua de Arquimedes.

Paul Karlson. *A magia dos números*. Rio de Janeiro: Globo, 1961. p. 135-136.

Responda:

1. Utilizando perímetros de polígonos inscritos e de polígonos circunscritos a uma circunferência, Arquimedes chegou à conclusão de que o número π estava compreendido entre os seguintes números escritos na forma mista: $3\frac{10}{71}$ e $3\frac{1}{7}$. Quais são esses números na forma decimal? Represente-os com quatro casas decimais.

CAPÍTULO 26
Construções de figuras geométricas

Construções com instrumentos geométricos

Além da régua, também são utilizados esquadros, transferidores e compassos em construções de figuras geométricas.

Observe a seguir exemplos de construções que você pode fazer utilizando alguns desses instrumentos. Reproduza, com um colega, cada uma delas. Sugerimos que utilize uma folha de papel presa na carteira com fita adesiva para realizar a atividade.

1ª construção

Usando régua e compasso, vamos fazer um triângulo equilátero cujo lado meça 10 cm.

- Trace um segmento *AB* com 10 cm de comprimento. Depois, posicione a ponta com grafite no ponto *A* e a ponta seca do compasso no ponto *B* e desenhe parte de uma circunferência. Repita o procedimento com a ponta seca no ponto *A*. Assim, você obterá o vértice *C*, intersecção dos dois arcos, como ilustrado ao lado.

- Com uma régua, trace os segmentos *AC* e *BC*, obtendo o triângulo equilátero cujo lado mede 10 cm.

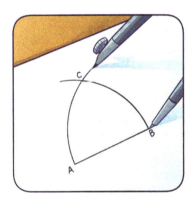

1. Quanto mede cada ângulo interno desse triângulo equilátero?
2. Se os lados do triângulo equilátero medissem 7 cm cada um, quanto mediriam os ângulos internos?

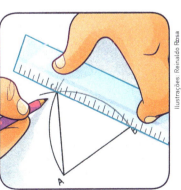

2ª construção

Vamos construir um triângulo de lados com medidas diferentes: 4 cm, 5 cm e 6 cm.

243

- Trace o segmento AB de 6 cm.

- Com a abertura com compasso em 5 cm, faça um circunferência em um dos extremos do segmento; depois, com abertura em 4 cm, faça uma circunferência no outro extremo do segmento. Ligue, então, o encontro das circunferências aos extremos A e B, formando dois triângulos.

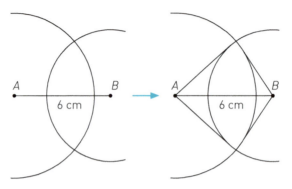

> Responda:
> 1. Qual é a medida dos outros dois segmentos que formam um dos triângulos?
> 2. Os dois triângulos formados na construção têm as mesmas medidas?

3ª construção

Vamos fazer um hexágono regular cujo lado meça 5 cm.

- Trace um segmento de reta e indique um ponto A pertencente a ele. Depois, a 5 cm de distância marque um ponto O, também pertencente ao segmento, e, com a abertura OA, desenhe uma circunferência de centro O. Marque o ponto D, correspondente à extremidade do diâmetro AD.

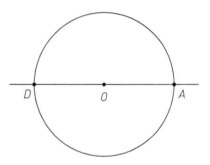

- Com centro no ponto A, desenhe uma circunferência de raio OA e marque as interseções com a primeira circunferência, obtendo agora os pontos B e F.

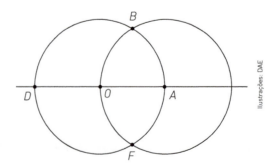

- Com centro no ponto *D*, descreva uma circunferência de raio *DO* e marque as interseções com a primeira circunferência, obtendo agora os pontos *C* e *E*.

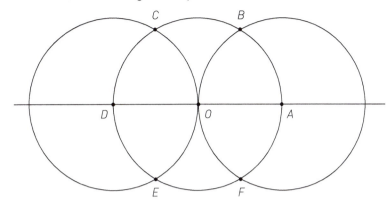

- Utilizando uma régua, obtenha um hexágono regular ligando, por meio de segmentos, os pontos *A* e *B*, *B* e *C*, *C* e *D*, *D* e *E*, *E* e *F* e *F* e *A*.

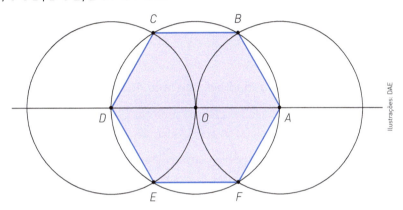

Atividades

1. Utilizando compasso, faça duas circunferências concêntricas: uma com raio de 5 cm e outra com raio de 7 cm.

2. Utilizando instrumentos de desenho, trace em uma folha de papel:
   a) um triângulo equilátero com 6 cm de lado;
   b) um triângulo de lados com 2 cm, 10 cm e 11 cm.
   c) um triângulo de lados com 3 cm, 4 cm e 5 cm.
   d) Classifique os triângulos anteriores em relação aos ângulos.

3. Utilizando instrumentos de desenho, trace em uma folha de papel:
   a) um hexágono regular com 6 cm de lado;
   b) um hexágono regular com 8 cm de lado.

4. Descreva, com suas palavras, como devemos proceder para construir um triângulo qualquer e um polígono regular (triângulo equilátero ou hexágono regular, por exemplo).

5 Junte-se a um colega para estudar a intersecção das mediatrizes dos lados de um triângulo.

Zoom: **Mediatriz** de um segmento de reta é a reta perpendicular a este, traçada no ponto médio desse segmento.

Instruções

1. Tracem um triângulo ABC qualquer numa folha de papel.
2. Com o auxílio de compasso e régua, tracem a mediatriz do lado AB desse triângulo. Com a abertura do compasso maior que a metade do comprimento de AB, tracem arcos com a ponta-seca em A e depois com a ponta-seca em B; em seguida, unam com uma reta os pontos obtidos pelos arcos. A reta traçada é a mediatriz do lado AB do triângulo.

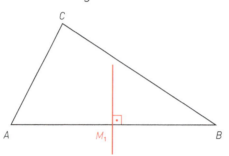

3. Da mesma forma, obtenham a mediatriz do lado AC.

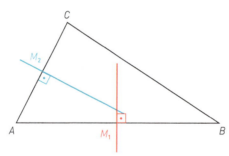

4. Finalmente, tracem a mediatriz do lado BC.

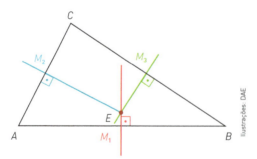

Respondam:
- Essas mediatrizes encontram-se num mesmo ponto?

6 Agora volte ao desenho que você fez com um colega na atividade anterior e faça o que se pede.
  a) Verifique se as distâncias do ponto de encontro das mediatrizes até os vértices do triângulo são iguais.
  b) Com um compasso, desenhe a circunferência com centro na interseção das mediatrizes e raio igual à distância dessa intersecção a um dos vértices. Os vértices dos triângulos são pontos da circunferência obtida?

7 Com base nas ilustrações a seguir, trace representações de retas paralelas utilizando apenas dois esquadros e um lápis. Note que um dos esquadros deve estar fixo (utilize uma das mãos para fixá-lo) e o outro deve ser movimentado.

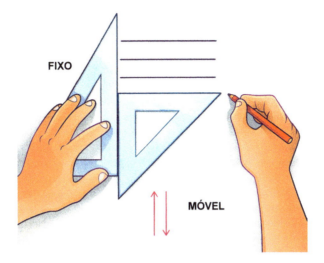

8 Trace representações de retas paralelas e perpendiculares com o auxílio de uma régua e dos dois esquadros.

Instruções

1. Posicione uma régua em cima de uma folha de papel.
2. Posicione o esquadro com o ângulo de 30° para cima, conforme indicado na parte esquerda da figura abaixo.
3. Deslizando o esquadro nessa posição ao longo da régua para a direita, trace várias representações de retas paralelas.
4. Posicione o mesmo esquadro com o ângulo de 60° para cima, conforme indicado na parte direita da figura a seguir.
5. Deslizando o esquadro nessa posição ao longo da régua para a esquerda, trace várias representações de retas paralelas.

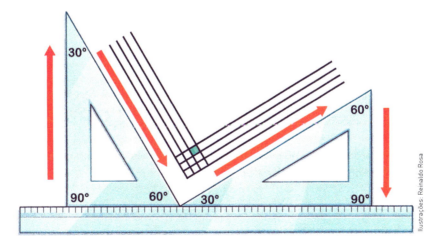

Responda:

a) As retas representadas são perpendiculares?

b) É possível construir retângulos por meio desse processo?

Construção de objetos geométricos

A ideia desta atividade é que você utilize recursos de geometria dinâmica para fazer construções diversas que representem transformações de gráficos.

1 Polígonos

   a) Polígonos equiláteros.

   1. Acesse o GeoGebra e, inicialmente, clique em e, posteriormente, no botão **(Polígono Regular)**.
   2. Defina, então, na malha quadriculada a posição de dois pontos.
   3. Selecione o número de vértices desejado: 3 para triângulo, 4 para quadrado, 5 para pentágono e assim por diante.
   4. Repita o procedimento para criar os polígonos regulares desejados.

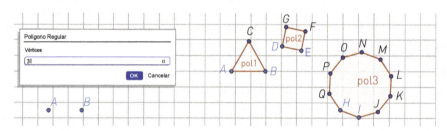

   b) Polígonos não equiláteros
   1. No GeoGebra, clique em e, posteriormente, no botão **(Polígono)**.
   2. Na malha quadriculada, monte o polígono desejado, ponto a ponto, fechando a figura no ponto inicial.

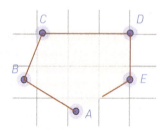
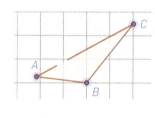

2 Circunferência

   a) Circunferência qualquer.
   1. No GeoGebra, clique em e, posteriormente, no botão **(Círculo dados Centro e Um de seus pontos)**.
   2. Selecione, então, dois pontos na malha quadriculada: o primeiro será o centro da circunferência, e o segundo será um ponto da circunferência.

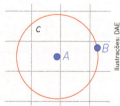

Ilustrações: DAE

b) Circunferência de raio definido

1. Clique em ⊙ e, posteriormente, no botão ⊙ (**Círculo dados Centro e Raio**).

2. Selecione um ponto na malha quadriculada e defina então o raio da circunferência desejada.

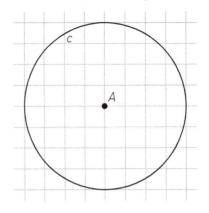

③ Mediatriz de um segmento

1. Acesse o GeoGebra, clique em ✦ e, posteriormente, no botão ✦ (**Segmento**).

2. Selecione dois pontos na malha quadriculada, de distância desejada, para formar um segmento.

3. Clique em ✗ e, posteriormente, no botão ✗ (**Mediatriz**). Então, clique no segmento criado.

④ Ponto de encontro de mediatrizes

Para exemplificar de maneira geral, faremos essa construção em um triângulo qualquer, procedimento comum a outras construções.

1. Acesse o GeoGebra e construa um triângulo qualquer.

2. Trace a mediatriz dos lados do triângulo, uma por vez.

3. Após clicar no botão •A, clique em ✗ (**Interseção de Dois Objetos**). Selecione então duas mediatrizes criadas.

Será criado um ponto em que essas mediatrizes se encontram.

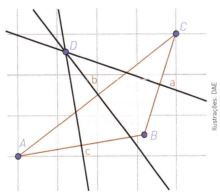

No caso dos polígonos regulares, o ponto de encontro das mediatrizes é interno e também o centro desse polígono. Faça a construção e verifique.

Capítulo 27 — Transformações geométricas

Translação, rotação e reflexão

Com um triângulo e um círculo, Matheus criou um carimbo. Veja, agora, a composição de figuras que Matheus fez com base no carimbo criado:

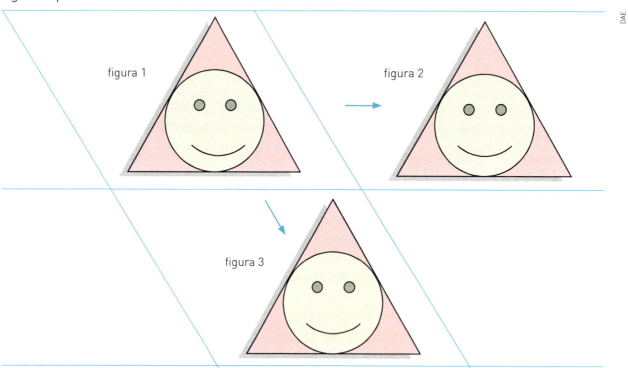

Em relação aos desenhos acima, responda:

1. Qual é a relação entre a figura 1 e a figura 2? E entre a figura 1 e a figura 3?
2. As formas e as medidas dos três desenhos são iguais?

As figuras 2 e 3 representam **translações** da figura 1, pois podemos obtê-las por meio do deslocamento da figura 1 em duas direções, mantendo a mesma forma e as mesmas medidas do desenho inicial.

> A **translação** de uma figura geométrica corresponde ao deslocamento dessa figura para uma direção e uma distância estabelecidas.

Para fazermos uma translação, precisamos determinar a direção e a distância do deslocamento a ser feito. Por exemplo, observe no plano cartesiano a seguir que a figura desenhada foi transladada 6 unidades para baixo. Isso significa que cada elemento da figura inicial foi deslocado 6 unidades para baixo para se obter o elemento correspondente na figura final.

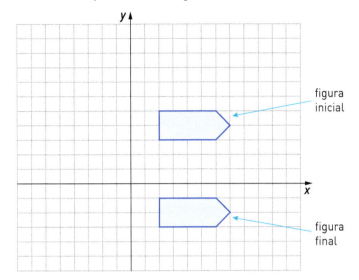

Observe outra composição criada por Mateus:

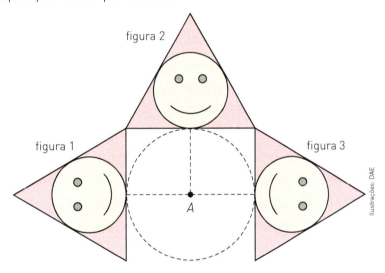

Responda:
1. Qual é a relação entre a figura 1 e a figura 2? E entre a figura 2 e a figura 3?
2. As medidas e a forma dos desenhos foram alteradas?

A figura 1 foi rotacionada em torno do ponto A para que pudéssemos obter a figura 2. Da mesma forma, a figura 2 foi rotacionada em torno do ponto A para obtermos a figura 3.

> Em uma **rotação**, a figura mantém sua forma e suas medidas. O ponto em torno do qual a figura é rotacionada é denominado centro de rotação.

Agora observe as figuras abaixo.

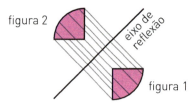

Responda:

1. Na construção anterior, a distância de um ponto qualquer da figura 1 até a reta é a mesma do ponto correspondente a ele na figura 2 em relação à reta?

Observe que a figura 2 pode ser obtida refletindo-se a figura 1 em relação à reta. Dizemos que a figura 2 é uma **reflexão** da figura 1.

> Em uma **reflexão**, a figura preserva sua forma e suas medidas. A reta sob a qual a figura é refletida é denominada **eixo de reflexão**.

Atividades

1. Desenhe no caderno um retângulo e trace seus eixos de simetria.

2. Desenhe no caderno uma circunferência. Pinte a região interna e trace os eixos de simetria do círculo, conforme demonstrado ao lado.

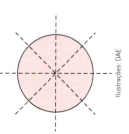

Responda:

a) Quantos eixos de simetria estão representados na figura?

b) Quantos eixos de simetria essa figura tem?

c) Qual é a relação entre o diâmetro de uma circunferência e seus eixos de simetria?

3. Utilizando o desenho da esquerda, qual transformação geométrica deve ser feita para obter o desenho da direita?

4 Junte-se a um colega para fazer esta atividade.

Instruções

1. Numa folha quadriculada, elaborem um desenho.
2. Tracem uma linha reta afastada desse desenho.
3. Façam um novo desenho, com base no primeiro, que represente uma reflexão em torno da reta traçada.
4. Apresentem o desenho de vocês à turma.

5 Em relação às duas figuras a seguir, responda: A figura 2 é uma translação, rotação ou reflexão da figura 1?

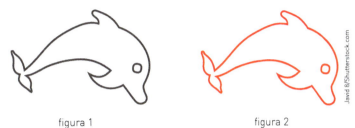

figura 1   figura 2

6 Vamos elaborar um desenho para representar uma translação?

Instruções

1. Elabore o desenho de um triângulo qualquer.
2. Faça a translação desse desenho para baixo.

Após a construção, responda:

a) Nessa translação, o triângulo teve seus ângulos alterados?

b) Nessa translação, as medidas dos lados do triângulo foram alteradas?

7 Observe a figura a seguir. Os triângulos 2, 3 e 4 representam transformações do triângulo 1.

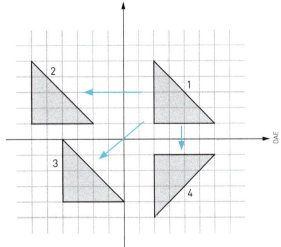

Identifique:

a) a transformação feita do triângulo 1 para o triângulo 2;
b) a transformação feita do triângulo 1 para o triângulo 3;
c) a transformação feita do triângulo 1 para o triângulo 4.

8 Represente, em uma folha quadriculada, o desenho de um triângulo isósceles em um plano cartesiano. Em seguida, nesse mesmo plano cartesiano, represente:

a) uma reflexão desse triângulo em relação ao eixo x;
b) uma reflexão desse triângulo em relação ao eixo y.

Retomar

1 Utilizando uma régua fixa e deslizando o esquadro, como sugerido no desenho a seguir, obtém-se as representações de retas *a*, *b*, *c* e *d*. O que essas representações de retas são entre si?

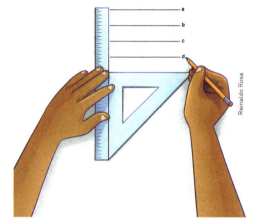

2 Os ângulos do esquadro representado na figura a seguir medem:

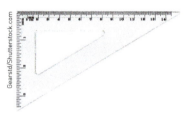

a) 30°, 60° e 90°.
b) 45°, 45° e 90°.
c) 60°, 60° e 60°.
d) 45°, 60° e 90°.

3 Numa circunferência qualquer, a maior corda representa:

a) o raio da circunferência.
b) o diâmetro da circunferência.
c) o comprimento da circunferência.
d) o dobro da medida do diâmetro da circunferência.

4 Se o diâmetro de uma circunferência mede 20 cm, então seu raio mede:

a) 5 cm.
b) 10 cm.
c) 15 cm.
d) 20 cm.

5 Os raios das duas circunferências a seguir medem 5 cm e 2 cm. É correto afirmar que a distância entre os pontos *P* e *Q*, que representam seus centros, é igual a:

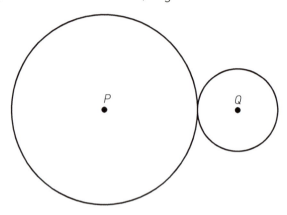

a) 12 cm.
b) 7 cm.
c) 3 cm.
d) 6 cm.

6 Os centros das circunferências representadas abaixo pertencem ao mesmo segmento de reta. Então a medida do comprimento desse segmento é:

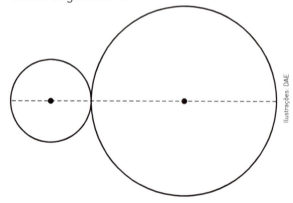

a) menor que o diâmetro da circunferência maior.
b) igual ao diâmetro da circunferência maior.
c) igual ao diâmetro da circunferência menor.
d) igual à soma das medidas dos diâmetros das duas circunferências.

7 O comprimento *C* de uma circunferência de raio *r* pode ser calculado por meio da relação:

$$C = 2 \cdot \pi \cdot r$$

Então, é correto afirmar que:

a) duplicando-se a medida do raio, o comprimento da circunferência triplica.
b) triplicando-se a medida do raio, o comprimento da circunferência duplica.
c) duplicando-se a medida do raio, o comprimento da circunferência também duplica.
d) triplicando-se a medida do comprimento da circunferência, o raio permanece igual.

8) Utilizando a aproximação 3,14 para o número π, o comprimento de uma circunferência de diâmetro igual a 20 cm mede, aproximadamente:

a) 62,8 cm.
b) 6,28 cm.
c) 31,4 cm.
d) 3,14 cm.

9) Com a ponta seca de um compasso no ponto A, foram traçadas circunferências concêntricas com raios de 1 cm, 2 cm, 3 cm, 4 cm, 5 cm, 6 cm e 7 cm, como indicado na figura abaixo.

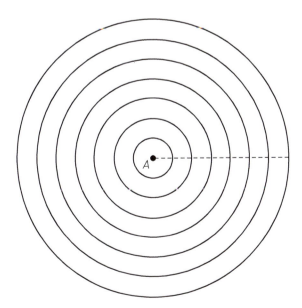

Se as medidas dos raios aumentam de 1 cm em 1 cm, o que acontece com as medidas dos diâmetros?

a) Aumentam de 1 cm em 1 cm.
b) Aumentam de 2 cm em 2 cm.
c) Aumentam de 3 cm em 3 cm.
d) Aumentam de 4 cm em 4 cm.

10) Ainda em relação às circunferências concêntricas ilustradas no exercício anterior, responda: Se as medidas dos raios aumentam de 1 cm em 1 cm, o que acontece com os comprimentos das circunferências?

a) Aumentam de π cm em π cm.
b) Aumentam de 2π cm em 2π cm.
c) Aumentam de 4π cm em 4π cm.
d) Aumentam de 4 cm em 4 cm.

11) Qual das figuras geométricas abaixo tem mais eixos de simetria?

a) Quadrado.
b) Losango.
c) Retângulo.
d) Circunferência.

12) Em relação ao ponto vermelho, que tipo de transformação você identifica de uma letra P para a letra P imediatamente ao lado?

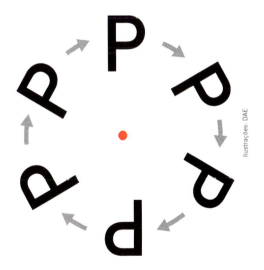

a) Reflexão horizontal.
b) Rotação.
c) Translação.
d) Reflexão vertical.

255

As figuras a seguir serão utilizadas para as atividades 13, 14 e 15. Os trapézios são congruentes, isto é, têm lados e ângulos iguais.

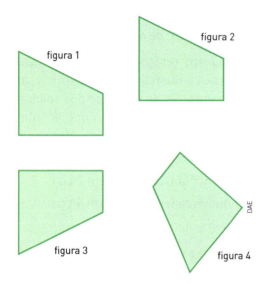

figura 1
figura 2
figura 3
figura 4

13 A figura 4 em relação à figura 1 representa uma:

a) reflexão horizontal.
b) reflexão vertical.
c) rotação.
d) translação.

14 A figura 3 em relação à figura 1 representa uma:

a) reflexão.
b) translação vertical.
c) rotação.
d) translação vertical.

15 A figura 2 em relação à figura 1 representa uma:

a) reflexão.
b) reflexão vertical.
c) rotação.
d) translação.

16 **(Obmep)** Uma roda-gigante está parada com o banco 8 na posição mais baixa e o banco 3 na posição mais alta. Seus bancos estão igualmente espaçados e numerados em ordem a partir do número 1. Quantos bancos tem essa roda-gigante?

a) 8
b) 10
c) 12
d) 14
e) 16

17 **(Obmep)** Joãozinho fez duas dobras em uma folha de papel quadrada, ambas passando pelo centro da folha, como indicado na Figura 1 e na Figura 2. Depois ele fez um furo na folha dobrada, como indicado na Figura 3.

Figura 1 Figura 2 Figura 3

 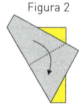

Qual das figuras abaixo representa a folha desdobrada?

a) 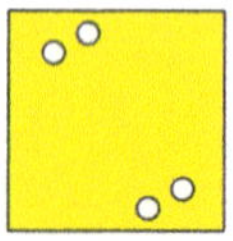   d)

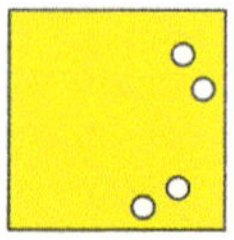

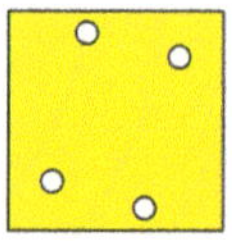

b)   e)

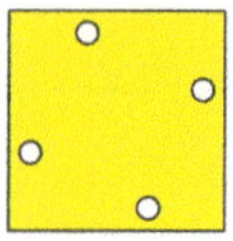

c)

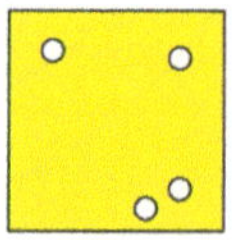

18 **(Obmep)** Carlinhos completou 5 voltas e meia correndo ao longo de uma pista circular. Em seguida, inverteu o sentido e correu mais quatro voltas e um terço, faltando percorrer 40 metros para chegar ao ponto de início. Quantos metros tem essa pista de corrida?

a) 48
b) 120
c) 200
d) 240
e) 300

19 Os monumentos Taj Mahal (Índia) e Coliseu de Roma (Itália) fazem parte das Sete Maravilhas do Mundo Moderno, não apenas por sua beleza mas também pelas histórias que carregam.

Taj Mahal, Índia.

Coliseu de Roma, Itália.

Quais transformações geométricas foram utilizadas nessas construções?

a) Simetria de reflexão e translação.
b) Simetria de reflexão e rotação.
c) Translação e rotação.
d) Reflexão em relação a um ponto.

Ampliar

Desenho geométrico 2 (7º ano),
de José Ruy Giovanni (FTD).

A coleção Desenho Geométrico, além de possibilitar a prática de construções geométricas, também traz os contextos em situações do dia a dia e fotografias bastante interessantes.

Gabarito

UNIDADE 1

Capítulo 1

Página 11 - Atividades

1. **a)** Ordem das centenas de milhar; setecentos e doze mil e oito.
   b) Ordem das unidades de bilhão; um bilhão, trezentos e quinze milhões, setecentos e dois mil e trinta e quatro.

2.

Número	UM	C	D	U
7 348	7	3	4	8
36	0	0	3	6
895	0	8	9	5
1 874	1	8	7	4
2 020	2	0	2	0

3. A afirmação é falsa, pois no sistema de numeração decimal os algarismos assumem valores posicionais.

4. **a)** 401 000   **b)** 184 000   **c)** 1 738 000

Página 13 - Atividades

1. **a)** Medidas dos retângulos: 1 × 18 ou 18 × 1, 2 × 9 ou 9 × 2 e 3 × 6 ou 6 × 3.
   b) 1, 2, 3, 6, 9 e 18; Há infinitos múltiplos de 18.

2. **a)** 95   **b)** 94   **c)** 990   **d)** 960

3. **a)** 5 cédulas de R$ 20,00 e 4 de R$ 50,00
   b) Sim.   **c)** Não.

4. **a)** 200 segundos
   b) 5 e 4 voltas, respectivamente

5. Resposta pessoal.

6. 5 metros; 20 pedaços

Capítulo 2

Página 16 - Atividades

1. **a)** −8 °C, −5 °C, −3 °C, −2 °C, 0 °C, 1 °C, 4 °C, 6 °C, 12 °C
   b) 12 °C, 6 °C, 4 °C, 1 °C, 0 °C, −2 °C, −3 °C, −5 °C, −8 °C

2. −86 m

3. Positivo, de 170 reais.

4. **a)** Número negativo.   **b)** Aumentar.

5. Resposta pessoal.

6. 4 graus.

Página 19 - Atividades

1. −7 °C

2. −1

3. 9 números inteiros: −4, −3, −2, −1, 0, 1, 2, 3 e 4.

4. **a)** 7   **c)** 0   **e)** 8
   b) 5   **d)** 4

5. **a)** Quando eles são opostos (ou simétricos).
   b) 7 e −7

6. $X = -1$; $Y = 2$; $Z = -3$

7. **a)** −7, −6, −5, −4, −3, −2 e −1
   b) 1   **c)** 5

8. **a)** Não.
   b) Maio.   **d)** R$ 800,00 positivos.
   c) Abril.   **e)** Resposta pessoal.

Capítulo 3

Página 21 - Atividades

1. **a)** +5   **c)** −18   **e)** +6
   b) 0   **d)** −2   **f)** −9

2. −14

3. **a)** +30, +50, +70, +90
   b) −120, −200, −280, −360

4. Resposta pessoal.

Página 23 - Atividades

1. −250; −120

2. **a)** +270   **b)** −300

3. **a)** 0   **b)** 0

4. R$ 50,00

5. R$ 630,00

6. 7º andar.

7. Resposta pessoal.

8. a) Sim. **b)** Zero.

Página 26 - Atividades

1. a) +100 **b)** −450 **c)** +73 **d)** −150

2. a) −4 **c)** −10 **e)** +2
b) +20 **d)** +1 **f)** 0

3. R$ 3 040,00

4. Resposta pessoal.

5. a) −20 **c)** −9 **e)** +8
b) +20 **d)** +12 **f)** +28

6. a) Aumentou. **c)** R$ 2 732,00.
b) Aumentou.

7. Resposta pessoal.

Capítulo 4

Página 29 - Atividades

1. a) 5 · (−2)
b) (−2) + (−2) + (−2) + (−2) + (−2)
c) −10 gols
d) De derrota.

2. a) 88 **c)** −1 200 **e)** −300
b) −36 **d)** −220 **f)** 38

3. a) −5 **c)** 7 **e)** −8
b) −4 **d)** 9 **f)** −9

4. −160; 320; −640; 1 280; −2 560. Cada número, a partir do segundo, é o anterior multiplicado por −2.

5. Verdadeira.

6.

×	−1	−2	−3	−4
−1	1	2	3	4
−2	2	4	6	8
−3	3	6	9	12
−4	4	8	12	16

7. a) Quando ambos têm o mesmo sinal.

b) Quando um fator é positivo e o outro é negativo.
c) Quando pelo menos um dos fatores é igual a zero.
d) Não. **e)** Não. **f)** Positivo.

8. Resposta pessoal.

Página 30 - Atividades

1. a) 420 **b)** 600 **c)** 420 **d)** 600

2. Porque ele não fez a adição, primeiramente, dentro dos colchetes. O resultado correto é −5.

3. a) Propriedade distributiva da multiplicação em relação à adição.
b) Resposta pessoal.
c) Resposta pessoal.

4. a) Resposta pessoal. **b)** Sim.

Página 33 - Atividades

1. a) 250 **c)** −300
b) −250 **d)** −400

2. a) 10 **c)** −110 **e)** −16
b) −5 **d)** 500 **f)** 11

3. a) −36 **c)** −27 **e)** −9
b) 8 **d)** −2 **f)** +60

4. a) Positivo.
b) Negativo.
c) Positivo.

5. a) −10; −10; −10 **c)** 5; 5; 5
b) −7; −7; −7

6. −64; 32; −16; 8; −4. Cada número, a partir do segundo, é o anterior dividido por −2.

Capítulo 5

Página 35 - Atividades

1. a) −1 000 **c)** 1 000 **e)** −512
b) 1 331 **d)** 1 **f)** 0

2. 729; −243; 81; −27; 9; −3.
a) De 1 em 1.
b) Por −3.
c) Deverá ser igual a 1.

3. $-3\,125;\ 625;\ -125;\ 25;\ -5;\ 1$

Potência	$(-5)^5$	$(-5)^4$	$(-5)^3$	$(-5)^2$	$(-5)^1$	$(-5)^0$
Valor	$-3\,125$	625	-125	25	-5	1

4. a) -256 **b)** 256 Sim.

5. a) Será um número inteiro positivo.

b) Será um número inteiro positivo.

c) Será um número inteiro positivo.

d) Será um número inteiro negativo.

6. a) 81 **b)** -128 **c)** 64 **d)** -512

Página 36 - Atividades

1. A medida do lado dessa figura.

2. a) 24 e -24 **b)** 24

3. Não.

4. a) -34 **b)** Resposta pessoal.

5. a) O erro foi multiplicar $(+1)$ por (-6) na quarta linha.

b) -155

6. a) 10 **b)** -18 **c)** 39

Página 38 - Retomar

1. a) F **d)** V **g)** F

b) V **e)** F **h)** V

c) V **f)** V **i)** V

2. a) $<$ **c)** $<$ **e)** $>$ **g)** $>$

b) $>$ **d)** $>$ **f)** $>$ **h)** $<$

3. a) $F = 8$ **d)** $F = 8$

b) $A = -6$ **e)** Resposta pessoal.

c) O simétrico de -2 **f)** $3, 4$ e 5
é o número 2.

4.

-2	-3	2
3	-1	-5
-4	$+1$	0

5. a) -21 **d)** -20

b) -100 **e)** A metade de -40.

c) É uma dívida de 35 reais. **f)** A terça parte de 36.

6. a) V **b)** F **c)** V **d)** V

7. a) $+12$ e -12 **c)** $+31$ e -31

b) $+8$ e -8 **d)** $+24$ e -24

8. a) -8 **c)** $+10$ **e)** $+9$

b) $+13$ **d)** -11 **f)** $+3$

9. a) R\$ 730,20. **b)** R\$ 1 730,20

10. d

11. b

12. d

13.

A + B	A − B
450	$-1\,350$
-540	-140
650	-350
500	600
160	220
0	-600
200	0

14. c

15. d

16. a) Janeiro.

b) Março e abril.

c) Lucro. R\$ 2 300 000,00.

17. a) -6 **b)** $+15$ **c)** -12 **d)** $+5$

18. c

19. c

20. b

21. b

22. a) Positivo. **b)** Negativo.

UNIDADE 2

Capítulo 6

Página 46 - Atividades

1. a) Raso. **c)** Obtuso.

b) Reto. **d)** Agudo.

260

2. a) O ângulo de medida 120°.

b) Os ângulos de medidas 25° e 40°.

3. Resposta pessoal.

4. a) 60°　　**b)** 120°　　**c)** 150°　　**d)** 30°

5. Alternativas **a** e **c**.

6. a

Página 49 - Atividades

1. a) 180°　　**b)** 60°　　**c)** 45°　　**d)** 36°

2. a) 1° 40' 10''　　**c)** 2° 30''

b) 2° 39' 25''　　**d)** 1° 15' 40''

3. a) 4 462''　　**c)** 24 640''

b) 73 466''　　**d)** 36 610''

4. a) 69° 10'　　**c)** 52° 13' 40''

b) 96° 39' 14''　　**d)** 42° 15' 40''

Página 53 - Atividades

1. a) 67°　　**b)** 23°　　**c)** 113°

2. a) 70°　　**b)** 30° e 60°

3. $A = B$ e $C = D$. Ângulos OPV são congruentes.

4. a) 70° + 20° = 90°　　**c)** 105° + 75° = 180°

b) 45° + 45° = 90°　　**d)** 165° + 15° = 180°

5. a) A e C; B e D; E e G; H e F.

b) A e B; B e C; C e D; D e A; E e F; F e G; G e H; H e E.

6. a) 60°　　**b)** 59°

7. 55°, 125°, 55° e 125°

8. a) $x = z$　　**d)** $y = w$

b) $x + y = 180°$　　**e)** $y + z = 180°$

c) $x + w = 180°$

9. a) Resposta pessoal.

b) Há apenas duas medidas diferentes.

c) Resposta pessoal.

Capítulo 7

Página 59 - Atividades

1. Não é possível construir os triângulos dos itens **c** e **d**.

2. a) 130°　　**b)** Resposta pessoal.

3. a) Dois.　　**b)** Sim.　　**c)** 80°

4. $x = 34°$.

5. $\hat{B} = x$ e $\hat{C} = y$.

Capítulo 8

Página 64 - Atividades

1. a) 4 triângulos.　　**b)** 720°

2. a) 8 vértices e 8 lados　　**b)** 1 080°

3. a) Resposta pessoal.

b) Cada ângulo mede 150°.

4.

Polígono	Soma das medidas dos ângulos internos	Medida de cada ângulo interno
Triângulo	180°	60°
Quadrado	360°	90°
Pentágono	540°	108°
Hexágono	720°	120°

Página 66 - Atividades

1. a) 180°　　**b)** 360°　　**c)** 60°

2. a) 80°　　**b)** 120°　　**c)** 140°　　**d)** 100°

3. a) Um quadrado.　　**b)** Ângulo externo.

4. Resposta pessoal.

5. a) 45°; 360° : 8 = 45°　　**c)** Resposta pessoal.

b) 135°

Capítulo 9

Página 69 - Atividades

1. a) (5, 10),　　**b)** (5, 4),　　**c)** (3, −3),

1º quadrante　　1º quadrante　　4º quadrante

2. a) Resposta pessoal.

b) $A(−4, 3)$, $B(−2, 6)$, $C(0,3)$ e $D(−2, 0)$

c)

d) $A'(4, −3)$, $B'(2, −6)$, $C'(0, −3)$ e $D'(2, 0)$

261

3. a) (2, 2), (8, 2), (8, 8) e (2, 8)

b) Um novo quadrado.

c) Resposta pessoal.

4. Resposta pessoal.

Página 72 - Retomar

1. b

6. a

2. d

7. d

3. c

8. a

4. b

9. a

5. b

10. c

11. a) 360 minutos

b) 30 minutos

c) 60 segundos

d) 30 segundos

e) $\dfrac{1}{60}$

f) $\dfrac{1}{60}$

12. a) 8° 20′

d) 70° 26′

b) 10° 25′

e) 83° 20′

c) 52° 1′

13. d

20. a

14. b

21. c

15. a

22. c

16. d

23. c

17. b

24. d

18. d

25. a

19. a

26. b

UNIDADE 3

Capítulo 10

Página 82 - Atividades

1. a) $-\dfrac{2}{3}$

b) $+\dfrac{4}{9}$

c) $+\dfrac{12}{6} = 2$

d) $-\dfrac{33}{9} = -\dfrac{11}{3}$

e) $+\dfrac{20}{15} = \dfrac{4}{3}$

f) $-\dfrac{45}{20} = -\dfrac{9}{4}$

2. a) $-\dfrac{1}{2}$

c) $-\dfrac{1}{8}$

b) $\dfrac{33}{10}$

d) $\dfrac{103}{10}$

3. a) V

d) V

b) F

e) V

c) F

f) V

4. a) $\dfrac{10}{2}$

b) $\dfrac{10}{2}$; -6; $-\sqrt{4}$

c) $\dfrac{10}{2}$; $0{,}4$; -6; $-\sqrt{4}$; $-\dfrac{18}{10}$

5. $\dfrac{1}{3}$; $\dfrac{1}{6}$; $\dfrac{1}{3}$; $\dfrac{2}{6}$; $\dfrac{5}{6}$; $\dfrac{4}{6}$; $\dfrac{1}{4}$ e $\dfrac{2}{4}$.

6. a) 0,121212…

b) 1,1666…

c) 2,5

d) 0,1080808…

e) 0,450450450…

f) 8,434343…

7. a) A = $-0{,}3$; B = $-0{,}2$; C = 1,2; D = 1,3

b) Resposta pessoal.

c) Resposta pessoal.

8. $\dfrac{6}{7} > \dfrac{5}{6}$

9. a) $-5{,}2$

b) $-1{,}8$

c) 0,5 e $-0{,}5$

10. a) >

d) <

b) >

e) =

c) =

f) <

11. a) $-22\ °C$

b) $-2{,}3\ °C$

Capítulo 11

Página 86 - Atividades

1. a) $-\dfrac{11}{10}$

e) $-\dfrac{8}{9}$

b) $\dfrac{3}{9}$

f) $-\dfrac{19}{20}$

c) $\dfrac{23}{25}$

g) $\dfrac{8}{21}$

d) $-\dfrac{5}{12}$

h) $\dfrac{5}{4}$

2. a) $-1{,}36$

c) $+2{,}7$

b) $-7{,}3$

d) $-110{,}88$

3. a) $-0{,}3$ e $-0{,}2$

b) $-0{,}5$

4. a) 4,3

b) $\dfrac{2}{10}$

c) $-\dfrac{8}{10}$

5. $\dfrac{5}{18}$

6. a) $\dfrac{2}{10}$ ou 0,2

b) $\dfrac{1}{10}$ ou 0,1

7. 7,5 cm

8. $-3{,}2\ °C$

9. Resposta pessoal.

10. Não é possível determinar.

Página 88 - Atividades

1. a) $-\dfrac{1}{3}$

d) $\dfrac{11}{20}$

b) $-\dfrac{3}{5}$

e) $\dfrac{92}{35}$

c) $\dfrac{39}{100}$

f) $-\dfrac{1}{4}$

2. a) $\dfrac{3}{25}$

c) $\dfrac{2}{21}$

b) $-\dfrac{16}{3}$

d) $-\dfrac{1}{100}$

3. a) Quando esse número racional é negativo.

b) Quando esse número racional é positivo.

c) Sim, o oposto de zero é igual a zero.

4. a) $-1{,}25$ **b)** $20{,}5$ **c)** $-3{,}5$

5. a) $-\dfrac{1}{12}$ **c)** $-\dfrac{1}{8}$

    b) $-\dfrac{7}{6}$ **d)** $\dfrac{2}{15}$

6. $-\dfrac{3}{2}$

7. a) $1{,}2 = \dfrac{6}{5}$

    b) $-3{,}4 = -\dfrac{17}{5}$

    c) $5 = \dfrac{50}{10}$

8. Positivo, em R\$ 262,50

9.

Movimentação na conta			
Dia	Depósito	Retirada	Saldo
Domingo			1.500,00
Segunda-feira		250,00	1.250,00
Terça-feira	903,40		2.153,40
Quarta-feira		801,90	1.351,50
Quinta-feira		1.200,00	151,50
Sexta-feira	111,00		262,50

10. Resposta pessoal.

Capítulo 12

Página 95 - Atividades

1. a) $\dfrac{2}{5}$ **d)** 1

    b) $-\dfrac{2}{3}$ **e)** -1

    c) $-\dfrac{2}{15}$ **f)** $-\dfrac{1}{10}$

2. a) $-\dfrac{5}{2}$ **c)** -6 **e)** $+10$

    b) $\dfrac{3}{4}$ **d)** $-\dfrac{11}{20}$ **f)** -4

3. a) $\dfrac{27}{8}$ **b)** -6 **c)** $\dfrac{1}{2}$ **d)** 2

4. a) -2 **b)** $\dfrac{2}{3}$ **c)** -2 **d)** $\dfrac{1}{10}$

5. a) $-\dfrac{1}{50}$ **b)** -4 **c)** $-\dfrac{1}{3}$

6. a) $\dfrac{49}{51}$ **b)** $-\dfrac{6}{5}$ **c)** $-\dfrac{17}{4}$ **d)** $\dfrac{21}{100}$

7. Resposta pessoal.

8. Resposta pessoal.

Capítulo 13

Página 98 - Atividades

1. a) $\dfrac{1}{9}$ **b)** $\dfrac{8}{27}$ **c)** $-\dfrac{8}{125}$ **d)** $\dfrac{16}{81}$

2. a) $0{,}01$ **d)** $6{,}25$ **g)** $0{,}25$

    b) $4{,}84$ **e)** $0{,}16$ **h)** $1{,}21$

    c) $0{,}008$ **f)** $5{,}29$

3. a) B é maior que A.   **b)** A é maior que B.

4. a) $\dfrac{23}{72}$ **c)** $-\dfrac{89}{900}$

    b) $-\dfrac{1}{16}$ **d)** $\dfrac{32}{243}$

5. a) Positivo.   **b)** Negativo.

6. $x = 3$

7. a) $53{,}29\ \text{cm}^2$ **b)** $84{,}64\ \text{m}^2$

8. $A = 90{,}25\ \text{cm}^2$

Página 100 - Atividades

1. 9; 11; 13; 15; 10; 12; 14; 16

2. a) $\dfrac{1}{2}$ **d)** $\dfrac{5}{8}$ **g)** $\dfrac{2}{25}$

    b) $\dfrac{3}{5}$ **e)** $\dfrac{5}{2}$ **h)** $\dfrac{3}{7}$

    c) $\dfrac{1}{9}$ **f)** $\dfrac{6}{13}$

3. a) $0{,}1$ **d)** $1{,}3$ **g)** $2{,}4$

    b) $1{,}7$ **e)** $1{,}6$ **h)** $0{,}9$

    c) $2{,}5$ **f)** $0{,}3$

4. a) -2 ou 2 **c)** $-0{,}2$ ou $0{,}2$

    b) $-2{,}4$ ou $2{,}4$ **d)** $-0{,}5$ ou $0{,}5$

5. Eles são iguais.

6. O número B é maior.

7. a) 14 **c)** $-0{,}55$ **e)** $\dfrac{29}{15}$

    b) 22 **d)** $\dfrac{8}{21}$

8. a) $-\dfrac{2}{3}$

b) 2,5

c) $-2,25$

d) $\dfrac{23}{108}$

e) -10

f) $\dfrac{7}{4}$

9. a) 4 cm²   **b)** 9 cm²   **c)** 2,5 cm

Página 102 – Retomar

1. c	**6.** c	**11.** c
2. c	**7.** d	**12.** d
3. a	**8.** b	**13.** a
4. b	**9.** c	**14.** b
5. d	**10.** c	

15. $A = -\dfrac{4}{5}$; $B = -\dfrac{3}{5}$; $C = \dfrac{2}{5}$; $D = \dfrac{3}{5}$

16. b   **17.** d   **18.** a

19.

Número	Quadrado	Cubo
0	0	0
$\dfrac{1}{6}$	$\dfrac{1}{36}$	$\dfrac{1}{216}$
$\pm\dfrac{4}{3}$	$\dfrac{16}{9}$	$\pm\dfrac{64}{27}$
$-\dfrac{3}{5}$	$\dfrac{9}{25}$	$-\dfrac{27}{125}$
$\dfrac{7}{4}$	$\dfrac{49}{16}$	$\dfrac{343}{64}$
0,9	0,81	0,729
$\pm$ 0,11	0,0121	$\pm$ 0,001331
$-1,3$	1,69	$-2,197$
$-1,5$	2,25	$-3,375$
$\pm$ 7,8	60,84	$\pm$ 474,552

20. b	**22.** d	**24.** e
21. c	**23.** c	**25.** b

UNIDADE 4

Capítulo 14

Página 109 – Atividades

1. Área do quadrado (cm²): 1; 2,25; 4; 7,84; 9; 12,96; 16; 104,04; 441; 900.

2. a) 49 cm²   **c)** 1 km²

    b) 4 dm²   **d)** 6 400 mm²

3. A: 2,25 cm²; B: 6,25 cm²; C: 12,25 cm²; D: 20,25 cm²

4. a) Entre 4 cm² e 9 cm².

    b) Entre 20,25 cm² e 25 cm².

5. a) Reprodução dos passos 1 a 4.

    b) Resposta pessoal.

    c) 21 cm; 441 cm²

6. a) 156,25 m²

    b) 63 sacos de 5 kg.

7. 44 m

8. Resposta pessoal.

9. a) 10 000 m²

    b) Entre 7 e 8 quadrados.

    c) Entre 70 000 m² e 80 000 m².

Página 113 – Atividades

1. a) 31,5 m²   **b)** 11,5 m²

2. a) 80 cm²

    b) Aumenta 8 cm².

    c) Aumenta 10 cm².

    d) Duplica também.

    e) Duplica também.

    f) Quadruplica.

3. 400 cerâmicas

4. Respostas pessoais.

5. Respostas pessoais.

Página 119 – Atividades

1. Área (cm²): 7,75; 9,45; 22,1.

2. Os três triângulos têm a mesma área: 13,5 cm².

3. 96,72 cm²

4. *A* e *B*: 15 cm²; *C* e *D*: 15 cm²

Página 123 - Atividades

1. 20,25 cm²

2. 30 cm²

3. 35 cm²

4. 8 cm²

5. a) 12 cm²

   b) 3 cm2

6. 24 cm²

7. Duplica também.

8. Resposta pessoal.

9. Respostas pessoais.

Capítulo 15

Página 127 - Atividades

1. a) 1 dm³   **c)** 100 cubos

   b) 1 m³   **d)** 1000 cubos

2. a) 10 cm   **b)** 1000 cubos

3. a) 10 000 cm³   **c)** 8 500 000 L

   b) 0,000001 dm³   **d)** 2 000 mL

4. a) 10 mm   **c)** 100 cm

   b) 1000 mm³   **d)** 1 000 000 cm³

5. a) 0,1 cm   **d)** 0,000001 m³

   b) 0,001 cm³   **e)** 0,1 m

   c) 0,01 m   **f)** 0,001 m³

6. a) 16 cm³   **b)** 32 cm³

7. 4 cm³

Página 130 - Atividades

1. a) 5 cm, 3 cm e 4 cm

   b) 60 cubos

   c) 60 cm³

2. O volume é 9,6 cm³.

3. Bloco A: 146,88 cm³; bloco B: 117,6 cm³.

4. 38,268 m³

5. 83,46 m³ de água.

6. a) 8 ml   **b)** Não.

7. a) 1 116,5 cm³   **b)** 1,1165 dm³

8. Resposta pessoal.

Página 132 - Retomar

1. b   **8.** b

2. d   **9.** b

3. a   **10.** a

4. d   **11.** b

5. c   **12.** c

6. d   **13.** d

7. c   **14.** c

15. A parte em branco tem maior área.

16. a) A medida da altura deverá ser dividida por 2.

   b) A medida da base deverá ser multiplicada por 5.

   c) A medida da altura deverá ser dividida por 3.

   d) A medida da altura será diminuída 20%.

17. 49 cm²   **19.** a   **21.** d   **23.** a

18. c   **20.** b   **22.** b

24. a) 41 cm²   **b)** 76 cm

UNIDADE 5

Capítulo 16

Página 139 - Atividades

1. a) $4x + 12$ **c)** $6 \cdot 2x$ ou $12x$

   b) 52   **d)** 120

2. a) $(2x + 1) \cdot 2x \cdot 5$ **b)** 360

3. a) $0,45x$ ou $\dfrac{45x}{100}$

   b) $y^2 + 99$

   c) $3(x + 1)$

   d) $\dfrac{x}{2} - n^2$

4. a) Perímetro (cm): 4, 8, 12, 16, 20, 24, 28, 32.
Área (cm²): 1, 4, 9, 16, 25, 36, 49, 64

   b) III   **c)** 100   **d)** n^2 **e)** 625

5. a)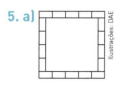

b)

Nº do esquema	Quantidade de retângulos
1	4 · 1 + 2 = 6
2	4 · 2 + 2 = 10
3	4 · 3 + 2 = 14
4	4 · 4 + 2 = 18
5	4 · 5 + 2 = 22
⋮	⋮

c) $4n + 2$

6. $3 \cdot x$; $x + 2y$; $x - 3y$; $x + 22$; $3x - 40$; $2y - x^2$; $x^2 + y^2$.

7. 15, 20, 25, 30, 35, ..., $5n - 5$

8. d

9. d, b, g, e, a, f, c.

10. a)    **d)** 50 círculos

b) Resposta pessoal.   **e)** $2n$

c) 2; 4; 6; 8; 10; 12

11. a) $4(x + 3)$ ou $4x + 12$

b) $(x + 3)^2$

c) 23 (unidades de comprimento)

d) 169 (unidades de área)

12. a) Representa o perímetro desse retângulo.

b) Representa a área desse retângulo.

13. a) a **b)** $22a$ **c)** $24a^2$

14. $12x^3$

Página 144 - Atividades

1. a) 0, 2, 4, 6, 8, 10, 12, 14, 16, 18

b) 1, 3, 5, 7, 9, 11, 13, 15, 17, 19

2. a)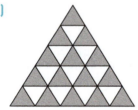

b) 1, 3, 6, 10, 15, ...

c) 0, 1, 3, 6, 10, ...

3. a) 7   **c)** 11

b) 9   **d)** 25

4. a) 2   **c)** 26

b) 11   **d)** 242

5. a) 1, 4, 9, 16, 25, ...

b)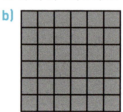

6. a) 15   **b)** 20

c) 10, 15, 20, 25, 30, 35, 40, 45, 50, 55

d) Recursiva.

7. a) 3   **b)** 9

c) 1, 3, 9, 27, 81, 243, 729, 2 187, 6 561, 19 683

d) Recursiva.

8. Resposta pessoal.

9. Resposta pessoal.

10. a) 13   **b)** 40

11. a) 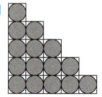   **b)** 1, 3, 6, 10, 15, 21

12. a) 1, 5, 14, 30   **b)** 55

13. Ambas são não recursivas.

14. Resposta pessoal.

Página 150 - Atividades

1.

Coeficiente	Parte literal
99	xy
1	x^2y
0,3	n
-2	y^3
-10	pq

2. a) $14x + 8$ **b)** 36

3. a) $11a$ **e)** $3,4x$

  b) $20ab$ **f)** $-8xy + 13x - 15$

  c) $-2x^2$ **g)** $a + 4ab + 2b$

  d) $21mp$ **h)** $12 + 21a$

4. a) 9 **b)** -2 **c)** 598

5. a) $7x + 3$ **b)** 38

6. a) $90° - x$ **b)** $180° - y$

7. a) $4x + 4y$ **b)** $(x + y)^2$

8. a) Indica o perímetro desse retângulo.

  b) Representa a área desse retângulo.

  c)

	$x = 2$	$x = 2,5$	$x = 3$	$x = 4,5$	$x = 8,2$	$x = 12$
2x + 30	34	35	36	39	46,4	54
15x	30	37,5	45	67,5	123	180

Capítulo 17

Página 154 – Atividades

1. a) $4x + 4 = 3x + 6$ **b)** Sim. $x + 4 = 6$

2. Sendo x a massa de cada barra:
$3x + 100 = 700$.

3. a) $3x + 10 = 25$

  b) $x(x - 1) = 72$

  c) $2x + 0,5x = 36$

4. a) $4x = 48$ **d)** $10x - 20 = 144$

  b) $2x + 16 = 32$ **e)** $4x = 2x + 16$

  c) $x^2 = 100$ **f)** $x^2 = 10x - 20$

5. a) Sim.   **b)** Não.

6. Sim.

7. a) $3x + 5 = 90$ **c)** Sim.

  b) Não.

8. a) $x + y = 180$ **c)** $x + x + 30 = 180$

  b) $150°$ **d)** $x + 0,5x = 180$

Página 158 – Atividades

1. a) $6m + 10 = 4m + 50$

  b) $m = 20$

2. a) $3x + 3 = 12$ **b)** 3 kg.

3. a) $6 = 2 + x$ **b)** 4 kg

4. a) $x = 15$ **b)** $x = 50$ **c)** $x = 6,3$

5. a) $12x - 8 = 40$ **c)** 9 cm e 11 cm

  b) $x = 4$

6. a) $x = -7,5$ **c)** $x = -2$ **e)** $x = -2$

  b) $x = \dfrac{2}{3}$ **d)** $x = -24$ **f)** $x = 2$

Capítulo 18

Página 162 – Atividades

1. $2x + 2 = 14$ e $x = 6,6$ kg.

2. a) $5 = 1 + 2x$ **b)** 2 kg

3. a) $3x = 99$

  b) $x + \dfrac{x}{2} = 25$ **d)** $4x + 6 = 34$

  c) $x + 5 = 4x$ **e)** $x + 30 = 4x$

4. 15

5. 60 m e 24 m

6. 34

7. 36 notas de R\$ 10,00 e 72 notas de R\$ 5,00

8. a) $5x + x = 78$

  b) Antônia: 13 anos; Sônia: 65 anos.

9. a) $\dfrac{x}{3} = 12$ **b)** 36 alunos

10. a) 80 **b)** 102 e104 **c)** 30 **d)** 68

11. Resposta pessoal.

Página 164 – Retomar

1. 121 **3.** b   **5.** a

2. c   **4.** c   **6.** b

7. a) $28x + 2y$ **b)** $14xy$

8. d   **10.** a   **12.** b

9. c   **11.** a   **13.** d

14. a) zero.   **d)** 2% **g)** 4%

  b) 2% **e)** 3%

  c) 2% **f)** 3%

15. a   **16.** d   **17.** b

18. c	21. d	24. a
19. c	22. a	25. e
20. b	23. a	

UNIDADE 6

Capítulo 19

Página 172 - Atividades

1.
a) 2
b) $\dfrac{1}{2}$
c) $\dfrac{1}{12}$
d) 2
e) $\dfrac{1}{2}$
f) $\dfrac{1}{9}$

2.

$\dfrac{x}{y}$: $\dfrac{5}{2}$; 4; 2,5; 2; -9; $\dfrac{1}{2}$; 32.

$\dfrac{y}{x}$: $\dfrac{2}{5}$; $\dfrac{1}{4}$; $\dfrac{2}{5}$; $\dfrac{1}{2}$; $-\dfrac{1}{9}$; 2; $\dfrac{1}{32}$.

3.
a) Positivo.
b) Positivo.
c) Negativo.

4.
a) $\dfrac{20}{7}$
b) $\dfrac{1}{6\,250}$
c) $\dfrac{1}{6}$
d) $\dfrac{1}{180}$
e) $\dfrac{2}{25}$

5. 135 saquinhos de pipoca

6. 17 500 habitantes

7. 30 litros

8.
a) $\dfrac{10}{5} = 2$
b) Indica o preço por caneta.

Página 177 - Atividades

1.
a) Não é uma proporção.
b) É uma proporção.
c) É uma proporção.
d) Não é uma proporção.
e) Não é uma proporção.
f) É uma proporção.
g) É uma proporção.
h) Não é uma proporção.

2.
a) $x = \dfrac{4}{5}$
b) $y = \dfrac{64}{15}$
c) $z = 117$
d) $x = 3,1$
e) $x = 8$
f) $y = 6$
g) $z = 200$
h) $z = 0,32$

3.
a) $x = 3$
b) $x = -\dfrac{2}{3}$
c) $x = 2$
d) $x = \dfrac{19}{2}$

4. 20 m

5. 350 cm

6. 460 km

7. Resposta pessoal.

8. 16,666... cm

Capítulo 20

Página 183 - Atividades

1.
a) $\dfrac{2}{6} = \dfrac{3}{9} = \dfrac{5}{15}$
b) $\dfrac{1}{3}$

2. $x = 24$; $y = 36$ e $z = 48$

3. $x = 60$; $y = 40$ e $z = 30$

4.
a) 20 pneus
b) 20 reais
c) 320 palitos
d) Duplica também.

5. Levará 1 hora.

6.
a) 20
b) 2
c) É reduzido à metade.
d) É reduzido a um terço.

7. 30 m, 40 m e 50 m

8. Respostas pessoais.

9. $x = 12$, $y = 30$

Página 186 - Atividades

1.
a) Também triplica.
b) É dividido por 3.

2.
a) R$ 6,25
b) R$ 100,00
c) Diretamente proporcionais.

3.
a) 810 km
b) 22,5 L
c) Diretamente proporcionais.

4. 60 kg

5. 150 minutos

6. 45 minutos

7. 900 peças

8.
a) 2 dias
b) 30 páginas
c) Inversamente proporcionais.

9. Base (cm): 90; 36; 24; 180. Altura (cm): 6; 8; 7,5; 3,6; Inversamente proporcionais.

10.
a) 55 800 000 cm
b) 279 000 000 cm ou 2 790 km

11. 2,1 m

Capítulo 21

Página 192 - Atividades

1.
a) R$ 60,00
b) 30 metros
c) R$ 315,00
d) 96 metros

2.
a) 20%
b) Diminuir o número em 25%.
c) 20%
d) 25%

3. 33,333...%

4. 20%

5. 16,67% aproximadamente

6. 15%

7. Resposta pessoal.

8. 35%

9. 1060 pessoas

10. 20%

11. 6 m²

12. a) R$ 90,00
    b) R$ 4.590,00

13. a) R$ 71.400,00
    b) 5%

Página 196 - Retomar

1. b   5. b   9. d

2. a   6. c   10. b

3. c   7. b   11. a

4. d   8. d   12. c

13. a) $\dfrac{7}{10}$

    b) $\dfrac{14}{20}$ ou $\dfrac{7}{10}$

    c) Sim.

14. b

15. a   18. c

16. c   19. c

17. a   20. a

21. 120 alunos

22. a   25. d

23. b   26. e

24. b   27. a

27. a

UNIDADE 7

Capítulo 22

Página 203 - Atividades

1. a) São 30 resultados possíveis.
   b) Um número par.

2. a) Sim.
   b) Não.
   c) Ambas as faces têm a mesma chance de ocorrer.

3. a) É impossível saber a cor da ficha antes de extraí-la.
   b) Azul.
   c) Vermelha.

4. Resposta pessoal.

Página 206 - Atividades

1. a) $\dfrac{2}{4}$

   b) $\dfrac{2}{4}$

2. Apenas a afirmação III é verdadeira.

3. a) 60%   b) 90%

4. a) 10%   b) 90%

5. a) ARI, AIR, RAI, RIA, IAR e IRA.
   b) A probabilidade é de $\dfrac{1}{6}$.

6. a) $\dfrac{1}{12}$ b) $\dfrac{11}{12}$

7. a) $\dfrac{1}{11}$ b) $\dfrac{10}{11}$

8. a) $\dfrac{1}{5}$ b) $\dfrac{4}{5}$

9. a) $\dfrac{1}{36}$

   b) $\dfrac{0}{36} = 0$ (evento impossível)

   c) $\dfrac{36}{36} = 1$ (evento certo)

   d) A soma 7.

   e) A soma 6.

10. Resposta pessoal.

11. Resposta pessoal.

Capítulo 23

Página 211 - Atividades

1. Sim, pois sua média foi 5,5.

2. a) Como é uma média entre dois valores, está situada à mesma "distância" das idades das duas pessoas.
   b) A média está mais próxima da idade da mãe.

3. R$ 275,00

4. a) Em abril e maio.
   b) R$ 1.100,00
   c) O valor total arrecadado nos quatro meses, isto é, R$ 1.100,00.

5. a) R$ 1.520.000,00
   b) R$ 304.000,00

6. Resposta pessoal.

Página 213 - Atividades

1. a) 7,666... ou aproximadamente 7,67
   b) 7,5

2. 6,666...

3. 6,333... ou aproximadamente 6,33

4. a) 7,5   b) 8

5. a) 22
   b) Aproximadamente 12,36 anos.

6. a) 60 alunos   b) 8,0

7. Resposta pessoal.

Capítulo 24

Página 221 - Atividades

1. Respostas pessoais.

2. a) 15 000
   b)

Árvores plantadas	
Mês	**Quantidade de árvores**
Janeiro	10 000
Fevereiro	20 000
Março	15 000
Abril	17 000

c)

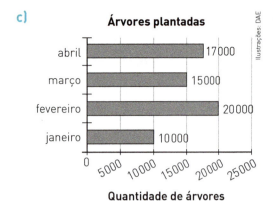

3. a)

Mês	Quantidade de calçados
Janeiro	300
Fevereiro	275
Março	410
Abril	620
Maio	420
Junho	715

b) De janeiro para fevereiro e de abril para maio.

c) De fevereiro para março, de março para abril e de maio para junho.

d) De maio para junho.

4.

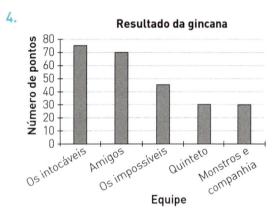

5. 10% → 36°; 44% → 158,4°; 46% → 165,6°

6. a) 10,8°   **c)** 23,4°   **e)** 48,6°
   b) 95,4°   **d)** 1,8°

7. a) Ruim – 44; regular – 20; bom – 80; ótimo – 56.

b) Ruim – 79,2°; regular – 36°; bom – 144°; ótimo – 100,8°.

c)

Conceito	Percentual	Número de alunos
ruim	22%	44
regular	10%	20
bom	40%	80
ótimo	28%	56

d) Resposta possível:

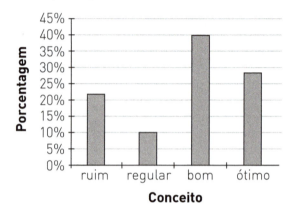

Página 226 - Atividades

1. Não.

2. Resposta pessoal.

3. Respostas pessoais.

4. Respostas pessoais.

5. Resposta pessoal.

6. Resposta pessoal.

Página 228 - Retomar

1. É mais fácil ocorrer cara no lançamento de uma moeda.

2. d   **9.** c

3. d   **10.** a

4. a   **11.** c

5. d   **12.** a

6. d   **13.** d

7. a   **14.** b

8. b   **15.** b

16. a) A região em azul.

   b) A região em vermelho.

17. b

UNIDADE 8

Capítulo 25

Página 235 - Atividades

1. As respostas são a reprodução dos desenhos.
2. A resposta é a reprodução do desenho indicado.
3. A resposta é a reprodução do desenho indicado.
4. A resposta é a reprodução do desenho indicado.
5. Resposta pessoal.
6. A resposta é a reprodução da construção indicada.
7. a) AB, CD e EF.   c) 5 cm
   b) EF
8. a) V   c) F   e) F   g) V
   b) F   d) V   f) F
9. a) 10 cm   c) 6 cm   e) 8 cm   g) 24 cm
   b) 8 cm   d) 9 cm   f) 7 cm

Página 239 - Atividades

1. a) 5 cm   b) 31,4 cm
2. Medida do diâmetro: 4 cm; 11 cm; 18 cm; 20,8 cm.
   Comprimento da circunferência: 12,56 cm; 34,54 cm; 56,52 cm; 65,312 cm.
3. a) Duplica também.
   b) Duplica também.
4. Os dois comprimentos são iguais.
5. a) 9 cm   b) 36 cm
   c) Aproximadamente 28,26 cm.
6. a) 2,6 cm   c) 10,4 cm
   b) 3,7 cm   d) 11,62 cm
7. Resposta pessoal.

Capítulo 26

Página 245 - Atividades

1. A resposta é a reprodução da construção indicada.
2. a) Construção pessoal.
   b) Construção pessoal.
   c) Construção pessoal.
   d) Acutângulo, acutângulo e retângulo, respectivamente.
3. Construções pessoais.
4. Resposta pessoal.
5. Sim.
6. a) São iguais.   b) Sim.
7. A resposta é a reprodução da construção indicada.
8. a) Sim.   b) Sim.

Capítulo 27

Página 252 - Atividades

1. Atividade de construção.

2. a) 4 eixos de simetria.
   b) Infinitos eixos de simetria.
3. Reflexão.
4. Resposta pessoal.
5. Translação.
6. a) Não.   b) Não.
7. a) Translação.
   b) Translação.
   c) Reflexão.
8. Resposta pessoal.

Página 254 - Retomar

1. São representações de retas paralelas.

2. a	8. a	14. a
3. b	9. b	15. d
4. b	10. b	16. b
5. b	11. d	17. a
6. d	12. b	18. d
7. c	13. c	19. b

Referências

ABDOUNUR, Oscar João. *Matemática e música*: o pensamento analógico na construção de significados. São Paulo: Escrituras Editora, 1999. (Coleção Ensaios Transversais).

ALBRECHT, J. *Resolução de problemas matemáticos*: uma abordagem metodológica da proposta educação para o pensar. São Paulo: Editora Clube dos Autores, s/d.

ALMOULOUD, S. A.; SILVA, M. J. F. da. Engenharia Didática: evolução e diversidade. *Revemat – Revista Eletrônica de Educação Matemática*, Florianópolis, ISSN, 1981-1322, v. 7, n. 2, p. 22-52, 2012.

BARBOSA, João Lucas Marques. *Geometria euclidiana plana*, 1995. (Coleção do Professor de Matemática, SBM).

BAYÓN, M. I. V.; SALDAÑA, M. A. H.; FERNÁNDEZ, J. R.; FERNANDÉZ, M. M. *Projeto de inteligência Harvard*: resolução de problemas. Madrid: Ciencias de la Educación Preescolar y Especial [CEPE], s.d.

BIANCHINI, Edwaldo; PACCOLA, Herval. *Sistemas de numeração ao longo da história*. São Paulo: Moderna, 1997. p. 8-9.

BOYER, Carl B. *História da Matemática*. São Paulo: Edgard Blücher, 1974.

BROLEZZI, A. C. *Criatividade e resolução de problemas*. São Paulo: Editora Livraria da Física, 2013.

CÂNDIDO, Suzana Laino. *Formas num mundo de formas*. São Paulo: Moderna, 1997. p. 15-18.

COVER, Front; MILIES, Francisco C.P.; COLEHO, Sonia P. *Números*: uma introdução à Matemática. São Paulo: Edusp, 2001.

CURY, Helena Noronha; VIANA, Carlos Roberto (Org.). *Formação do professor de Matemática*: reflexões e propostas. Santa Cruz do Sul: Editora IPR, 2012.

DANTZIG, Tobias. *Número*: a linguagem da ciência. Trad. Sergio Goes de Paula. Rio de Janeiro: Zahar Editores, 1970.

DAVIS, Harold T. *Computação*: tópicos de história da Matemática para uso em sala de aula. Trad. Hygino H. Domingues. São Paulo: Atual, 1992.

EVES, Howard. *Introdução à história da Matemática*. Campinas: Unicamp, 1997.

_____. *Geometria*: tópicos de história da Matemática para uso em sala de aula. Trad. Hygino H. Domingues. São Paulo: Atual, 1992.

GARBI, Gilberto G. *O romance das equações algébricas*. São Paulo: Editora Livraria da Física, 2010.

GUELLI, Oscar. *Equação*: o idioma da álgebra. 5. ed. São Paulo: Ática, 1995. (Coleção Contando a História da Matemática).

GUNDLACH, Bernard H. *Números e numerais*: tópicos de história da Matemática para uso em sala de aula. Trad. Hygino H. Domingues. São Paulo: Atual, 1992.

HOGBEN, Lancelot. *Maravilhas da Matemática*: influência e função da Matemática nos conhecimentos humanos. Trad. Paulo Moreira da Silva, Roberto Bins e Henrique Carlos Pfeifer. 2. ed. Rio de Janeiro: Globo, 1956.

KARLSON, Paul. *A magia dos números*: a Matemática ao alcance de todos. Trad. Henrique Carlos Pfeifer, Eugênio Brito e Frederico Porta. Rio de Janeiro: Globo, 1961.

MACHADO, Nilson José. *Medindo comprimentos*. São Paulo: Scipione, 1995. p. 28-31. (Coleção Vivendo a Matemática).

MLODINOW, Leonard. *O andar do bêbado*: como o acaso determina nossa vida. Rio de Janeiro: Zahar, 2009.

OLIVEIRA, Ana Teresa de C. C. de. Reflexões sobre a aprendizagem da álgebra. *SBEM – Sociedade Brasileira de Educação Matemática – Educação Matemática em Revista*, ano 9, n. 12, p. 35-39, jul. 2002.

PETITTO, S. *Projetos de trabalho em informática*: desenvolvendo competências. Campinas: Papirus, 2003.

POLYA, George. *A arte de resolver problemas*. Rio de Janeiro: Interciência, 1978.

ROQUE, Tatiana. *História da Matemática*. Rio de Janeiro: Zahar, 2012.

SILVA, C. M. S. *Explorando as operações aritméticas com recurso da história da Matemática*. Brasília: Plano Editora, 2003.

SOUZA, Júlio César de Mello. *Matemática divertida e curiosa*. 10. ed. Rio de Janeiro: Record, 1998.

STEWART, Ian. *Almanaque das curiosidades matemáticas*. Rio de Janeiro: Zahar, 2010.

_____. *Incríveis passatempos matemáticos*. Trad. Diego Alfaro. Rio de Janeiro: Zahar, 2010.

TARDIF, Maurice. *Saberes docentes e formação profissional*. 17. ed. Petrópolis: Vozes, 2014.